그것은 이것입니다

그것은 이것입니다

지은이	정장복
펴낸이	김현애
초판 1쇄	1999년 4월 1일
수정증보판 1쇄	2009년 2월 10일
수정증보판 5쇄	2018년 5월 21일
펴낸곳	예배와 설교 아카데미
주소	서울특별시 광진구 광장동 272-12
전화	02-457-9756
팩스	02-457-1120
홈페이지	www.wpa.or.kr
등록번호	제18-19호(1998.12.3)
디자인	디자인집 02-521-1474
총판처	비전북
전화	031-907-3927
팩스	031-905-3927
ISBN	978-89-88675-41-0

값 15,000원

• 잘못 만들어진 책은 교환해 드립니다.

한국기독공보가 70회가 넘도록 기획 연재한
그 리 스 도 인 의 상 식

그것은
이것입니다

정장복 지음

서문

1부
참된 예배는 이것을 알고 드려야 합니다

- 17 · 예배자의 몸가짐에 담긴 의미
- 20 · 예배 때 켜는 성단 촛불의 사연은
- 23 · 성단의 꽃은 어떤 의미가 있나요?
- 26 · 설교대와 인도대는 그 역할이 다른가요?
- 29 · 예배 인도는 장로가 맡고, 설교는 목사가 맡는다는데…?
- 32 · 예배 시작에 종을 치는 관행은?
- 35 · 다 같이 묵상 기도 함으로
- 38 · 찬송은 일어서서?
- 41 · 기도 후에는 하단해야 하나요?
- 44 · 목사님은 왜 거기 서 계시죠?
- 47 · 특송 전후에 절을 하시나요?
- 50 · 연보궤와 연보대, 어느 것을 사용하나요?
- 54 · 누가 무엇을 바쳤다고 알리는 사연은?
- 58 · 예배 중에 사람을 환영할 수 있나요?
- 61 · 예배라는 단어가 없는 우리의 구약성경
- 64 · 성가대? 찬양대?
- 68 · 우리 찬송가는 재고되어야 합니다
- 72 · 주일 예배에서 복음성가를 부를 수 있나요?
- 75 · 영상 매체를 통한 예배란?
- 78 · 빈야드 교회 예배의 요주의 사항은
- 82 · 열린 예배를 어떻게 생각하시나요?

2부
성찬 성례전은 이렇게 합니다

- 87 · 성찬 성례전을 좀더 자주 거행할 수 없나요?
- 90 · 세례는 어느 예배에서나 가능한가요?
- 93 · 목사가 세례를 다시 받은 사연은
- 96 · 성찬 성례전의 참여 형태는 한 가지뿐인가요?
- 99 · 손에 흰 장갑을 반드시 끼어야 하나요?
- 102 · 성찬을 받는 바른 순서는?
- 105 · 잡히시던 전날 밤? 잡히시던 밤?
- 108 · 성찬 성례전 후 남은 성물의 처리는?
- 111 · 애찬이 성만찬을 대신할 수 있나요?

3부

설교·기도는 이 점을 주의해야 합니다

117 · 설교 문장은 주어가 있어야 합니다
120 · 설교는 설교자의 피와 땀으로 적셔야 합니다
124 · '…에 보면, …도'라는 표현은 삼가야 합니다
127 · 주님의 이름으로 축원합니다?
130 · 신앙 간증도 설교인가요?
133 · 기도는 설교가 아닙니다
136 · 목회 기도를 평신도가 하게 된 까닭은
139 · 정성들여 기록한 기도는 어떻습니까?
142 · '…소서'로 일관된 기도는?
145 · 기도 중 '님'자의 사용은?
148 · 주님이 가르쳐 주신 기도는?
152 · 축도에 수식어가 꼭 있어야 하나요?

4부

교회력은 교회의 중요한 지식입니다

159 · 교회의 절기는 셋이 아니고 여섯입니다
162 · 사순절에 결혼 예식은 삼가야 합니다
165 · 부활주일이 기독교의 두 번째 큰 축일이라고요?
168 · 한국 교회 감사절은 미국의 국경일인데
172 · 대림절의 풍속도는 그것이 아닙니다

5부

그것은 아닙니다

- 177 · 예배 중에 목사의 생일 축하를?
- 180 · 일천번제는 일천 번 드리는 예물?
- 182 · 장례 예식 때 집례자 복장은?
- 184 · 기원과 기도는 다르다
- 186 · 설교와 간증은 다르다
- 188 · 무원고 설교가 가능한지요?
- 190 · '주님의 이름으로'와 '주님 안에서'
- 192 · 한국 교회 교회력에 주현절이 없다?
- 194 · 미조직 교회에선 성찬 예식 못 하나요?
- 196 · 내 뜻 아니라 하나님 뜻대로
- 198 · 예배드릴 때 청바지는 안 되나요?
- 201 · 세례 받기 전 성찬에 참여할 수 있나요?
- 204 · 회중은 이런 설교를 싫어한다
- 206 · 고마우신 하나님? 감사하신 하나님?
- 208 · 설교 전에 꼭 기도해야 하나요?
- 210 · 자녀 이름으로 헌금드려도 되나요?
- 212 · 축도가 좀 다르네요
- 214 · 그 기도는 무효인데요!
- 217 · 예수? 예수님?
- 219 · 사도신경은 눈 감고 드려야 할 기도문인가요?
- 222 · 빌립 집사가 세례를 주었는데 나는 안 되나요?
- 225 · 이러한 축하 행사도 예배인가요?
- 227 · 예배와 집회의 차이점
- 229 · 지금도 살아 계신 하나님?
- 231 · 요즘은 재림에 대한 설교를 들을 수 없는데요
- 233 · 예배 인도자는 마이크를 멀리하고 찬송을!
- 235 · 경건회나 기도회 집회에서 축도를 꼭 해야 하나요?
- 237 · 교회에서 행하는 성인식에 대해
- 240 · 성찬 성례전도 약식으로?
- 243 · 설교단에서 보인 설교자의 손

6부

그리스도인은 다음의 상식을 갖추어야 합니다

- 248 · '축제'란 그리스도인이 도저히 사용할 수 없는 말입니다
- 251 · '당회장'이라는 이름은 회의 조정자를 말합니다
- 254 · 자신의 직함은 필요 시만 이름 앞에 사용합니다
- 258 · 목사의 가운은 동복과 하복이 없습니다
- 261 · 성직자 셔츠는 신부만의 것이 아닙니다
- 264 · 목사를 모셔 와 선을 본다는 것은
- 267 · 임직자의 부인까지 서약에 동참시키나요?
- 270 · 인간을 향한 각종 예배가 난무합니다
- 273 · 통계의 허구성이 너무 심합니다
- 276 · 해외 선교지에 우리 교회 이름을?
- 279 · 주일이 안식일은 아니지만
- 282 · 바친 예물의 사용처는 특별합니다
- 285 · 솔로몬 왕의 통치가 가장 빛났을 때는?
- 289 · 재택 예배라는 새 용어는?
- 292 · '축복'이라는 용어를 가려서 사용하시지요
- 296 · 생각해 보고 '아멘'을 하시죠
- 299 · '주여 삼창'이라는 것은?
- 302 · 하나님을 '당신'이라고 부를 수 있나요?
- 305 · '성령'을 '성령님'으로 부릅시다
- 308 · 언어는 인격입니다
- 311 · 그리스도인은 '서기'라는 말보다 '주후'라는 말을
- 314 · 식탁에서는 나이 순입니다
- 317 · 고향을 묻지 맙시다
- 320 · 교인이 적 옮길 때는 법을 지킵시다
- 323 · '소천'이라는 말을 바르게 사용해야 합니다
- 327 · '고인의 명복, 미망인'이라는 말은?

7부

바른말 좋은말이 여기 있습니다

- 332 · 목회자를 위한 바른말 좋은말
- 356 · 한국 그리스도인을 위한 바른말 좋은말

책을 펴내며

　어느 사회나 집단의 삶에는 바르게 형성된 원리나 법만 존재하지 않습니다. 거기에는 원리나 상식에서 이탈된 관행이 허다합니다. 우리는 과거부터 현재까지 불편을 느끼지 않고 지내 온 이탈자를 오히려 원칙보다 우선하고 있습니다. '관행'이라는 이름으로 비판 없이 수용을 하고 나아갑니다. 관행이란 해 오는 대로 하나의 버릇처럼 이어 나가는 것을 말합니다.

　인간의 사고가 어리거나 미개했을 때는 관행을 수정할 필요를 느끼지 않았습니다. 그러나 성숙한 사회나 집단에서는 무엇보다도 자신들을 붙잡고 있는 잘못된 관행이 무엇인지를 찾아봅니다. 그리고 그것을 신속히 수정하여 어느 세계에 내놓아도 부끄럽지 않은 이론과 실제를 정립합니다. 그래야 세계의 무대에 나설 수 있기 때문입니다.

우리 한국 교회가 벌써 백 살을 넘긴 지 오래입니다. 그 동안 우리 가운데 자리잡고 버릇처럼 이어져 가는 그릇된 관행이 적지 아니합니다. 그 파장이 이제는 위험한 수위에 이르렀습니다. 마치 한국의 산야가 벌거벗었을 때 우선 편리한 대로 수입하여 심은 아카시아 나무가 온 산을 뒤덮어 좋은 나무를 잠식하듯 말입니다. 또는 마치 악화(惡化)가 양화(良貨)를 몰아내는 것처럼 말입니다.

수정을 가하고 교정을 가져오려는 시도나 과정은 실로 아픔이 따릅니다. 잘못 이해되어 어느 세계에 정착된 관행을 정당한 이론과 실제로 변환시킨다는 것은 경우에 따라 각고(刻苦)의 아픔도 느껴야 합니다. 그러나 이러한 아픔 때문에 잘못된 관행을 우리 교회가 그대로 안고 산다면 그것은 우리 스스로의 발전을 막는 일이며 우리 후손에게 가장 부끄러운 유산을 남기게 됩니다. 사실 잘못된 관행의 발굴과 그 시정 작업은 훨씬 일찍이 있어야 했습니다. 그 기회를 놓쳐 뒤늦었음을 안타까워하는 탄식의 소리가 여러 분야에서 들려 온 지 오래입니다. 수정 작업이 필요한 부분이 너무나 많이 우리 교회 안에 도사리고 있기에 이러한 탄식은 심각하게 들립니다.

본서가 기획한 내용이 시원스러운 찬성을 받는가 하면 갱신을 거부하는 반응도 받게 되리라 예상합니다. 그러나 "그대로 지내는 것이 좋다."는 현실 안주에 빠져서 비뚤어진 길을 계속하여 걸을 수는 없습니다. 이제는 우리 교회가 세계의 교회를 이끌어 가야 할 막중한 책임이 있습니다. 이 책임은 단순한 열심만으로는 안 됩니다. 거기에는 상식과 지식이 수반되어야 합니다. 그리고 바른 것과 그른 것을 분별하고 정확히 수정해 가는 슬기가 있어야 합니다. 또한 우리 스스로가 성숙하기 위하여 그릇된 관행이 어떤 것들이 있는지를 점검하고 수정하는 노력이 뒤따라야 합니다.

본서에서는 우리가 안고 있는 잘못된 관행을 모두 언급하려는 욕심은 삼가렵니다. 오직 목회와 직결되어 있는 예배학과 설교학을 가르치고 있는 실천신학 교수로서 상관되는 분야만을 집중적으로 조명해 보고 서로의 공감대를 형성해 보려 합니다. 물론 우리 교회 현장에서 시급히 갱신되어야 할 문제도 부수적으로 다룰 것입니다. 그러나 실천적인 분야가 아닌 타분야는 그 곳의 전문인이 살펴보도록 공간을 남겨 놓으려 합니다.

본서가 시도한 것은 교회의 일차적 임무인 예배 안에서는 무엇이 문제인지를 찾아 그 정답을 밝혀 보려 합니다. 그리고 설교 사역에서 바르지 못한 관습적인 표현과 언어가 무엇이며 어떻게 교정을 받아야 할 것인지 알아보려 합니다. 또한 교회 현장에서 상식을 이탈한 관행과 언어는 무엇인지 탐색할 것입니다.

본서를 펴내면서 고마운 분들의 애정어린 보살핌이 생각납니다. 70회까지 지면을 주면서 연재하도록 기획하여 준 기독공보사 고무송 편집국장(현 사장)과 매 연재마다 관심을 보이며 격려의 전화를 주신 사장 신태영 장로님께 감사를 드립니다. 뿐만 아니라 이 글을 지상에 싣는 일을 담당하여 수고했던 일선 기자들의 도움 또한 잊을 수 없습니다.

저자로서 정직한 고백을 하면서 고마움을 표해야 할 나의 문제(門弟)들이 있습니다. 이 글은 국어학 전공자의 도움이 절대로 필요했습니다. 이 때마다 조선대학교의 국문학 교수이며 목사인 김수중 박사에게 도움을 청하여 정리를 했습니다. 그리고 철자 하나라도 틀려서는 안 된다면서 수고를 거듭한 연구조교 김현애 목사의 노력이 컸습니다.

끝으로 본서의 집필에 필요한 자료를 찾아 펴들고 곁에 서서 동참해 준 김준희 님의 애정에 다시 한 번 고마운 마음을 띠웁니다. 바라옵기는 우리 주님 오실 그 날까지 한국 교회가 바르게 하나님을 예배하고 말씀을 전하는 데 이 적은 정성이 쓰이기만을 소원할 뿐입니다.

1999년 사순절
아차산 기슭 선지동산에서

수정증보판을 내면서

IT는 시대의 변화를 무서운 속도로 진전시키고 있습니다. 지식과 상식의 폭이 그 어느 시대와도 비교할 수 없을 만큼 넓어졌고 깊어졌습니다. 어제까지 해박한 지식의 소유자로 보였던 분이 조금만 노력을 더디 하면 뒤로 밀려나는 현상을 봅니다. 어제까지는 대단한 지식으로 평가를 받던 사연들이 이제는 하나의 상식으로 취급되는 경우가 여기저기서 발생합니다.

우리 그리스도인, 특히 목회자를 비롯한 많은 중직자도 교회 생활을 하면서 이제 평범한 상식화된 문제를 외면하고 산다면 대화의 반열에 함께 설 수 없는 지경에 이르렀습니다. 그래서 교회라는 예배하는 공동체 속에 들어온 그리스도인들은 부지런히 배우고 익히고 실천하는 데 열심을 다하고 있습니다. 우리가 추구하는 신앙이란 맹목적인 부분도 있지만 지성의 기능을 통하여 이해하고 새겨야 할 부분이 매우 많이 있기 때문입니다.

아시는 대로 본서는 수년 전 한국기독공보에 70여 회의 연재를 통하여 우선 시급한 상식을 다루었던 내용으로 구성되어 있었습니다. 발표된 글을 한 권의 책으로 펴냈을 때 독자들의 반응은 실로 놀라웠습니다. 장기간 베스트 셀러의 위치를 차지하는 것을 본 필자는 더욱 무거운 책임을 느꼈습니다. 그 후로 필자는 쉬지 않고 미처 다루지 못했던 항목을 정리하여 한국기독공보에 또다시 30차례에 거쳐 새로운 상식을 연재하여 독자들의 따뜻한 환영을 받은 바 있습니다.

그 동안 여기저기서 두 번에 걸쳐 제시한 소중한 상식을 한 권으로 묶어 펴내 주기를 바라는 주문이 많았습니다. 한국 교회가 업그레이드되는 데 절대 필요한 상식이기에 필자 역시 그 주문에 따를 수밖에 없어 수정증보판을 한국 교회 앞에 내놓습니다. 조그마한 정성이온데 그렇게도 따뜻하게 맞아 주시고 애독해 주시는 독자님들에게 한없는 감사의 마음을 안고 고개를 숙입니다.

바라옵기는 이 한 권의 책이 오직 하나님을 섬기는 데 조금이라도 유익한 그리스도인의 상식으로 자리매김을 할 수 있다면 더 이상 바랄 것이 없겠습니다.

2008년 성령강림절에
정 장 복

참된 예배는
이것을 알고 드려야 합니다

1부

예배자의 몸가짐에 담긴 의미	17
예배 때 켜는 성단 촛불의 사연은	20
성단의 꽃은 어떤 의미가 있나요?	23
설교대와 인도대는 그 역할이 다른가요?	26
예배 인도는 장로가 맡고, 설교는 목사가 맡는다는데…?	29
예배 시작에 종을 치는 관행은?	32
다 같이 묵상 기도 함으로	35
찬송은 일어서서?	38
기도 후에는 하단해야 하나요?	41
목사님은 왜 거기 서 계시죠?	44
특송 전후에 절을 하시나요?	47
연보궤와 연보대, 어느 것을 사용하나요?	50
누가 무엇을 바쳤다고 알리는 사연은?	54
예배 중에 사람을 환영할 수 있나요?	58
예배라는 단어가 없는 우리의 구약성경	61
성가대? 찬양대?	64
우리 찬송가는 재고되어야 합니다	68
주일 예배에서 복음성가를 부를 수 있나요?	72
영상 매체를 통한 예배란?	75
빈야드 교회 예배의 요주의 사항은	78
열린 예배를 어떻게 생각하시나요?	82

예배자의 몸가짐에 담긴 의미

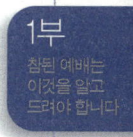

- 하나님을 예배하는 데 예배자의 몸가짐에 담겨 있는 뜻이 있는지요?
- 동일한 하나님 앞에 예배를 드리는 교회인데 가톨릭 교회는 앉고 서고 무릎을 꿇는데 개신교는 처음부터 앉아 있는 자세 하나만을 취하고 있나요?
- 어느 것이 보다 더 경건한 예배를 드리는 몸가짐인지요?

인간의 언어는 크게 두 가지로 나누어집니다. 하나는 소리에다가 단어를 담아 보내는 입을 통한 말의 세계입니다. 또 하나는 신체 언어라는 것으로 아무런 소리를 발하지 아니하나 그 동작과 표정과 자세를 가지고 메시지를 전하는 것입니다. 이러한 두 가지 언어는 우리의 예배 생활에서도 사용되고 있습니다.

어느 젊은 구도자의 질문입니다. 자신은 하나님을 섬기는 신앙을 갖고 싶어서 교단을 초월하여 여러 교회를 방문하고 있다는 것입니다. 그런데 개혁교회는 처음부터 앉아 있는 자세를 지속하기 때문에 졸고 있는 사람들이 많은 반면, 천주교나 성공회, 루터교 등은 앉고 서고 무릎을 꿇는 자세가 빈번하여 좀 겨를이 없을 뿐만 아니라 예배의 존엄성이 한층 더 느껴지더라는 이야기입니다. 그러면서 예배자들의 그러한 자세가 갖는 의미는 무엇인지를 묻고 있었습니다.

실제로 우리 개혁교회는 말씀만을 강조하면서 예배의 자세에 대한 것들을 거의 외면하고 있는 것이 사실입니다. 그러나 예배 시에 취하는 자세마다 가지고 있는 전통적인 의미가 매우 깊음을 기독교의 권위 있는 예배학 사전은 다음과 같이 설명하고 있습니다.

첫째로 자세는 자신보다 신분이 높은 분을 만날 때 존경의 표시로 취하는 기본적인 몸가짐입니다. 구약에서는 에스라가 율법서를 봉독할 때 모든 회중이 일어섰음을 보여 주고, 복음서에서는 기도하는 자세가 일반적으로 일어선 것이었음을 보여 줍니다. 이러한 자세는 초대 기독교에서도 지켜졌고 지금도 기도와 복음서 봉독과 찬송 때에는 회중들이 일어서서 하나님을 거룩하게 높이어 드리는 자세를 취한 것이 일반화되어 있습니다.

둘째로 무릎을 꿇는 자세는 경배와 기원과 애달픈 심정을 표현하는 자세입니다. 시편 25편에서는 하나님 앞에 나아와 무릎을 꿇고 예배하라는 명령이 있는가 하면, 바울 사도는 자신의 간절한 간구를 무릎을 꿇고 드려야 함(엡 3:14)을 강조한 바 있습니다. 무릎을 꿇는 몸가짐은 정교회와 천주교나 성공회 예배에서 지금도 취하는 형태입니다.

셋째로 앉아 있는 자세는 명상과 경청의 자세입니다. 특별히 윗분의 말씀이 있을 때 정좌를 하고 시선을 집중하면서 말씀을 받아들이는 자세입니다. 이 자세는 예배에서 설교 시간과 찬양대의 찬양이 있을 때와 예배를 위하여 스스로 준비할 때 취하는 몸가짐입니다.

넷째로 두 손을 드는 것으로 여기에는 두 가지 형태와 의미가 구별되어 있습니다. 하나는 기도할 때 손을 높이 드는 경우이고, 또 하나는 축도할 때 손을 앞을 향하여 드는 경우입니다. 기도할 때 두 손을 높이 드는 것은 개인이 기도하는 가운데 참회를 표현하는 자세입니다. 그리고 하나님이 복 내려 주심을 선언하는 목사의 축도 때 두 손을 앞으로 드는 것은 선언하는 내용이 회중에게 전해지는 것을 의미합니다. 이스라엘이 아말렉과 싸울 때 모세가 팔을 들어 하나님의 능력을 지속시켰던 것이 그 좋은 사례입니다.

우리의 기독교 예배는 초대교회부터 예배에서 갖추어야 할 몸의 자세를 철저히 강조하였습니다. 지금까지 예배 예전을 중요시하는 개혁교회 이외의 교단은 여전히 이러한 자세를 지켜 나가고 있습니다.

그러나 한국의 개혁교회는 예배자들이 갖추어야 할 몸가짐에 대하여 전혀 가르침이 없습니다. 어느 순서에서 앉고 서야 하는지 그 필요성마저 느끼지 아니합니다. 오직 앉아 있는 하나의 형태로만 지속함으로써 졸음을 가져오고 몸으로 표현한 예배자의 참여가 전혀 없는 실정입니다. 더욱이 기도나 성경 봉독을 맡고 성단에 올라가 앉아 있는 사람들이 두 무릎을 단정히 모으지 않고 벌리고 있거나 다리를 꼬고 앉아 있는 것은 참으로 안타까운 모습입니다. 예배자는 내 육신의 편안함보다 하나님 앞에 경건한 자세로 공경하고 경배하는 몸가짐이 있어야 합니다. 그것은 제도에 의한 것이 아닙니다. 예배하는 대상에 대한 가장 기초적인 상식입니다.

예배 때 켜는 성단 **촛불의 사연**은

⊙ 어떤 교회는 주일 예배 시간에 촛대에 불을 켜고 예배를 시작하기도 하고 그렇지 않은 교회도 많이 있습니다. 어느 편이 좋을까요?
⊙ 촛대에 불을 켜는 의식은 우리 기독교의 전통인가요? 그렇다면 언제부터 시작되었나요?
⊙ 기독교 예배에서 촛대에 불을 켜는 것은 어떤 의미가 있나요?

예배를 인도하는 목회자들에게서 흔히 듣게 되는 질문이 있는데, 그것은 주일 예배 때 성단에 촛불을 켜 놓는 것에 대한 의미와 그 타당성에 대한 것입니다. 어떤 목사는 촛불을 켜는 것이 경건한 분위기를 주기에 자신의 교회는 매주일 예배를 드릴 때마다 촛불을 켠다고 합니다. 반면에 어떤 목사는 마치 절간의 촛불이 연상되어서 전혀 활용하지 않는다는 말을 합니다. 이 질문 역시 우리 교회에 잔잔한 파장을 일으키는 문제임에 틀림이 없습니다.

기독교 예배 역사에서 사용되어 온 성단의 촛불이나 등불의 의미는 무엇인지요? 그 사용의 타당성은 어떤 것인지요? 이러한 물음의 대답을 찾아봅니다. 초대교회 때부터 촛불이나 등불의 사용은 세 가지 경우로 요약됩니다. 먼저는 예배에 필요한 조명의 목적이었습니다. 사도행전에 기록된 사도 바울의 밤 집회(행 20:8)를 비롯하여 로마의 박해 시절에 중요한 예배 장소였던 동굴에 이르기까지 밝은 조명이 필요하여 촛불이나 등불을 많이 사용하였습니다. 둘째는 유대나 헬라 문화권에서 촛불이나 등불을 장식용이나 공기 정화를 위하여 켜 놓는 일이 많았습니다. 셋째는 기독교 예배를 비롯하여 각종 종교 행사에서 의식의 도구로 사용된 바 있습니다.

　이상과 같은 다양한 목적을 가지고 활용되었던 촛불이나 등불이 우리 기독교 예배에서 사용될 때는 그 의미가 타종교 의식의 것과는 전혀 다른 차원의 것이었습니다. 먼저 초대 기독교 안에 있던 유대계 기독교인들이 가졌던 저녁 예배의 촛불이나 등불은 한 날을 하나님의 은총 아래서 지내게 되었음을 감사하는 의식으로 사용하였습니다. 그리고 주님의 부활에 초점을 두고 주님의 날에 드렸던 예배에서의 촛불은 주 예수 그리스도께서 어두운 죽음의 세계를 물리치고 승리하심을 찬양하는 의미를 가지고 있습니다. 오늘의 많은 교회가 성단에 촛대를 세워 놓고 주일 예배나 부활절과 같은 특수 절기 때 촛불을 켜는 중요한 이유는 어둠을 물리치신 주님의 승리의 정신을 기리는 데 의미를 부여하고 있습니다. 이러한 정신은 이미 4세기에 기록된 『사도 전승』에서 "하나님이 예수 그리스도를 통해 불멸의 빛을 계시하시면서 우리를 비추셨음을 늘 상기하는 의미"가 있었음을 밝히는 데서 입증됩니다. 그리고 더욱 정확한 것은 요한계시록 4장 5절에 나타난 하나님의 보좌를 둘러싼 일곱 등불이 어둠을 밝힌 하나님의 영을 상징하는 데서 그 의미를 더해 주고 있습니다.

　역사적으로 11세기까지는 촛대나 등잔불과 같은 것은 교회가 위치한 지역에 따라 사용 여부가 각각 달랐습니다. 그러나 점차적으로 성찬 성례전의 존엄한 의식이나 성자 숭배 의식의 경우 활발하게 사용되기 시작하였습니다. 그리고 17세기에 이르러 로마 가톨릭 교회는 성단의 촛대가 정식으로 세워지도록 규정하였습니다. 동방교회는 예배드리는 사람의 기원을 담은 촛불을 수없이 바치어 마치 불상 앞에서 수많은 촛불이 타고 있는 것을 연상할 정도로 활발히 사용하고 있습니다. 또한 정교회를 비롯하여 루터 교회도 예배시에 촛불을 켜는 것이 보편화되었습니다. 개혁교회는 부활절이나 특수한 절기의 예배 외에는 아직도 촛불의 사용이 적극적이지 못한 현실입니다.

그러나 최근에 와서 세계의 많은 개혁교회들이 예배의 의미를 빛내기 위하여 촛불의 사용을 활발히 하고 있습니다. 예배 시작 전에 예배위원들이 성가대와 함께 입장할 때 맨 앞에 어린이나 청소년들이 촛불을 켜는 불씨대를 들고 입장하여 성단에 촛불을 켭니다. 그러고 난 다음에 예배드리기 시작하는 형태가 서서히 보편화되고 있는 현실입니다.

우리 한국 교회가 쉽게 이러한 촛불을 사용하지 못한 이유가 있는 듯합니다. 그것은 이 땅에 자리잡은 불교와 같은 재래 종교의 촛불이나 세사를 지낼 때 사용한 촛불이 연상되기 때문입니다. 촛불이 우상을 섬기는 도구처럼 보이기 때문이라는 주장에 수긍이 갑니다. 그러나 기독교에서 촛불을 사용했던 시초는 불교나 조상 제사와는 전혀 무관하게 독자적으로 이룩된 것입니다. 오히려 어두움을 물리치고 밝음을 주는 현장에서 부활의 능력을 감상하고 부활의 주님을 찬미하면서 예배를 드렸습니다. 이제 우리는 타종교를 생각하면서 우리 기독교의 고유한 것까지 포기할 필요가 없습니다. 당당히 우리의 의미를 가지고 우리의 것을 사용하는 결단이 필요합니다. 버려서는 안 될 아름다운 전통과 의식이 타종교에 대한 의식 때문에 우리의 개혁교회에서 너무 많이 사라지는 현실은 참으로 안타까운 일입니다.

성단의 꽃은 어떤 의미가 있나요?

> ⊙ 성단 꽃꽂이에 대한 부정적 평가와 긍정적 평가를 듣고 싶습니다.
> ⊙ 성단에 꽃을 장식할 때 유의해야 할 점은 무엇인가요?
> ⊙ 예전 색깔과 연관을 맺고 싶은데 언제 무슨 색깔을 사용해야 하나요?

1부
참된 예배는 이것을 알고 드려야 합니다.

주일 예배를 드릴 때마다 성단의 아름다운 꽃을 볼 수 있습니다. 그러한 장식은 이제 하나의 관례가 되어서 성단의 꽃은 필수적인 것으로 생각할 정도에 이르렀습니다. 어떤 교회는 회중이 설교자를 보는 데 장애를 줄 정도로 꽃을 가득히 장식하고 있습니다. 때로는 여기에 소요된 한 주일의 꽃값이 농어촌 교회 교역자의 한 달 생활비에 버금가는 경우가 있다고 합니다. 거룩한 성단을 아름답게 꾸며 보려고 애쓰는 성도들의 정성어린 마음은 착하고 충성된 것입니다. 그러나 단 한 번 보기 위하여 그 막대한 꽃을 매주일 성단에 장식할 필요가 있는지에 대한 부정적인 시각도 있습니다. 여기에 대한 비판을 서로가 삼가는 것은 예수님의 발에 한 여인이 값비싼 향유를 부으면서 경배의 신앙을 표현하고 있을 때 그것을 낭비라고 지적한 가룟 유다를 생각하기 때문입니다. 그리고 그 현장에서 유다를 책망하시고 그 향기와 정성을 받으신 예수님의 심정을 연상하기 때문입니다.

그러나 여기에 아무런 원칙과 깊은 의미를 찾지 않고 인간의 시각에만 중점을 둔다면 그것은 의외의 탈선을 일으킬 수 있고, 하나님이 마땅히 받으셔야 할 영광을 오히려 가리는 결과를 초래할 수 있습니다. 이러한 문제점을 발견한 교회들은 언제나 푸르고 싱싱한 화분을 사용하여 성단을 푸르게 하고 공간이 살아 있는 인상을 주도록 노력합니다. 그러나 어떤 교회는 교인들이 자신들의 가정에서 특수한 기념일이나 감사의 날을 맞이하여 꽃으로 성단을 아름답게 장식한 것을 교인들 앞에 알리기도 합니다.

예배드리는 성소의 성결과 아름다움을 추구하는 것은 그리스도인의 당연한 마음가짐입니다. 오염과 죄로 얼룩진 현대인들이 보다 순결하고 고운 꽃을 성단에 드리면서 그 맑고 순수함을 연모하려는 것은 이해할 수 있는 부분입니다. 그리고 성스러운 예배에 보탬을 주고자 하는 마음은 굳이 막을 필요가 없습니다. 그러나 다음 몇 가지 의미와 함께 하지 못한 성단의 꽃꽂이는 자칫 곁길을 걷게 됩니다.

먼저는 하나님이 창조한 피조물 가운데 가장 아름다운 것으로 영광을 드리는 신앙의 표현이 담겨야 합니다. 예를 들면 예수님의 발에 향유를 뿌리던 한 여인의 절박하고 감격에 찬 신앙의 표현이 앞서야 하는 것입니다. 둘째는 성단의 꽃은 인간의 시각을 우선할 것이 아니라 교회력에 따른 예배의 의미가 담겨야 합니다. 즉 사순절은 수난을 표현하는 가시가 있는 장식을, 부활절은 만방에 부활의 향기를 풍기는 백합화를 장식하는 것처럼 절기에 따른 의미가 담겨야 합니다. 셋째로 교회력에 따른 예전 색깔을 꽃꽂이에 반영할 수 있어야 합니다. 예전 색깔은 보라색, 흰색, 녹두색, 빨간색으로 분류하여 전세계 교회가 통일하여 사용하고 있는 현실입니다. 보라색은 대림절과 사순절에 사용되며 엄숙한 의미를 담고 있습니다. 흰색은 성탄절과 부활절과 삼위일체 주일에 기본적으로 사용되며 그 외에 산상변모일과 왕국절에 사용되어 모든 것의 기초와 새로운 출발을 의미합니다. 녹두색은 주현절과 오순절 이후 약 6개월 동안 사용되는데 그 뜻은 복음의 확산과 교회의 성장을 의미합니다. 그리고 빨간색은 성령 강림 주일에 단 한 번 사용됩니다. 다섯째는 꽃을 봉헌하는 사람들의 경제적인 실력을 과시하는 일이 없도록 해야 합니다. 검소하면서도 깊은 의미를 살릴 수 있는 성단의 꽃꽂이가 필요한 시점이 바로 오늘입니다. 누구나 큰 부담을 느끼지 않고 성단의 꽃을 장식할 수 있도록 해야 서로가 기회를 나누어 참여할 수 있습니다. 교회가 앞서서 화려한 치장을 자제할 때 이 사회가 검소해질 수 있다는 평범한 진리가 여기서부터 이루어지도록 해야 할 것입니다.

이러한 사항을 지킬 때 한시적으로 아름다움을 보이던 꽃은 시들어도 주님을 사랑하는 우리의 열정은 지속될 것이며, 하나님을 향한 예배의 행위는 꽃처럼 아름다울 수 있습니다.

설교대와 인도대는 그 역할이 다른가요?

- ⊙ 우리 교회는 성단에 설교대와 인도대와 기도대 등 세 개가 즐비하게 설치되어 있습니다
- ⊙ 우리 교회는 설교대를 중앙에 세워 놓고 그 곳에서 예배 인도와 설교와 기도를 합니다.
- ⊙ 몇 개를 어디에 세우는 것이 적당한지요?

우리 개신교 예배당을 들어설 때마다 많은 교인들이 혼돈과 의문을 갖게 되는 부분이 있습니다. 어떤 예배당은 성단에 설교대와 인도대가 하나로 되어 있는가 하면, 어떤 예배당은 설교대와 인도대가 분리되어 있기 때문입니다. 심지어 어떤 예배당은 기도대를 가운데 크게 만들어 세 개를 세워 놓고 예배를 드리기도 합니다.

개신교는 로마 가톨릭 교회와는 여러 면에서 차이점을 가지고 있습니다. 로마 가톨릭 교회는 교황청의 지시에 의하여 일정한 제도 안에서 일치성을 보이고 있습니다. 그러나 개신교는 교단이 만든 헌법의 정치와 교리와 예배 모범 이외에는 통제를 받지 않고 자율적으로 나가는 것이 그 특징입니

다. 비록 총회의 결의가 있었다 하더라도 그 수행의 권한은 지교회에 주어지는 것이 상례입니다.

특별히 예배당의 형태나 내부 구조에 대한 것은 거의 교단의 규제를 받지 않고 개교회가 의미를 부여하면서 건축을 하고 성단을 만드는 것이 우리의 현실입니다. 이러한 결과가 성단에 성구(聖具)의 수와 형태를 다양하게 이어지게 한 것입니다. 특별히 이러한 문제가 성경에 기록되어 있지 않기에 목회자가 임의로 자신의 해석에 따라서 성단의 구조와 형태를 정하는 실정입니다.

성단의 변화에 대한 역사적인 근거는 이렇습니다. 성찬 성례전을 예배의 중심으로 했던 초대교회와 중세 교회는 성찬상만을 가지고 거기서 성찬 성례전을 집례하면서 오랜 역사를 지내 왔습니다. 이러한 전통은 지금도 성찬을 예배의 구심점으로 하고 있는 정교회를 비롯하여 로마 가톨릭 교회나 성공회에서 쉽게 찾아볼 수 있습니다. 그러나 종교개혁자들이 말씀을 예배의 중심으로 주장하고 나설 때부터 성단의 성구의 구조에 변화를 가져오게 되었습니다. 루터와 같은 개혁자는 기존의 성찬대를 그대로 두면서 말씀의 단을 첨가하는 형태를 취했는가 하면, 칼뱅은 설교대를 회중들과 아주 가까운 곳에 높이 설치한 바 있습니다. 츠빙글리나 재세례파의 경우는 성찬대를 치워 버리고 설교대만을 갖도록 하기도 하였습니다. 이러한 혼돈은 상당 기간 존속해 왔습니다.

1885년 이러한 성단의 구조에 대한 변화가 일기 시작하였습니다. 그것이 바로 예배 복원 운동이었습니다. 미국을 비롯한 서구의 개혁교회들이 주도한 바 있는 예배 회복 운동에서는 우선적으로 예배의 정의를 다음과 같이 정리하였습니다. 그 내용은 예배란 하나님의 은총을 입은 백성들이 마음과 뜻과 성품을 다하여 받은 바 은총에 대한 응답으로 드리는 그리스도인의 행위라는 것입니다. 예배를 드리는 성도들은 무엇보다도 하나님께 경배와 감사와 찬양과 봉헌과 참회를 드리는 데 우선적인 관심을 가져야 하고, 은총으로 내려 주신 성례와 축도를 받아야 한다는 견해입니다.

여기서부터 예배의 내용을 좀더 분명히 하고 의미를 가시적으로 보이기 위하여 성단에는 초대교회 때부터 있었던 성찬상을 중앙에 배치하고 예배자들이 드리는 부분과 하나님이 내려 주시는 말씀의 단을 구분할 필요성을 인식하게 되었습니다. 그리고 인간이 드리는 부분은 적게 만들어 인도대라 이름하고, 거기서는 인도자가 서서 예배를 인도하고 기도나 찬송이나 기타 예배의 모든 부분을 이 곳에서 드리도록 하였습니다. 그리고 하나님이 주시는 부분은 크게 만들어 그 곳에서는 성경 봉독과 설교와 축도만 하도록 하는 매우 합리적인 성구(聖具)를 갖기 시작하였습니다. 그리고 무엇보다도 중요한 것은 설교대와 인도대가 성단의 중앙에 위치하여 십자가와 성찬상을 가로막는 것은 개혁신학에 어긋난다는 점을 실파하였습니다. 이도록 합리적인 예배신학자들의 연구와 개발은 즉시 많은 개혁교회들의 적극적인 반응을 불러일으키게 되었고 한국 교회에서도 일찍부터 정착된 바 있습니다. 최근에는 유리로 설교자나 인도자의 모습이 모두 보이도록 하는 새로운 설교대와 인도대가 등장되고 있습니다. 그러나 설교자나 인도자의 하체 부분까지 모두를 노출시키는 것은 말씀의 권위를 축소시킬 뿐만 아니라 오히려 설교자를 부자연스럽게 하고 설교대의 역사성이 단절된다는 부정적인 평가가 더 많이 나오고 있습니다.

예배 인도는 장로가 맡고
설교는 목사가 맡는다는데…?

1부
참된 예배는
이것을 알고
드려야 합니다

- 목사의 기본 임무가 무엇인지를 알고 싶습니다.
- 예배 인도와 설교의 전담은 누가 해야 하는 것인지요?
- 우리 교회는 언제나 설교는 목사가 하고 예배 모든 부분은 장로가 맡고 있습니다. 정상인가요?

일전에 어느 신학생이 제기한 질문입니다. 자신이 출석하는 교회에서 예배 인도는 장로님이, 설교는 목사님이 하시는데 그것이 바른 일인지를 물었습니다. 혹시나 하는 마음에서 목사님이 겨우 설교만 할 정도로 몸이 불편한지를 물었습니다. 그의 대답은 이 교회는 어떤 목사가 부임해도 설교만 맡기고 예배 인도는 철저히 장로들의 몫으로 이해하고 있다는 것입니다. 최근에 와서 좀처럼 들어 보지 못한, 매우 생소한 질문이었습니다. 한국 교회에 목회자가 부족했던 초기에 한 목사가 여러 교회의 당회장을 맡아 순회하던 시절은 장로가 교회를 살피고 주일 강단을 맡았던 곳이 많았습니다. 그리고 순회차 온 목사는 설교만 맡고 기타 예배 인도는 장로가 계속했던 때가 있었습니다. 그러나 그 때는 목사가 부족하였기에 그러한 보조적인 역할이 가능하였고, 시무 목사가 있는 경우 예배 인도와 설교는 목사의 당연한 직무입니다.

예배에 관하여 교단마다 거의 일치하는 점이 있다면 예배를 인도하고 성례전을 집례하고 설교하는 것은 목사의 고유한 의무요 책임으로 규정하고 있습니다. 그래서 목사의 가장 우선적인 사명은 교인들을 모아 하나님 앞에 드리는 예배를 집례하는 제사장의 기능을 담당하는 일입니다. 그리고 하나님의 말씀인 성경의 진리를 선포하고 해석하고 회중들의 삶에 적용해 주는 설교 사역, 즉 선지자의 기능을 수행하는 일입니다. 다시 말하면 예배와 설교는 분리해서 수행되는 일이 아니라 하나의 직무로 예배라는 행위 속에서 동시에 수행되는 성스럽고 고유한 사역입니다.

그래서 신학교에서는 목사 후보생들에게 예배학과 설교학을 필수로 하여 이 지분이 중요성뿐만 아니라 그 내용을 철저히 공부시킵니다. 예배의 역사를 비롯하여 예배 순서 하나하나의 의미에 이르기까지 일일이 가르치고 실제로 훈련을 시킵니다. 그리고 설교 사역을 위한 구체적인 연구와 함께 설교 실습을 통하여 철저한 점검을 받게 합니다. 목사가 목회 현장에 나아가 작은 실수라도 범해서는 안 된다는 긴장감을 가지고 이 분야를 교육시킵니다.

매주일 이어지는 예배의 인도나 설교가 간단하게 느껴질지 모르나 목사가 그 자리에 서기까지는 실로 많은 교육과 훈련을 받아야 합니다. 이러한 훈련 과정을 거쳐 총회가 주관하는 고시에 통과되면 노회에서 목사로 안수를 받습니다. 그 때 그들은 하나님과 사람들 앞에서 성례전을 바르게 이해하고 집례하며 하나님의 말씀을 깊이 연구하고 정확하게 운반할 것을 서약합니다.

솔직히 이러한 막중한 성직의 수행을 목사들이 매주일 하나님 앞에 부끄러움 없이 감당하고 있는지에 대한 의문을 가질 때가 없지 아니합니다. 틀에 짜인 예배 순서를 습관적으로 가볍게 여기는 목사가 있는 경우를 종종 봅니다. 그리고 말씀을 전하는 설교 시간에 설교자의 말을 나열하고 있는지, 하나님의 말씀인 성경의 진리를 전하고 있는지 혼돈케 하는 경우가 가끔 발생되는 경우도 있습니다. 이러한 부족하고 모순된 현상에 대하여 평신도가 불만스러운 감정을 갖는다는 것은 어떻게 보면 이해가 가기도 합니다. 이러한 현장에서는 보다 나은 발전을 위하여 건전한 평가와 수정을 요구할 필요가 있습니다. 그러나 어떤 경우도 목사가 못 하니까 장로가 대신할 수는 없습니다. 장로교의 제도는 목사 대신 교인 누구나 예배와 설교를 대행할 수 있도록 허락하지 않습니다. 부족하면 위하여 기도하고 애정을 가지고 충고는 할 수 있습니다. 그러나 긴급한 상황을 제외하고는 결코 목사의 고유한 임무인 예배 인도와 설교를 교인이 분담하거나 대신할 수 없도록 규정하고 있습니다. 교회는 사회의 구조와는 다릅니다. 서로의 다른 직분에 대한 존경이 살아 있어야 합니다. 부족한 목사를 위하여 기도하고 그 향상을 위하여 물심양면으로 도울 수 있는 교인이 있는 곳에 하나님이 기뻐하시는 교회가 이룩될 수 있습니다. 목사의 일을 평신도가 대행하면서 목사를 무력화시키는 교회는 건실한 내일이 보장되지 아니합니다. 그리고 하나님이 기뻐하실 리가 없습니다.

1부
참된 예배는 이것을 알고 드려야 합니다

예배 시작에 **종을 치는** 관행은?

- 요즈음 우리 교회 성단의 인도대에 큰 종이 놓여 있습니다. 기독교 예배의 역사에 이것은 언제부터 사용된 것인가요?
- 옛날에는 아주 작은 것이었는데 언제부터 큰 종이 놓이게 되었나요?
- 예배를 시작할 때 반드시 종을 쳐야 하나요?

세계의 어느 개혁교회를 찾아가 예배를 드려도 좀처럼 구경할 수 없는 희귀한 현상이 우리 한국 교회에서 가끔 발견됩니다. 그 때마다 사연이 어디서부터 온 것이며, 그 의미가 무엇인지를 묻는 질문에 대답을 찾을 길이 없습니다. 들을 수 있는 대답은 "그저 지금껏 계속해 온 것이기에 저도 계속합니다."가 전부입니다.

그 희귀한 관습 중의 하나가 예배 시간이 되면 인도대 위에 놓인 종을 치는 것입니다. 옛날에는 소리만 들리는 아주 작은 종을 사용했는데 요즈음에는 높이와 폭이 한 자는 족히 될 만한 탁상용 종을 놓고 예배 시작을 알리는 교회가 여기저기에 많이 보입니다. 그것도 황금빛 찬란하게 도색을 하고 그 위에 십자가를 세워 아주 성스러운 모습까지 갖춘 종을 만들어 보급하는 것을 봅니다.

필자는 이러한 현상을 보면서 아무래도 이것은 어디선가 잘못 전래된 관습이라는 생각이 들었습니다. 세계 도처에 있는 개혁교회 예배 현장에서 찾아볼 수 없는 것이 어찌하여 한국 교회만 있게 되었는지 그 사연이 궁금했습니다. 그리고 그것이 진정 기독교 예배 안에 역사성이나 성경적인 근거를 가지고 있는 관습인지를 밝혀야 한다는 책임 의식을 느꼈습니다.

예배신학을 가르치는 교수로서는 당연히 관심의 대상이 되지 않을 수 없었습니다. 한국 교회의 원로들을 찾아 뵙고 얻게 되는 대답은 "옛날부터 아주 작은 종을 쳐 왔는데 그 뜻은 모르겠다."는 것이었습니다. 세계적인 예배신학자들이 모이는 학회에 참석하는 기회에 여기에 대한 질문을 했으나 모두가 애매한 대답뿐이었습니다. 최근에 우리 나라에 와서 필자와 함께 지내면서 신학교에서 한 학기 강의를 한 바 있는 예배신학의 거장인 알렌(Horrace Allen) 박사도 필자와 함께 여기에 대한 호기심을 갖게 되었습니다. 우리는 이 의문에 대한 대답을 찾기 위하여 대화를 진지하게 나누었습니다. 그 자리에서 얻게 된 종의 유래는 다음과 같은 것이었습니다.

종교개혁 이후 개혁교회가 많지 않던 시절에 어느 지역에 교회가 세워지면 그 교회에서는 종탑을 세우고 주일 낮과 저녁에 예배 시간을 알리는 초종과 재종을 쳤습니다. 이러한 종소리는 한국 교회에서도 전자 시스템을 이용하기 전까지는 보편적인 것이었습니다. 또 하나의 사실은 주일 학교가 왕성하던 때에 주일 학교 예배를 시작할 때 떠드는 어린이들의 주의를 집중시키기 위하여 사용되었다는 것입니다.

이상과 같은 사연을 상기하면서 우리는 한국 교회 예배에서 종을 사용한 것에 대한 결론을 찾게 되었습니다. 그것은 교육 수준이 낮았던 초대 한국 교회의 회중들이 예배 시간이 임박했는데도 산만한 상태에 있을 때 선교사들이 미국의 주일 학교처럼 종을 쳐서 주의를 집중시켰던 것이 그 유래가 되었다는 추론입니다. 전화도 없던 시절 초기 교회는 서로가 아무런 소식을 나누지 못하고 한 주간을 지내다가 주일에 원근각지에서 한자리에 모였기 때문에 참으로 반가운 만남일 수밖에 없었습니다. 기록에 따르면 교인들은 예배 시작 전에 서로 가까운 사람들끼리 자리를 같이하면서 안부를 비롯한 각종 사연을 나누느라 분위기가 몹시 시끄럽고 어수선했음을 알려 주고 있습니다. 초기 교회 어떤 설교자는 이 소란한 예배 시작 분위기를 설교의 내용으로 다루기도 하여 이 문제가 얼마나 심각했었는지를 알려 주고 있습니다. 그 때 선교사들이 미국의 주일 학교처럼 탁상용 종을 치고 묵도를 하게 함으로 예배 분위기를 잡았다는 것이 매우 가능한 추론입니다.

생각하면 이것은 토착적 행위도 아닙니다. 이것은 선교사들이 편의상 순간적으로 도입한 관행입니다. 그러한 것이 어느 새 우리 예배 생활의 한복판에 자리잡고 있는 의미 없는 관행이 되었습니다. 차라리 토착적 감각으로 예배의 시작을 알리려면 우리의 고유한 징을 쳐서 가슴으로부터 동참되는 효과를 거두는 것이 더 보람이 있을 것입니다.

아무리 분석하고 연구해도 단상에 종을 올려놓고 사용하는 것은 이제 중단함이 가당합니다. 우리의 회중이 100년 전 미국 교회 주일 학생과 같은 의식 수준을 벗어난 지 오래이기 때문입니다.

다 같이 **묵상 기도** 함으로

1부
참된 예배는
이것을 알고
드려야 합니다

- 우리의 예배 시작은 언제나 묵도로 시작해야 하는지요?
- 동일한 교단의 외국 교회에서는 전혀 볼 수 없는 "다 같이 묵상 기도 함으로"가 있게 된 까닭은 무엇인지요?
- 개혁자들은 예배를 어떤 형태로 시작했는지요?

우리 한국 교회는 일찍부터 예배를 시작할 때마다 첫 순서로서 "다 같이 묵도(묵상 기도)함으로 예배를 시작하겠습니다."라는 말을 합니다. 이러한 순서는 한국 기독교 예배에서 너무 오랫동안 사용되어 온 뿌리 깊은 관행입니다.

그러나 묵상 기도라는 순서는 기독교 예배 역사에서 찾아볼 수 없는 것입니다. 초대교회나 종교개혁자들의 예배 순서 그리고 최근 신·구교의 어느 예배 순서를 찾아보아도 묵도라는 순서는 전혀 흔적이 없습니다. 역사적으로 예배의 시작은 대체적으로 다음과 같습니다. 속사도 시대는 성경 봉독으로, 3-4세기의 예배부터는 집례자가 "주께서 여러분과 함께"라고 하면 회중은 "또한 사제와 함께"라는 인사와 함께 시작하였습니다. 이러한 전통은 동·서방 교회가 지금까지 사용해 온 바입니다. 또한 개혁자들은 예배가 시작되면 맨 먼저 기록된 '참회의 기도'를 한 목소리로 드린 후 '용서의 확신' 순서로 예배를 진행하였습니다. 지금도 대부분의 개혁교회는 예배 선언과 예배의 부름으로 시작을 삼고 있습니다.

이러한 기록이 뚜렷하게 있는데 왜 한국 교회는 머리 숙여 묵상 기도를 하게 했는지 그 사연을 찾아볼 필요가 있습니다. 그것은 두 가지 설명이 가능합니다. 하나는 이 땅의 많은 종교의 예배 행위가 먼저 머리를 숙이고 묵념을 하는 것을 일상화했던 것에서 유래했을 가능성이 있습니다. 둘째는 떠드는 교인들을 조용하게 하는 방편으로 묵상 기도를 사용했을 가능성입니다. 1920년대에 있었던 기록에서 다음과 같은 내용을 봅니다. "남에게 방해가 되는지 유념도 주의도 없이 큰 목소리로 자기네들 일 주일 간 지내오던 잡담이든지 혹 오랫동안 보지 못한 그리운 친구라도 보면 그를 따라가 앉아서 정담을 하거나…."했다는 기록입니다. 이러한 환경에서 예배의 엄숙성을 지키기 위한 방편으로 '묵상 기도'를 시도했다고 봅니다.

예배를 인도했던 초기 선교사들은 이미 세계의 장로교 예배의 원조인 웨스트민스터 예배 모범에서 밝힌 대로, 교인들이 예배당에 들어서면 십자가를 비롯한 어떠한 성물이 있는 곳에도 경의를 표하거나 절하는 일이 없이 자리를 잡고 엄숙하고 품위 있는 몸가짐으로 예배를 드려야 함을 가르쳤습니다. 이러한 예배의 엄숙성을 실현하기 위하여 선교사들은 우리의 제의 문화(祭儀文化)에 이미 자리잡고 있던 '묵상 기도'라는 것을 예배에서 유용하게 활용하였음을 추론할 수 있습니다.

그러나 이제는 우리 교인들의 의식 수준과 예배에 임하는 자세는 세계의 어느 교회와 비교해도 손색이 없는 시대에 살고 있습니다. 그러하기에 우리의 예배도 이제는 더 이상의 의미를 주지 못하는 순서는 삭제하고 밝고 신선하게 시작하는 순서를 사용해야 할 것입니다. 아직도 아무런 의미를 알지 못한 채 습관적으로 따라하고 답습하는 예배 인도자가 예배의 변화를 거부하고 있는 모습은 참으로 안타까운 일입니다. 선교사들이 이 땅에서 시작한 것이 진리인 양 고수하려는 보수성은 때로는 비성경적인 경향을 보이는 경우가 있습니다.

이제는 눈을 들어 개혁자들의 예배 현장도 연구를 해야 합니다. 우리의 예배 시작과 세계의 개혁교회들이 예배를 시작한 형태는 너무 차이가 많습니다. 오르간 전주가 끝나면 예배 인도자가 바로 나와서 밝고 상쾌한 인상과 음정으로 "이제 우리의 마음과 뜻과 정성을 모두어서 하나님께 예배드리겠습니다." 하는 예배 선언은 매우 인상적입니다. 이 선언이 끝나면 찬양대의 응답송이 나오고, 이어서 인도자가 하나님의 말씀으로 "예배의 부름"(말씀)을 장엄하게 들려 줍니다. 그리고 기원을 하면 우리의 예배는 그 의미나 절차에서 훌륭한 모습을 보일 수 있게 됩니다. "다 같이 묵도함으로…"를 가지고 예배를 시작하는 관습을 버리지 못하는 한 우리의 예배는 밝고 즐거운 경축의 예배 감각을 갖기에 매우 힘들 것입니다. 그러한 까닭에 이제는 우리의 예배 시작에 깊은 관심을 가질 때가 되었습니다.

찬송은 **일어서서?**

- 한국 교회에서는 어떤 찬송은 일어서서 부르고 어떤 찬송은 앉아서 부릅니다. 이유가 있을까요?
- 예배 시간에 의자를 사용하는 것은 불과 몇 세기에 지나지 않습니다. 그 전의 모든 예배는 서 있는 자세에서 진행되지 않았나요?
- 한국 교회 예배는 첫 부분만 일어설 뿐 내내 앉아서 드리기에 늘 졸립니다.

예배 예전의 행위(Liturgical Action)는 어떤 경우도 인간 위주로 진행될 수 없고 반드시 예배의 대상을 위주로 하여 이루어진다는 것은 평범한 상식입니다. 그러기에 예배자들이 무릎을 꿇는 것이나 앉는 것이나 서는 행위에 모두 의미를 부여하고 있습니다. 이러한 행위의 궁극적인 목적은 모두가 하나님을 섬기는 인간으로서 최대의 경의를 표하는 데 주안점을 두고 있습니다.

예배는 크게 두 형태로 분류할 수 있습니다. 즉 주일 예배와 같은 예전의 절차와 행위를 요구하는 공적인 예배(Formal Service)와 아무런 예배의 절차나 형식을 밟지 않고 드리는 사적인 예배(Informal Service)입니다. 자유롭게 드리는 기도회와 같은 모임에서 모든 예배 예전의 절차를 갖추려고 한다면 우리의 가정과 일터와 기타의 주변에서 자주 있게 되는 사적인 예배 행위는 중단될 가능성이 많습니다. 그러하기에 개신교는 주일 낮에 드리는 예배를 제외하고는 주일 저녁의 찬양 예배나 삼일 기도회를 비롯하여 새벽 기도회 또는 철야 기도회 등은 공식적인 절차를 간소화하고 있습니다.

그러나 주일 낮 예배만은 마음과 뜻과 정성을 다하여 신령과 진정으로 예배하는 자세와 절차를 강조하고 있습니다. 이러한 예배 안에서 드리는 예전의 모든 행위는 시종일관 엄격하고 존엄하게 개혁교회 안에서 지켜 온 전통입니다. 예배 역사의 전통을 가장 많이 물려받고 있는 정교회는 예배 전체를 서서 드리고, 그 중간인 천주교는 무릎을 꿇고 서고 앉는 예전 행위를 계속합니다. 그리고 개신교는 주로 앉아서 드리는 형태를 취하고 있습니다. 그러나 찬송만은 언제나 다름없이 일어서서 하나님을 향하여 부르는 것이 상식으로 되어 있습니다. 예배에서 서 있는 행위는 하나님을 공경하여 마음을 가다듬는 의미를 가지고 있기 때문입니다.

여기서 깊은 관심을 두어야 할 것은 한국 교회가 유난히도 모든 예배를 앉아서 드리는 데 으뜸간다는 사실입니다. 세계의 모든 개혁교회가 주일 예배에서 찬송은 철저히 일어서서 부르는데 우리 교회만은 그렇지 않습니다. 한국 개신교회는 예배 첫 순서의 찬송 하나만 서서 부르고 그 다음 찬송은 모두 앉아서 부릅니다. 그 이유는 서 있는 시간이 너무 길어서 다리가 아프기에 앉아서 드린다는 것입니다. 이것은 하나님 앞에 실로 부끄러운 변명입니다. 몇 분을 서 있는 것이 육체에 부담이 된다고 편히 앉아 찬송을 부르려는 심사는 예배자의 합당한 자세가 아닙니다. 생각하면 너무 고급스러운 발상입니다. 교회가 예배를 드리면서 오늘처럼 의자를 놓고 드리게 된 것은 그 역사가 수세기에 불과합니다. 우리의 모든 믿음의 선조들은 처음부터 끝까지 일어서서 예배를 드렸습니다. 그러면서도 거기에서 만족하고 감사하고 기뻐하였습니다.

뿐만 아니라 인간 앞에서 노래를 부를 때도 예의를 갖추어 서서 부르는 것이 상례일진대, 하물며 하나님의 존전에서 예배를 드리면서 찬송을 부르는 시간에 일어서는 것을 번거롭게 생각하는 것은 실로 부끄러운 일입니다. 그 근원을 추적해 보면 이것은 우리 삶의 문화와 직결된 문제입니다. 우리 실내 문화가 원래 방바닥에 앉아 지내는 것이었습니다. 선교사들이 이 땅에 와서 가장 불편하게 생각하는 것은 방바닥에 앉았다가 일어서는 것이었습니다. 그래서 의자가 없던 우리의 초기 교회에서는 가급적이면 앉아서 예배를 드리도록 하였습니다. 이러한 생활 습관이 바로 예배로 이어져서 오늘과 같은 기현상을 관습화하게 한 것입니다.

그러나 지금은 우리 교회가 모두 의자를 가지고 있습니다. 이제는 더 이상 불편을 느낄 이유가 없습니다. 세계의 개혁교회 예배 현장과 달라야 할 이유가 없습니다. 이것은 문화적인 주체성과는 아무런 상관이 없는 우리의 태만이 스며든 관습입니다. 이제는 우리도 주일 예배에서 모든 찬송은 일어서서 경건히 하나님께 드리는 자세를 회복해야 할 때가 되었습니다.

기도 후에는 **하단**해야 하나요?

1부
참된 예배는
이것을 알고
드려야 합니다

- 예배 순서에 따라 기도를 맡은 분이 기도를 마친 후에도 예배가 끝날 때까지 성단에 그대로 앉아 있어야 하나요?
- 예배 역사에 평신도가 성단에서 기도한 다음에 회중을 바라보고 축도가 끝날 때까지 앉아 있었던 기록이 있나요?
- 성단에서 자신의 임무가 끝난 사람은 회중석으로 내려오는 것이 예배 법규에 어긋나는 것인지요?

중세 교회는 성직자의 권위와 그 위상을 철저히 강조하면서 모든 예전의 집례를 오직 신부가 하도록 하였습니다. 고백성사와 같은 의식에서도 평신도들은 반드시 신부를 통하여 용서를 구하는 기도를 하나님 앞에 드려야 한다고 믿고 있었습니다. 드디어 종교개혁은 이러한 모순을 지적하면서 누구나 하나님 앞에 인간을 통하지 않고 직접 기도할 수 있다는 교리를 선포하고 수많은 그리스도인들의 호응을 받은 바 있습니다.

그러나 세계의 개혁교회도 주일의 공식 예배에서 목회 기도만은 예배를 인도하는 목사가 직접 감당하는 부분으로 고수하고 있는 실정입니다. 유독 한국 개신교만 이러한 개혁교회의 예배 관습을 벗어나서 평신도가 예배 가운데 대표 기도라는 이름으로 한 세기가 넘도록 기도를 지속해 오고 있습니다. 평신도의 기도가 우리 예배 순서에 들어와 정착된 이유에 대하여 한국 교회 초기 역사 연구의 태두인 백낙준은 다음과 같이 밝히고 있습니다. 초기 선교사들이 예배당을 순회하면서 기도할 만한 성도가 없는 교회에서는 동행한 조사나 전도사 또는 장로에게 기도를 인도하도록 하였습니다. 그 이유는 눈을 감고 원고도 없이 기도를 하는 것은 한국말에 익숙하지 못한 선교사들에게 매우 큰 부담이 되었기 때문이었습니다. 그 후에 교회가 성장하고 집사와 장로를 임명한 뒤에도 그들에게 으레 기도를 맡기게 된 것입니다.

이렇게 하여 정착된 공적인 예배에서 평신도 기도는 벌써 한 세기를 넘어 우리 교회 안에 뿌리를 내렸습니다. 사실은 여기에 대해 반대 의사를 가지고 있는 신학자와 목사를 종종 만날 수 있고, 어떤 교회는 주일 예배에서 평신도의 기도를 허용하지 않기도 합니다. 그러나 1965년 제2차 바티칸 공의회에서 발표한 예전을 위한 문헌이 나온 다음에는 평신도의 예배 참여가 새롭게 해석되기 시작하였습니다. 그 동안 미사를 집전하는 성단에 얼씬도 할 수 없었던 천주교 평신도에게 큰 변화가 주어졌습니다. 이제는 평신도가 성단에 올라가서 성경 봉독과 기도를 하게 되고, 미사의 진행에 대한 안내를 성단 아래서 수행하게 하였습니다. 이것이 오늘 천주교의 현실입니다. 이러한 변화는 세계의 많은 개혁교회에 평신도의 참여를 권장하는 계기가 되어 오늘에 이르고 있습니다. 이제 우리 한국 교회도 예배 가운데 평신도의 기도와 성경 봉독 등을 적극적으로 수용하면서 발견된 문제점을 보완하는 것이 타당합니다.

우선 지적되어야 할 것이 기도의 내용과 더불어 기도 후 성단에 예배가 끝나도록 앉아 있는 관행에 대한 문제입니다. 원래 평신도에게 기도를 시킬 때는 의자가 없던 시절 그대로 마루바닥에 앉아 있다가 일어서서 기도하게 하였습니다. 그러나 교회가 대형화되고 마이크를 사용해야 하는 것 때문에 앞에 나와서 기도를 하게 하였고, 후에는 아예 예배 위원의 한 사람으로 단에 오르도록 하는 역사적인 변천 과정을 가지고 있습니다.

목사를 비롯하여 예배의 순서를 맡은 분들이 자신의 임무가 끝났는데도 축도가 다 끝날 때까지 회중의 정면에서 마주 바라보고 앉아 있다는 것은 본인이나 회중들에게 매우 곤혹스러운 일입니다. 그러한 까닭에 요즈음에 이르러 예배 인도자와 설교자가 다른 경우, 인도자는 자신의 임무가 끝났을 때 단 아래 회중석에 앉아서 말씀을 경청하는 사례가 많아지고 있습니다. 말씀은 귀로 듣는 데 끝나지 아니하고 눈으로 보면서 경청하는 것이 원칙입니다. 그러기에 설교자의 후면만을 쳐다보면서 설교를 내내 듣는다는 것은 분명히 잘못된 관습임에 틀림이 없습니다.

북아일랜드의 유명한 학자요 설교가로서 명성을 떨치다가 샌프란시스코 신학교의 설교학 교수로 재직한 바 있는 데이비드 에슬러(David Esler) 박사가 어느 날 "가톨릭의 미사는 신부의 뒷모습을 쳐다보고 드리고, 개신교의 예배는 목사의 눈동자를 쳐다보고 드리는 것"에 차이가 있다면서 큰 목소리로 웃던 일이 생각납니다. 지금 생각하면 그 말이 단순한 유머가 아니라 매우 깊은 의미를 내포하고 있음을 우리 예배 현장에서 다시 음미하게 됩니다. 마찬가지로 기도가 끝나면 기도자는 순수한 평신도로 내려와서 설교자를 바라보면서 말씀을 정면에서 경청하도록 함이 좋습니다.

목사님은 왜 거기 서 계시죠?

찬양대 찬양과 목사의 위치
- 예배 인도자는 찬양대가 찬양하는 동안 정면으로 마주 바라보고 서 있어야 하나요?
- 저희는 우리를 바라보고 서 있는 예배 인도자를 향하여 노래를 부르는 듯한 착각을 가끔 불러일으키고 있습니다.
- 여성 찬양대원이 인도자와 눈길이 마주칠 때마다 어색함을 느끼는 때가 종종 있답니다.

우리 주변에 있는 많은 종교는 인간의 의견을 모아서 정한 순서로 식전을 이어갑니다. 그러나 기독교가 드리는 예배 예전은 철저히 성경에 바탕하고 있습니다. 하나님이 레위기를 중심으로 주신 각종 규례에 의하여 세워진 것이 유대교의 순서였고 그 줄기가 오늘 우리 예배에도 함께 하고 있습니다. 그러기에 어느 특정한 인간이 창출하여 마음대로 예배를 구성하고 이어갈 수 없는 것이 바로 기독교의 예배입니다.

이러한 예배 규례를 지키기 위해 예배 인도자는 몸가짐이나 언어까지도 모두가 조심스럽게 역사와 전통에 담겨진 의미를 상실하지 않으려고 노력을 기울입니다. 그래서 이러한 전통을 가장 잘 간수하고 있는 정교회나 천주교회에서는 성직자의 몸짓이나 언어나 심지어 걸음걸이까지 신학교에서 훈련을 시키고 있습니다.

그러나 개신교의 성직자는 이러한 교육을 전혀 받지 못하였기에 예배 가운데서 목사의 정중하지 못한 모습이 나타나고 있습니다. 비록 개혁교회는 형식보다는 내용이라는 신학적 이론을 가지고 있지만 예배가 진행되는 성단에서 전화로 지시를 하고, 무엇을 깜박 잊었는지 성단을 오르내리는 모습은 보기에 참으로 딱하고 답답합니다. 마음 내키는 대로 몸짓을 하고 손을 사용하고 소리를 지르는 광경 등은 거룩한 예배에 오히려 방해가 되는 행위입니다. 예배 인도자의 이러한 모습은 예배의 전통을 소중하게 생각하는 교회에서는 찾아볼 수 없는 현상입니다.

최근 한국 교회의 예배 현장에 이상스러운 목사의 몸가짐이 나타나고 있습니다. 그것은 찬양대가 찬양을 하는 동안 바로 정면에서 목사가 마주 바라보고 서 있는 광경입니다. 설명인즉 하나님께 함께 찬양을 드리는 자세라고 합니다. 그러나 여기에는 부정적인 해석이 많습니다. 개혁가들은 일찍부터 회중이나 찬양대가 하나님을 향하여 예배할 때 아무도 그 앞을 가로막는 것은 있을 수 없다고 강조하였습니다. 찬양대 안에 들어가 함께 찬양을 하는 것이 아니라 그 앞을 가로막고 목사가 찬양대의 찬양을 받고 있는 듯한 자세는 우리의 개혁교회 예배 정신과 현실에 부합되지 않는다고 보는 견해가 지배적입니다. 그리고 또한 그렇게 서 있는 목사가 찬양대원들의 노래와 얼굴을 감상하는 듯한 착각을 불러일으키게 됩니다. 찬양대원들의 눈길과 목사의 눈길이 마주칠 때마다 발생하는 어색함도 적지 아니합니다.

그러나 어떤 예배 인도자는 찬양대가 정성을 다하여 하나님 앞에 찬양을 드리는데 어떻게 예배를 인도하는 사람이 앉아 있을 수 있겠느냐는 반론을 폅니다. 그래서 오히려 서 있고 싶고 서 있는 동안 그들을 바라보고 있는 것이 더욱 좋을 듯하다는 말을 하는 경우를 봅니다. 그러나 이러한 문제를 깊이 관찰한 예배신학자들은 이 때의 예배 인도자는 찬양대의 순서 다음에 이어지는 설교를 위하여 성령님의 도움을 구할 수 있는 마지막 시간임을 상기시킵니다. 그래서 예배 인도자는 곧 이어질 말씀의 선포 시간을 위한 최종적인 점검과 기도를 이 시간에 드릴 수 있도록 권장합니다. 성령님이 오셔서 그의 두루마기를 입혀 주시고 감당하기 힘든 이 막중한 말씀의 운반을 책임져 달라는 절박한 기도가 이 시간에 반드시 필요하다는 매우 타당한 충고입니다. 만일 예배 인도자가 설교를 하지 않을 경우라도 이 시간에 하나님이 찬양대의 찬양을 받아 달라는 기도와 설교자를 위한 간절한 기도를 할 수 있다면 그것은 매우 값진 시간이 될 것입니다.

이제 한국 교회는 예배의 현장에서 아무런 이해도 없이 남이 하니까 무조건 따라하는 수준이 낮은 교회가 아닙니다. 스스로 지어내고 만든 것들에 예배라는 이름을 붙이고 자신의 뜻대로 행하는 교회로 전락해서도 안 됩니다. 개혁교회로서 역사와 전통이 있는 예전의 행위를 알고 따라야 하고 그 수준을 지켜야 합니다. 한국 교회처럼 목사가 찬양대를 정면으로 쳐다보면서 찬양대가 찬양하는 동안 서 있는 경우는 다른 나라의 교회에서 좀처럼 찾아볼 수 없는 풍경입니다.

특송 전후에 절을 하시나요?

1부
참된 예배는
이것을 알고
드려야 합니다

- ⊙ 특송은 예배에서 어떤 의미를 갖게 되나요?
- ⊙ 특송을 시작할 때나 끝낼 때 노래하는 사람이 회중에게 허리 굽혀 인사를 해야 하나요?
- ⊙ 회중은 특송이 끝나면 박수를 칩니다. 가능한 일인가요?

하나님을 예배하는 현장에서 아름다운 노래로 찬양을 드린다는 것은 아무나 감당할 수 없는 직책입니다. 아름다운 신앙을 가지고 있다 하더라도 노래를 잘 부를 수 있는 선천적인 소질이 없이는 이 직책을 감당하기가 매우 힘이 듭니다. 반면에 선천적으로 노래를 잘 할 수 있는 재능을 받았다고 하더라도 구원의 감격에 깊이 젖어 있는 믿음을 소유한 그리스도인이 아니라면 그 직무를 수행할 수 없습니다. 그러기에 하나님을 예배하는 가운데서 찬양을 드린다는 것인 선별된 직책으로 예배의 역사에서 인정하고 있습니다. 이러한 역사적인 출발은 다윗 왕이 레위 지파에서 찬양대원을 뽑는 데서부터 시작되었습니다. 그래서 하나님을 예배하는 가운데서 노래하는 직책을 부여받은 사람들은 대단한 긍지와 함께 평생 그 직책을 수행합니다. 이러한 사실은 역사가 있는 교회의 찬양대 구성원들 가운데 백발이 가득한 60대 찬양대원들을 보면서 평생을 통한 그들의 성스러운 충성심을 발견하게 됩니다. 우리 찬양대와는 너무나 대조적인 모습입니다.

그런데 여기서 제기할 문제는 특송에 관한 관행의 문제점입니다. 특송은 주일 예배 시간이나 찬양 예배에서 많이 갖는 순서입니다. 주일 예배의 특송은 일반적으로 봉헌 시간에 많이 부르고 있고, 찬양 예배의 특송은 가족이나 구역원들이 나와서 찬송을 부르는 경우가 일반적입니다. 그런데 특송을 맡은 사람들이 나와서 노래를 시작하기 전후에 회중들을 향하여 겸손히 허리를 굽혀 절을 하는 모습에서 문제점을 발견합니다. 찬양대에서 성가를 부르는 경우는 회중들에게 절을 하는 일이 없는데 특송을 하는 경우는 대부분이 정중히 인사를 하는 관습이 우리 예배에 예사로운 일로 진행되고 있습니다. 이러한 관습은 일반 합창회나 독창 발표회에서 청중에게 드리는 인사를 그대로 도입한 것에서 유래됩니다.

인사를 생활화하고 있는 우리 사회에서 회중 앞에 섰을 때 절을 하지 않고 그대로 노래를 부른다는 것이 너무나 어색하다는 고백을 종종 듣습니다. 그래서 역사가 있는 교회에서는 특송자나 찬양대 그리고 심지어 파이프 오르가니스트까지도 회중들의 정면을 피하여 후면의 이층 발코니를 사용하는 경우가 많습니다. 그 이유는 하나님을 찬양하는데 회중들이 노래하는 사람들의 면모를 감상하는 것이 옳지 아니함을 알기 때문입니다.

사실 모든 예배에서 특송은 결코 예배하는 인간들의 귀를 즐겁게 해 주기 위함이 전혀 아닙니다. 거기에 더하여 노래하는 사람을 감상하는 것은 더욱 아닙니다. 예배에서의 특송은 모인 성도들을 대표하여 하나님께 영광을 돌려 드리기 위한 또 하나의 봉헌입니다. 그래서 마르틴 루터는 "성스러운 특송은 하나님께 바쳐지기 위하여 정성을 모은 예배 행위"라고 말한 바 있습니다.

그렇습니다. 비록 우리 나라의 예배당 구조가 찬양대원이나 지휘자를 비롯하여 반주자나 특송자를 바로 쳐다볼 수밖에 없도록 설계가 되어 있다 하더라도 예배 안에서 부르게 되는 특송을 받으실 분은 바로 하나님이시라는 사실을 한시라도 잊어서는 안 됩니다. 오직 그분의 영광만을 위하여 드리는 봉헌의 노래와 찬양이 되어야 합니다. 그러하기에 시작과 끝에 절을 하는 행위는 예배의 정신에 매우 부적합합니다. 회중을 향하여 절을 하고 회중을 향하여 노래를 부르는 행위가 예배의 기본 정신과는 거리가 매우 멀다는 사실을 마음에 깊이 새겨야 합니다. 그렇지 않으면 우리는 쉽게 사람을 위한 특송으로 받아들이는 오류를 범하게 될 것입니다. 요즈음에는 특송자의 노래나 찬양대의 노래가 끝나면 박수를 치는 기현상도 발생하고 있습니다. 이름하여 하나님께 박수를 드린다고 합니다. 어떤 명목의 이름을 붙이더라도 결국은 노래하는 사람의 노고와 그에게 고마움을 표현하는 박수가 됩니다. 지난 한 세기 동안 우리 예배에서 볼 수 없었던 풍경입니다. 정숙했던 우리 예배가 많이 변질되어 간 느낌이 듭니다. 주일 저녁 찬양 예배나 수요 기도회와 같은 시간은 자유롭게 하더라도 주일 낮 예배에서 예전적인 예배를 드릴 때는 정중한 예배가 되도록 노력함이 마땅합니다.

연보궤와 **연보대**, 어느 것을 사용하나요?

- 어떤 교회는 예배당 입구에 연보궤를 두고 예물을 드리도록 합니다. 또 어떤 교회는 봉헌 위원이 직접 연보대를 돌립니다. 어느 것이 예배에 합당한지요?
- 실질적으로 봉헌의 순서는 어떻게 함이 더욱 신성하고 봉헌 예물로서의 의미를 살릴 수 있는지요?
- 독일과 같은 나라의 루터교에서는 예배 시간에 봉헌 순서가 없다는데 사실인가요?

주일 예배를 드리는 그리스도인들은 교회마다 봉헌의 형태가 다른 것을 경험합니다. 어느 교회는 예배드리기 위하여 예배당을 들어갈 때 헌금함에 헌금을 넣도록 하는가 하면 어떤 교회는 예배 순서 가운데서 봉헌 위원이 주는 헌금대에 예물을 넣도록 합니다. 여기에 대하여 그 의미를 알고 싶어하는 질문이 많습니다. 그리고 어느 것이 바른 것인지, 봉헌의 형태는 역사적으로 어떻게 되어 있는 것인지 궁금해하는 사람들이 많습니다.

원래 봉헌이란 성찬 성례전을 위하여 정성껏 준비하여 드렸던 성물(聖物-

빵과 포도주)을 드리는 순서였습니다. 그러나 이 성물이 필요한 양보다 많아져서 2세기에 이르러서는 바로 준비된 성물만 봉헌을 하고 교인들은 연보를 하여 구제 헌금으로 사용하도록 한 바 있었습니다. 그 후 교회는 헌금의 신학적인 의미를 재해석하여 예배자가 자신을 하나님께 드리는 희생 제물의 의미를 부여하였습니다. 여기서부터 자신이 드리는 헌금이 하나님 나라와 의를 확장하는 데 쓰여지는 제물이 됨을 깨달은 것입니다. 이렇게 하여 예물의 봉헌 형태는 예전 순서 가운데 매우 중요한 부분으로 예배의 전통이 되었습니다.

이상과 같은 예배신학의 의미가 주어지자 자연히 헌금은 소중한 예물(禮物)로서의 의미가 확정되었고 그 봉헌 행위도 매우 엄숙하게 실행되어 나갔습니다. 그래서 교회는 봉헌 순서가 되면 교인 각자가 예물을 들고 앞으로 나와 봉헌하도록 한 바 있습니다. 이러한 전통은 로마 가톨릭 교회나 성공회에서 지금껏 철저히 지켜지고 있습니다. 그러나 개혁자들은 이러한 봉헌의 형태가 말씀에 온 정신을 모아야 할 예배자들의 주의가 산만해지고 제물적 성격이 너무 진하다는 이유로, 앉아서 봉헌 위원의 안내에 따라 헌금을 하도록 하였습니다. 이것이 오랫동안 개혁교회의 전통이 되어 오늘에 이르고 있습니다.

오랜 시간이 흐름에 따라 이러한 봉헌 순서의 의미가 서서히 축소되고 그 깊은 의미도 별로 강조되지 않았습니다. 그 결과 봉헌의 이해가 부족해지면서 이 순서에 대한 부정적인 반응이 초신자들 사이에서 발생하기 시작하였습니다. 즉 신성한 예배를 드리는데 헌금을 강요하는 인상을 풍긴다는 비판을 가하기 시작하였습니다. 특별히 종교세(宗教稅)를 내서 교회 사업이나 예배당의 운영 및 목회자의 봉급을 지급하고 있는 독일과 같은 루터교

계열의 유럽 국가에서는 이 봉헌 순서의 불필요성을 강하게 주장하여 예배에서 이 순서를 삭제하게 되었습니다.

그러나 여기서 알아야 할 것은 봉헌이란 단순한 물질의 상납 개념이 아닙니다. 또는 복을 받기 위한 방편의 종교적 행위가 아닙니다. 이것은 예배하는 그리스도인이 하나님이 자신에게 주신 은총에 감사하여 드리는 응답의 행위입니다. 그러므로 이 봉헌에는 자신의 신앙을 비롯하여 몸과 마음과 정성이 깃들여 있는 것입니다.

이러한 봉헌의 예배 행위는 예배당에 입당할 때 헌금함을 사용하는 것이나 또는 예배 순서 가운데서 돌리는 연보대나 어느 것도 좋습니다. 입구에 설치한 연보궤는 일찍이 복음서에서도 나타납니다. 예수님은 부자들과 과부가 연보궤에 돈을 넣는 것을 보시고 평가를 하셨던 일이 있습니다. 이것은 교회의 형편대로 정할 수 있습니다.

그러나 둘 중에 어느 것을 택하든지 필히 지켜야 할 것이 있습니다. 그것은 예배 순서 가운데서 봉헌하는 순서와 기도와 찬송이 함께 있어야 한다는 사실입니다. 이러한 순서에 의하여 자신들이 드린 헌금이 단순히 교회에 기부하는 행위가 아니라 하나님 앞에 바쳐지는 예물로서의 깊은 의미가 있음을 보여 주어야 합니다.

예를 들면 봉헌 위원이 예물을 들고 앞에 나아가 예배 인도자에게 줄 때 모든 회중들은 일어서서 봉헌 찬송을 부릅니다. 찬송이 끝나면 예배 인도자는 예물을 손에 든 채 하나님께 정중한 봉헌 기도를 드립니다. 이러한 모습에서 예배하는 그리스도인들이 하나님께 자신의 정성을 다 드리고 있음을 확인하게 됩니다. 생각하면 이 순서야말로 참으로 아름답고 소중한 예배의 부분입니다.

이상의 순서만 성스럽게 지킨다면 예물을 어떻게 거두느냐의 문제가 심각한 것이 될 수 없습니다. 오히려 어떤 자세와 순서로 드려야 하나님 앞에 정성을 표현하는 것이 되며 예물로서의 의미를 최대한 살릴 수 있는지를 살피는 것이 중요합니다.

1부
참된 예배는
이것을 알고
드려야 합니다

누가 무엇을 바쳤다고 알리는 사연은?

- 하나님 앞에 바친 각종 예물의 봉헌자 이름을 모두 부르면서 봉헌 기도를 하는 것이 타당한가요?
- 우리 교회에서는 예물을 드린 사람들의 이름을 모두 호명하고 있습니다. 이것이 예배 정신에 위배되지는 아니한지요?
- 규모가 큰 교회는 이상과 같은 일이 전혀 없이 예배를 지속하는데 왜 작은 교회에서는 이러한 일을 시행하는지요?

우리 한국 교회가 성숙하지 못한 면도 많지만 세계 교회 앞에 자랑할 만한 것도 적지 아니합니다. 교회 성장에 깊은 관심을 갖고 있는 외국의 목사들이나 학자들이 우리 교회를 돌아보면서 자신들이 따를 수 없는 한국 교회의 특성을 무척이나 부러워합니다. 그들은 한결같이 한국 교회가 이 특성을 변함없이 보유할 수만 있다면 세계의 어느 나라 교회도 한국 교회를 앞지르지 못할 것이라는 결론을 맺습니다.

그 자랑거리는 다음의 네 가지입니다. 하나는 하나님의 말씀인 성경을 연구하려는 뜨거운 열심입니다. 둘째는 새벽 기도회를 비롯하여 열심히 모여 기도하는 생활입니다. 셋째는 그리스도인의 소중한 사명인 전도열입니다. 그리고 넷째는 십일조를 비롯하여 각종 헌금에 인색함이 없이 하나님께 예물을 즐겨 드리는 봉헌의 생활입니다.

이상과 같은 소중한 항목 중 일부가 요즈음에 시들기도 하지만 아직도 우리 교회는 이러한 부분에 뜨거운 열심을 잃지 않고 있습니다. 이러한 열심이 한국 교회의 부흥을 가져오는 요소가 되었고 오늘을 지탱하는 바탕이 되었습니다. 이러한 열심은 현대 세계 교회에서는 좀처럼 보기 드문 일임에 틀림없습니다.

그런데 여기에 하나의 문제가 있습니다. 필자와 함께 한국 교회 예배 현장을 탐방한 예배신학자들이 빠짐없이 고개를 좌우로 흔드는 부분이 있습니다. 그것은 다름 아닌 바로 예물을 드리는 교인들의 이름과 봉헌의 명목과 그 봉투에 기록된 사연을 알리는 문제입니다. 예를 들면 어느 교인이 감사 헌금을 드리면서 봉투에 감사의 사연을 기록하였을 때 그 사연을 모두 읽어 주고 그분의 이름을 일일이 불러 가면서 목회자가 기도를 하는 관습입니다.

이러한 관습은 분명히 문제가 있습니다. 희생 제물을 드리면서 하나님을 예배하는 구약의 어느 기록에서도 예물을 드리는 사람의 이름을 밝히는 곳은 없습니다. 예수님의 사역 당시에 성전 문에 두어 헌금을 했던 연보궤에 대한 기록에서도 찾을 수가 없습니다. 구제를 주목적으로 하여 드렸던 사도들의 연보에 관한 어떤 기록에서도 바치는 사람의 이름을 회중 앞에 널리 알리고 그들의 소원을 읽어 주는 예가 없습니다. 오직 "너는 구제할 때에 오른손이 하는 것을 왼손이 모르게 하라"는 주님의 말씀이 있을 뿐입니다.

한국 교회 성도들이 하나님께 예물을 드리면서 그 이름과 소원의 내용을 예배가 진행되는 시간에 알리고 목회자가 기도해 주기를 원하는 관습은 이 땅의 재래 종교의 시주 행위에서 그 유사성을 발견하게 됩니다. 흔히 우리는 불당 안의 놋그릇 위에 쌀이나 현금이 놓여 있고 그것을 바친 사람의 이름과 사연을 적어 놓은 것을 봅니다. 그리고 그 시주 그릇 앞에서 승려가 목탁을 두드리며 복을 비는 예불의 현장을 목격하게 됩니다. 이러한 종교적 심성이 우리 예배 현장에서도 재현되는 듯한 착각을 일으킬 때가 한두 번이 아닙니다. 우리 교회가 무분별하게 이토록 재래 종교의 관습을 닮아 가는 것이 타당한지에 대한 성찰이 필요합니다.

자주 언급된 대로 우리 기독교 예배는 이미 받은 은총에 대한 감사와 응답이 주된 목적입니다. 모든 예물은 주신 은혜에 대한 응답의 행위입니다. 결코 봉헌자의 이름이 알려지는 데 목적이 있어서는 안 됩니다. 종종 우리나라가 선거를 치를 때마다 입후보자들이 각 교회를 돌아다니면서 헌금을 하고 자신의 이름이 회중들에게 호명되기를 바라는 현상을 봅니다. 바로 이러한 경우가 여기에 해당된 사례입니다. 또한 자신이 기도하고 있는 제목이 달성되기를 원하는 목적으로 예물을 드리는 경우를 봅니다. 그리고 이분들은 목사가 그 소원하는 항목을 들어 예배 시간에 기도해 주기를 바라고 있습니다. 이러한 생각과 행동은 기독교를 기복 종교화시키는 사례입니다. 오히려 봉헌 시간에 드릴 수 있는 기도는 가난하여 예물을 드리고 싶어도 드리지 못하는 사람들을 위한 내용이 있어야 합니다. 봉헌 시간마다 예물을 드리는 사람만 위하여 기도하고 그들이 복을 계속 받게 된다고 가정해 봅시다. 그러면 바치지 못한 가난한 교인들은 더욱 복을 못 받고 상대적으로 더 가난해지게 된다는 모순에 빠지게 됩니다.

이제부터는 예배 가운데서 진행되는 봉헌은 하나님과 바치는 사람만이 아는 예물이 되도록 노력할 필요가 있습니다. 분명히 누가 무엇을 바쳤다는 광고의 관습은 예배 행위가 아닙니다. 모든 교인들이 알아야 할 특수한 사연의 봉헌은 광고 시간을 통하여 알리는 것이 타당합니다. 그리고 일반적인 것은 주보에 이름을 밝혀 영수증의 성격으로 알리는 것도 무방합니다. 십일조나 감사의 예물을 드리는 것은 성도의 의무 행위입니다. 하나님을 예배하는 시간에 당연한 의무를 실천한 사람을 내세우는 관습은 분명히 시정해야 할 부분입니다.

예배 중에 사람을 환영할 수 있나요?

- 설교가 끝나면 예배도 다 마치는 것인가요?
- 지역에서 연합으로 드리는 부활절 예배에서 설교 다음에 이어서 지역 인사들을 환영하고 박수를 쳤습니다. 그것이 바른 일인지요?
- 새 교우를 환영하고 사람을 소개할 수 있는 시간은 언제가 적절한가요?

부활 주일 아침에 교파를 초월하여 드리는 예배는 감동의 극치입니다. 여기에서 부활하신 주님만을 쳐다보고 환희와 감격을 갖는 것이 너무나 당연합니다. 그런데 지난 부활 주일 아침 연합으로 드리는 예배에서 참으로 어색한 광경이 보였습니다. 예배를 집례하는 성단에 예배 순서를 맡게 되는 여러 목사들이 앉아 있었습니다. 그런데 성단의 맨 앞줄에 세 분이 아무런 순서도 맡지 않은 채 예배 위원들과 같이 꽃을 달고 앉아 있었습니다. 저분들은 누구이며 무엇을 위하여 앉아 있는 분들인지 알 수가 없어 궁금하였습니다. 아직 예배가 끝나기 전인데 예배 인도자가 광고 시간을 가지면서 그 세 분을 소개하고 환영하였습니다. 그분들은 지역의 구청장과 경찰서장과 국회의원이었고 일부에서는 환영의 박수까지 치고 있었습니다. 부활 주일 아침 예배 가운데서 도저히 있을 수 없는 일이 보이는 순간이었습니다.

이러한 현상은 설교가 끝나면 예배의 모든 것이 끝난 것으로 착각을 일으키는 데서 발생한 것입니다. 예배는 설교만을 위하여 있는 것이 아닙니다. 설교는 하나님이 그의 종을 통하여 예배드리는 회중들에게 말씀을 들려 주시는 순서입니다. 설교가 끝난 다음에는 회중들이 하나님께 응답으로 드리는 순서가 이어집니다. 마지막 축도가 끝나기까지 갖게 되는 모든 순서는 그 순서 하나하나가 의미를 갖고 진행되는 예배 행위입니다. 즉 설교가 끝났어도 하나님을 향한 예배는 계속됩니다. 그런데 그러한 예배 가운데서 기관장들을 소개하거나 방문객을 소개하고 박수를 치게 하는 것은 도저히 이해할 수 없는 부분입니다. 예배를 존엄하게 생각하는 동방교회나 천주교나 성공회의 예배 시간에서는 상상할 수도 없는 큰 실수입니다. 다시 한 번 개신교에서 예배를 얼마나 경시하고 있는지를 발견하게 됩니다. 예배 순서가 될 수 없는 광고를 예배 가운데 두고서 이것저것을 알리는 우리 한국 교회의 실수는 신령과 진정으로 엄숙하게 하나님께 드려야 할 예배의 정신과 질서와 분위기를 망치는 일입니다. 이러한 실수는 개혁교회가 일찍부터 경계하고 있던 일입니다.

개혁교회 예배 모범의 원조인 스코틀랜드 교회의 웨스트민스터 예배 모범에서는 첫번째 항목에서 공적 예배를 위하여 모인 회중들의 태도에 대하여 다음과 같은 행위를 엄격히 금지하고 있습니다. 그 내용은 예배가 진행되는 동안 책이나 신문이나 기타의 것을 읽는 것, 옆 사람과의 대화, 특수한 인물을 위한 경의의 표시, 조는 것, 목사를 괴롭히는 행위 등입니다.

이상의 조항에서 우리의 눈길을 끄는 것은 '특수한 인물'이라는 표현입

1부
참된 예배는
이것을 알고
드려야 합니다

니다. 여기서 말한 특수한 인물이란 왕을 비롯한 왕가의 인물이나 귀족, 제후에 속한 사람들이었습니다. 이들의 사회적 신분은 대단한 것입니다. 그러나 하나님을 예배하는 현장에서는 순수한 한 인간으로 예배해야 함을 강조합니다. 그리고 이들의 신분이 아무리 높고 구별되더라도 하나님을 예배하는 순간에는 그들을 환영하거나 높일 수 없다는 예배의 정신을 철저히 강조한 기록입니다.

예배 인도자로서는 특별하게 찾아 준 사회의 지도자를 소개하고 싶은 마음을 갖게 될 수 있습니다. 그리고 새로 나온 교우들을 환영하여 한 식구로서 맞아들이는 순서를 갖고 싶어하는 것은 너무나 당연한 현실적인 문제입니다. 이러한 문제의 해결을 위해서는 역시 오직 한 길밖에 없습니다. 그것은 광고라는 순서를 하루속히 예배 시작 전이나 축도 후로 바꾸는 일입니다. 그래야 예배 정신에 어긋나지 않고 사람을 소개하고 박수를 치는 부담을 줄일 수 있습니다. 아무리 생각해도 연합으로 드리는 부활절 예배 가운데서 지역의 구청장, 경찰서장, 국회의원이 환영을 받고 박수를 받아야 할 이유가 없습니다. 이러한 행동을 일컬어 경솔하고 망령된 것이라는 지적을 하게 됩니다. 사람을 즐겁게 해 주려는 어떠한 시도도 예배 가운데서는 금지되어야 합니다. 예배가 진행되는 동안 교회는 하나님의 백성들로서 오직 하나님만을 기쁘시게 해 드려야 합니다. 이것이 참된 예배의 정신입니다.

예배라는 **단어가 없는** 우리의 **구약성경**

1부
참된 예배는
이것을 알고
드려야 합니다

- 한국에 있는 기독교의 대부분의 교단이 공인한 성경은 개역성경이라고 알고 있습니다. 그런데 그 성경의 구약에는 '예배'라는 우리말 어휘가 단 한 군데도 없습니다. 무슨 이유인가요?
- 대표적인 영어 성경인 흠정역(KJV)에서는 Worship이라는 단어가 115회나 나타난 것과 비교하면 조금 이상합니다. 사연을 알고 싶습니다.
- 이러한 결과는 우리 예배 생활에 어떤 영향을 끼치게 되는지 알려 주세요.

우리가 조금만 주의를 기울여 한국 교회가 공인한 개역성경을 읽으면 쉽게 납득이 가지 않는 이상한 문제를 발견하게 됩니다. 그 문제는 다름 아니라 한국 교회가 공식적으로 사용하고 있는 이 성경의 구약에서는 '예배'라는 어휘를 단 한 군데서도 볼 수 없습니다. 다만 신약에서만 14번 나타나는데 이게 어찌 된 영문인지 알 길이 없습니다. 이러한 사실은 참으로 이해하기 힘든 특유한 일입니다.

사실 우리의 개역성경이 번역상 안고 있는 문제는 한두 가지가 아닙니다. 그러나 성경은 일반 서적과는 달리 하나님의 말씀이기에 번역에 있어서 나타난 웬만한 오류는 그대로 묵인하면서 100년을 넘기고 있는 현실입니다. 좀더 섬세하게 살펴보면 하루속히 정정해야 할 부분이 많습니다. 특별히 한문 세대가 사용하던 단어를 한글 세대가 이해하지 못하는 어휘가 수두룩합니다.

구약성경에서 '예배'로 번역해야 할 어휘는 대표적으로 '샤하', '아바드', '자바' 등입니다. 이러한 단어가 우리말로 번역될 때는 '경배하다' '섬기다' '절하다'로 옮겨졌습니다. 막상 '예배'라고 번역되어야 할 단어인데 '예배'라는 단어는 일체 사용하지 않고 있는 기이한 현상을 나타내고 있습니다. 그러나 신약에서는 '레이투르기아', '프로스쿠네오', '세보마이'와 같은 예배를 의미한 단어가 그대로 번역되어 14회에 걸쳐 '예배'라는 단어로 우리 앞에 다가오고 있습니다.

이러한 오류는 참으로 중요한 결과를 초래하고 있습니다. 예배라는 말이 우리말로 '경배하다', '섬기다' 등으로 번역되는 것은 하나님을 향한 행위와 자세와 마음가짐의 의미를 내포하고 있습니다. 구약에서 예배라는 말은 하나님의 법규에 따라 예배하는 예식을 가리키는 말입니다. 그런데도 전혀 예배라는 단어가 없습니다. 그러나 신약에서는 구약의 법규에 따른 예전적 예배가 아닌 경우에도 충실히 '예배'로 번역했습니다. 참으로 이해할 수 없는 결과입니다. 이 사연에 대한 대답을 찾을 길이 없습니다. 무슨 사연이 번역의 과정에서 발생되었는지 아무런 기록도 남지 않았습니다. 이 때마다 성경 번역위원들이 번역의 원칙과 과정을 상세하게 기록하여 후대가 우리말 성경을 연구하려고 할 때 내놓을 수 있는 자료를 정리해 주었더라면 하는 아쉬움을 갖습니다.

공동번역의 경우를 보면 이 성경은 1968년 신구교 학자들이 "독자들이 원문을 읽는 사람과 같은 내용을 파악할 수 있도록 하려는 목적"을 가지고 번역을 시작하여 10년 만인 1977년에 출판된 바 있습니다. 이 성경에서는 '예배' 라는 단어를 성실히 번역하였습니다. 이 성경은 '예배' 라는 단어를 구약에서는 135회, 신약에서는 36회에 걸쳐 사용하고 있습니다. 개역성경과는 너무나 대조적임을 알게 됩니다. 영어권에서 오랜 역사와 권위를 가지고 있는 흠정역(KJV) 성경에서는 구약에서 115회, 신약에서는 75회에 걸쳐 '예배'(Worship)라는 단어가 사용되고 있습니다. 이상과 같은 번역본과 우리의 개역성경을 비교할 때 '예배' 에 대한 거리가 너무 동떨어져 있음을 보게 됩니다.

그 동안 한국 교회는 집회만 있고 예전이 담긴 예배가 없다는 평가를 세계 교회로부터 듣고 있습니다. 이러한 현실은 우리의 예전적 예배에 대한 이해와 관심의 결여와 교육의 부재 때문이었습니다. 그런데 우리의 개역성경에 나타난 번역 문제가 그 원인 제공을 하는 데 한몫을 담당하고 있다는 사실이 실로 마음을 아프게 합니다.

대한성서공회는 필자가 제기한 이 문제를 수긍하고 인쇄를 연기해 가면서까지 구약의 예배라는 단어의 번역에 새로운 수고를 했다는 소식을 들었습니다. 그리하여 최근의 개역개정판에서는 구약에 30회 가량 예배라는 단어를 긴급히 수정 번역하여 출판했다고 하니 참으로 반가운 일입니다. 그러나 아직도 충분한 시간을 가지고 예배를 의미한 단어는 모두 '예배' 로 번역하여 예배의 정신과 실상을 성경에서 분명하게 읽도록 해 주어야 할 것입니다.

1부
참된 예배는
이것을 알고
드려야 합니다

성가대? 찬양대?

- 지금 교회마다 '성가대'라는 이름을 사용하고 있는데 우리 나라에서는 일찍부터 '찬양대'라고 하지 않았던가요?
- 우리가 사용한 개역성경에 '성가' 또는 '성가대'라는 이름이 있는지요?
- 지금 많이 사용하는 '성가대'라는 이름은 어디서 유래하여 이렇게 유행되고 있는지요?

하나님께 예배를 드리는 목적 중에 가장 큰 것은 하나님을 영화롭게 해 드리는 데 있습니다. 하나님께 영광을 돌려 드리면서 예배할 수 있는 길을 찾기 위하여 성경에서는 다양한 방법을 찾고 있습니다. 그 중에서도 예배하는 무리들이 하나님을 경배하는 데 주안점을 두고 예배를 진행하였음을 보게 됩니다. 구약에서는 인간이 가지고 있는 음악적인 속성을 최대한 성별하여 하나님을 찬양하려는 노력이 대단하였음을 보여 주고 있습니다. 여기서 찬양대가 정착된 과정을 잠깐 보면 다음과 같습니다.

찬양대를 통하여 경배와 찬양의 행위가 결정적으로 나타난 때는 다윗 왕 때였습니다. 다윗 왕은 인간이 최상으로 하나님을 찬양할 수 있는 길은 아름답고 정성어린 노래라고 생각했습니다. 그래서 그는 정성어린 찬양을 아주 중요하게 생각했습니다. 그는 사울 왕 때 못다한 하나님을 기쁘시게 해드릴 예배에 깊은 관심을 기울이고 있었습니다. 어느 날 예루살렘으로 하나님의 언약궤를 옮겨 오고 성전 예배의 예전을 갖추었을 때 그는 찬양대를 따로 세우게 하였습니다. 심지어 그들의 처소도 일정하게 정해 줄 만큼 찬양대를 예배 진행의 주역으로 성별하였습니다. 이 찬양대원은 누구나 다 되는 것이 아니라 제사장 계열의 레위 지파에서만 뽑아 거룩한 직분으로 세웠습니다.

이러한 찬양대의 전통은 로마 가톨릭 교회에서도 소중하게 여겨 찬양대를 소년들로 조직하고 음악 학교를 통하여 육성하였으며 이들로 하여금 예배를 돕도록 했습니다. 종교개혁 이후에 독일과 미국에 와서 어른 혼성 찬양대가 시작되어 활발하게 활동을 하였고 이러한 양상은 전세계 교회에 확산되어 지금까지 계속되어 오고 있습니다.

그런데 우리 나라에서 하나님을 찬양하는 노래를 전담한 찬양대의 명칭이 최근에 와서 '성가대'로 불리고 있습니다. 우리가 그 동안 공인하여 사용한 개역성경에는 성가 또는 성가대라는 말이 전혀 없습니다. 오직 1976년에 나온 공동번역에서 개역성경의 '노래하는 자'를 '성가대'로 12회에 걸쳐 번역했을 뿐입니다. 그리고는 한결같이 모두 예배에서 노래하는 일은 찬양이라 하였고 거룩한 직분을 맡았던 사람들을 찬양대라고 부르고 있습니다.

누구보다 일본어의 잔재를 지적하면서 설교자의 바른말 사용을 주창하고 있는 오소운은 한국 교회가 해방 전까지만 해도 하나님을 찬양하는 합창단을 '찬양대'로 불렀음을 상기하고 있습니다. 그의 주장에 따르면 한 출판사가 흑인 영가와 복음송을 합하여 '성가곡집'이라 부른 것에서 성가대의 이름이 시작되었음을 지적합니다. 그리고 일본의 '세이까다이-성가대'(聖歌隊)가 직수입되면서 우리가 그 동안 불렀던 찬양대라는 이름이 바뀌게 되었다는 주장입니다. 이러한 주장은 매우 타당성이 있습니다. 성가대가 우리의 순수한 말이 아니었음을 을유문화사의 국어사전이나 1958년 동아출판사의 우리말 사전에 '성가대'라는 항목마저 없고 오직 찬양대라는 항목만이 있다는 데서 이를 입증하고 있습니다. 국어사전에서는 '찬양대'를 "남녀 기독교 신도로 조직된 합창대"라고 풀이해 놓았습니다. '성가대'라는 단어가 우리말 사전에 실리기 시작한 것은 1994년 민중서관의 국어사전이 처음일 정도입니다. 그 뜻도 "성가를 부르기 위하여 조직된 합창대"라고 했습니다.

이와 같은 자료는 다시 정리하여 읽고 있노라면 무척 부끄러움을 느낍니다. 이렇게 많이 번져 있는 '성가대'라는 이름은 우리가 공인하고 사용하는 성경에도 없는 명칭임이 확실합니다. 우리 한국 교회는 오랜 시간 찬양대라고 부르면서 하나님을 예배하는 데 찬양이 큰 몫을 담당해 왔습니다. 한글 사전은 한국말을 주로 풀이해 주는 것이 사명입니다. 그런데 '성가대'라는 단어는 우리의 사전에도 1990년대 초까지 다루지 아니했습니다. 오직 이 '성가대'라는 말이 고정되어 있던 곳은 일본어의 '세이까다이' 뿐이었습니다.

이토록 자료가 뚜렷한데도 '찬양대'를 일본인들이 사용하고 있는 '성가대'라는 명칭을 수입하여야 하는지 의문이 갑니다. 지금이라도 늦지 아니합니다. 바르게 잡아야 할 이름은 시간을 늦추지 말고 바로잡아야 우리의 후대에 부끄러운 기록을 남기지 않게 됩니다.

생각해 보면 성가(聖歌) 라는 말은 단순히 성스러운 노래를 의미합니다. 모든 종교에서는 자신들이 가지고 있는 노래를 성가라고 부릅니다. 그러하기에 불교도 자신들의 노래를 구분하여 부르고 싶어서 '찬불가(讚佛歌)라고 이름했습니다. 그들도 그들의 노래를 '성가' 라고 부릅니다.

참고로 우리는 순수한 우리말로 번역했던 개역성경에 '찬양' 이라는 단어가 213회, '찬송' 이라는 단어가 98회, '찬미' 라는 단어가 14회가 등장하고 있습니다. 그러나 '성가' 라는 단어는 단 한 번도 없다는 사실을 유의해야 합니다. 우리 성경에서는 하나님은 찬양을 받기 원하셨다고 하였습니다. 성경 어디에서도 하나님이 성가를 받기를 원하신다는 우리말 표현이 전혀 없습니다. 그러므로 이제 '찬양대' 라는 우리 고유의 이름으로 돌아가야 합니다.

우리 **찬송가**는 **재고**되어야 합니다

- ⊙ 유럽이나 미국 교회 예배에 참석하면 우리가 부르는 찬송이 거의 보이지 아니합니다. 무슨 연고인지요?
- ⊙ 미국의 장로교 찬송가에 아리랑 곡이 실려 있습니다. 그런데 우리 찬송가에는 한국적 가락이 전혀 없습니다. 어찌된 사연인지요?
- ⊙ 지금 우리가 부르고 있는 찬송가는 어느 시대 어떤 영향을 받은 찬송가인지 알고 싶습니다.

      외국에서 온 그리스도인이나 예배신학자가 한국 교회에서 예배를 드린 후에 던지는 질문이 있습니다. 그것은 한국 교회가 예배 시간에 부른 찬송가 곡들이 매우 반갑다는 이야기입니다. 사연인즉 자신이 어릴 적에 부모님이 부흥회를 다녀와서 부르던 찬송을 한국 교회가 많이 부르고 있기 때문이라고 합니다. 그러면서 서구의 민요곡으로 만들어진 찬송만 부르고 한국인의 음률이 담긴 찬송은 어찌하여 개발하지 않고 있는지를 묻습니다. 이 때마다 느낀 수치감은 대단한 수준의 것이었으며 우리 찬송이 없는 현실을 몹시나 안타깝게 생각하게 되었습니다.
  한국 개신교가 하나님의 찬송가를 가지고 각 교회가 예배를 드린다는 사실은 분명히 자랑스러운 일입니다. 이러한 일은 1949년부터 1961년까지, 그리고 1983년부터 오늘까지 결코 짧지 않은 역사를 가지고 있습니다. 이것이야말로 교파주의가 강한 한국 교회가 일치의 가능성을 보여 주는 훌륭한 일임에 틀림없습니다.

그러나 여러 교단들이 모여 찬송가를 만드는 과정에서 서로의 전통과 주장을 수용하다가 찬송가의 본래적 방향과 내용에 적지 않은 문제점을 남기게 되었습니다. 우리가 부른 찬송은 '찬양가'를 비롯하여 '협동 찬송가', '복음가', '부흥성가' 등에 수록된 복음찬송(Gospel Hymn)이나 부흥성가 등이 주종을 이루고 있으며, 이제는 이것만이 기독교 예배에서 불러야 하는 정상적인 예배 찬송의 전부로 아는 착각 속에 있습니다.

오늘 우리가 예배에서 부르는 찬송의 역사는 이러합니다. 16세기의 종교개혁이 있기 전까지 예배 현장에서의 노래는 훈련받은 찬양대의 독점물이었습니다. 루터는 회중이 참여하는 예배 찬송의 시급성을 느껴 귀에 익숙한 그들의 곡에다가 시편을 활용하여 회중들이 부르게 하였는데, 이것이 대대적인 환영을 받으면서 예배가 활성화되기 시작하였습니다. 그러나 개혁교회의 츠빙글리와 칼뱅은 예배 찬송의 존엄성이 무너지고 노래가 인간 중심으로 흐름을 경계하였습니다. 그래서 초대교회처럼 시편송을 단순한 음률에 넣어 악기의 도움 없이 예배 찬송으로 부르도록 하였습니다.

그 후 네덜란드의 개혁교회는 독일의 루터 교회가 유럽의 전 지역으로 불길처럼 번져 가는 원인이 그들의 일상화된 찬송 때문이라는 판단을 하고, 자신들도 시편송의 대중화를 위하여 편곡을 하면서 보급에 힘쓰기 시작하였습니다. 그 후 감리교의 웨슬리를 비롯하여 아이작 등이 대중을 모아 놓고 복음을 전하는 부흥회와 같은 집회에서 그들에게 맞는 음악을 다

1부
참된 예배는 이것을 알고 드려야 합니다

량으로 만들어 보급하기 시작하였습니다. 이 때의 찬송은 주로 신앙 간증의 성격이 다분하였고, 스스로의 결단 또는 탄원의 내용을 대중적인 곡에 담아 보급하기에 이르렀습니다.

이러한 부흥성가는 바로 미국의 1, 2차 대각성 부흥 운동과 연결되어 발전을 거듭하였습니다. 특별히 19세기에 있었던 미국의 제2차 대각성 부흥 운동의 확산과 함께 있었던 서부 개척기의 인구 이동은 회심을 목적으로 하는 집회를 성행하게 만들었습니다. 이 때 집회에서 불렸던 음악이 주로 우리가 부르는 찬송들이었습니다.

이 부흥 운동의 파장은 각 교회가 해외 선교에 열을 올리도록 만들었습니다. 그 여파는 세계의 복음화에 큰 공헌을 하였습니다. 바로 그 때인 1884년 고요한 아침의 나라 한반도에도 그들이 보낸 선교사들에 의하여 복음이 상륙하기에 이르렀습니다. 이 때문에 한국 교회의 찬송가는 자연스럽게 그들이 가져온 복음찬송이나 부흥성가가 주종을 이루게 되었습니다. 그리고 지금껏 아무런 수정도 없이 그대로 사용하고 있습니다.

그러나 20세기 후반부터 세계의 개신교는 찬송가의 갱신에 지대한 관심을 두었습니다. 모든 나라의 교회가 예배에 합당한 찬송의 개발을 서두르면서 시편을 대대적으로 찬송가에 도입하고 있습니다. 예를 들어 스코틀랜드 교회는 악보도 없이 시편만 주로 담은 찬송가를 가지고 있으며, 미국 장로교는 1990년에 펴낸 찬송가에서 시편송이라는 항을 만들어 100편의 시편 찬송을 부르고 있습니다.

이제 우리의 찬송가도 우리 민족의 음률에 맞추어 기독교 예배의 찬송에 근원이 된 시편을 대폭 실어야 할 때가 되었습니다. 우리의 문화와 정서가 함께 움직이는 곡조를 가지고 시편을 찬송으로 부를 수 있어야 합니다. 이럴 때 우리 예배가 세계 어느 교회에 내놓아도 자랑스러운 수준을 유지하게 될 것입니다. 우리 후손을 위해서도 우리 언어와 정서가 서린 예배를 정착시켜 주어야 합니다.

주일 예배에서 복음성가를 부를 수 있나요?

- 찬송가와 복음성가의 차이점이 무엇인지 알고 싶습니다.
- 요즈음 주일 낮 예배에서 복음성가를 찬송가보다 더 많이 부르고 있는 현실입니다. 어떻게 해야 하는지요?
- 기성 세대는 공인된 찬송가를 고집하고 젊은 세대는 복음성가를 선호하는데 그 간격을 좁힐 수 있는 방법은 무엇인가요?

어떤 교회에서는 주일 낮 예배에서 박수를 치면서 복음성가를 부릅니다. 그러면서 예배의 뜨거움을 자랑합니다. 반면에 어떤 교회에서는 주일 예배만은 복음성가를 엄격히 금하면서 예배의 경건성을 주장하고 있습니다. 어느 길이 바른 길인지 많은 교회가 혼돈을 가져옵니다.

복음성가가 교회에 가장 활발하게 등장하던 곳은 미국 교회였고, 그 시기는 1800년대 중반에 절정을 이루었던 제2차 대각성 부흥 운동 때였습니다. 이 때 미국은 세속주의와 도덕적 타락이 극심하던 상황이었습니다. 교회는 1700년대 초반에 있었던 제1차 대각성 부흥 운동이 다시 일어나야 할 필요를 느끼던 때였습니다. 이 신앙 부흥 운동은 뜨거운 회심의 물결을 일으켜 미국 전역에 불길이 번졌습니다. 이 때 평신도 부흥사 무디와 같은 인물이 등장하여 그의 부흥 전도단이 가는 곳마다 복음성가는 매우 활발하게 보급되었고 수많은 집회에서 큰 효과를 거둔 바 있습니다. 무디의 말씀 사역을 도와 찬양 사역을 담당한 사람이 유명한 생키(Ira David Sankey, 1840-1908)였습니다. 그에 의하여 미국의 근대 찬송가의 보급은 절정에 이르렀습니다. 그리고 말씀 사역은 찬양을 통하여 더욱 은혜를 끼칠 수 있다는 사실을 그의 은혜 넘치는 노래에서 입증시킨 바 있습니다.

복음성가는 그 출발부터 주로 복음 전도에 주안점을 두고 성도들의 신앙 성장과 친교를 목적으로 하였습니다. 그러한 까닭에 자연적으로 그 가사 내용이 인간의 심령에 호소하는 내용으로 짜여 있었고 그 곡 역시 그 시대의 노래 가락에 편승하고 있었습니다. 그래서 율동 음악이나 재즈 음악이 한때는 복음성가의 주종을 이루기도 했고, 1960년대 이후부터는 팝송이나 록뮤직의 음률이 복음성가를 지배하기도 하였습니다. 최근에는 가락이 없이 가사만을 외우는 랩뮤직을 모방하기도 합니다.

기독교가 예배 가운데서 불러 온 찬송은 하나님만을 찬양하고 경배하는 데 주안점이 있습니다. 그래서 개혁교회 전통을 소중히 여기는 교회에서는 시편을 주로 찬송가 가사로 사용하면서 하나님 중심의 찬송을 개발하였고 그것을 복원하려는 예배 갱신 운동이 활발하게 전개되고 있는 실정입니다.

생각하면 우리 찬송가는 그 가사와 곡이 복음성가와 성격을 같이하는 것들이 너무 많습니다. 그것을 오랜 시간 불러 오는 가운데 우리들은 예배에서 불러야 할 찬송과 복음성가와의 구분을 짓지 못한 오류에 빠져 있습니다. 그러나 서구 교회는 오랜 역사를 통하여 공인된 예배 찬송과 복음성가를 식별할 수 있는 능력이 있기에 문제성이 적습니다. 그러나 우리는 예배하는 자신의 마음에 와 닿은 노래는 모두 찬송가가 될 수 있다고 생각되어 부담 없이 예배에 도입하는 실정입니다. 오히려 어떤 교회는 공인된 찬송가보다는 현대 감각이 넘치는 복음성가를 더 선호하는 기현상이 속출하는 현실입니다.

매우 흥미로운 일은 복음성가를 활발하게 불렀던 오순절교회들이 최근에는 주일 낮 예배에서 복음성가를 억제하고 전통적인 찬송가를 부르면서 개혁교회의 예배와 차이가 없게 하는 경향을 보이고 있습니다.

한편 생각하면 시대의 배경을 달리하는 세대에게 수세기 전의 찬송만 불러야 한다고 고집하는 것도 문제가 있습니다. 그러므로 현대 교회의 예배는 다양성을 갖추어야 합니다. 서구의 교회들은 주일 저녁 찬양 예배나 기타 예배에서는 현대 음악 감각을 살린 복음성가를 활용할 수 있습니다. 그러나 복음성가를 고를 때는 인간의 정서에 주안점을 두지 말아야 합니다. 하나님을 향한 경배와 찬양과 감사가 주안점이 되어야 합니다. 또한 교회가 지켜야 할 신학과 교리에 조명해 보는 것도 참고로 해야 합니다. 또한 복음성가의 곡이 예배의 경건성을 해치지 않는지 섬세한 점검을 할 필요가 있습니다. 무분별한 복음성가의 사용은 자칫 하나님을 향하는 것보다 인간의 감정에 얽매이기 쉽기 때문입니다.

영상 매체를 통한 예배란?

> ⊙ 지성전이라는 이름으로 대형 교회들이 영상 매체를 통하여 예배를 진행하고 있습니다. 이것보다 더 좋은 대안은 없는지요?
> ⊙ 영상 매체를 통한 예배가 가져올 부정적인 요소는 어떤 것이 있는지요?
> ⊙ 매체를 통한 예배는 간접적인 감각을 강하게 주고 있지는 아니한지요?

20세기에 인간의 사고와 시공간에 가장 심각한 파장을 일으킨 것은 바로 전자 문화입니다. 이 전자 문화의 등장과 함께 인간 세계에는 새롭게 편리하고 유익한 일들이 밀려왔지만 반면에 잃어버린 것도 한두 가지가 아니었습니다. 특별히 영상 매체가 등장하면서 예배당의 풍속도가 세찬 변화를 맞고 있습니다.

어느 큰 교회에서 있었던 일입니다. 주일 예배당 본당은 만원이 되어 옆 방으로 교인들이 들어가서 영상 화면을 통하여 예배를 드리고 있었습니다. 봉헌 시간이 되자 거기서도 헌금대를 돌리고 있었습니다. 그 날 처음으로 그 교회를 방문한 어느 교인은 큰 소리로 "여기는 다음 예배를 위하여 기다리고 있는 대기실이 아닌가요?" 하는 질문을 던져서 주위를 어색하게 만든 적이 있습니다.

한국 교회는 세계 교회가 인정할 정도로 모이기를 힘쓰면서 성장을 거듭한 교회입니다. 그런데 급작스러운 성장이 영상 매체를 활용하면서 적지 않은 문제를 유발하고 있습니다. 원래는 기둥 때문에 보이지 않는 사각 지대에 앉아 있는 교인들의 편의를 위하여 도입된 영상 매체가 이제는 본당에 들어오지 못한 교인들을 위해 주변 건물에 설치하여 거기서 예배를 드리도록 하고 있습니다. 그러나 최근에는 아예 지성전이라는 이름으로 지역별로 또는 국가별로 위성이나 케이블 선을 연결하여 거대한 영상 모니터로 동시 중계를 하고 있습니다. 그 현장에는 예배 인도자가 형식적으로 앉아 있고 모든 것은 본당에서 진행하고 있는 그대로 따라 할 뿐입니다.

이러한 것이 과연 예배학적으로 정당성을 갖는 것인가? 이러한 현상은 다른 부작용을 일으키지는 아니할 것인가? 이런 문제가 제기되고 있습니다.

목회자의 역량에 따라 교회가 크게 성장한 것은 높은 평가를 받아 마땅합니다. 한국의 모든 교회마다 그렇게 성장할 수만 있다면 이것은 더할 나위 없도록 반가운 일입니다. 그러나 여기서 우리는 다음과 같은 훌륭한 선배 목사들의 사례를 수용할 필요가 있습니다. 그것은 자신이 섬기는 교회가 성장하여 예배당이 차고 넘치면 예배의 횟수를 늘려서 최대한 수용하고, 그래도 다 수용할 수 없다면 바로 지교회를 만들어 분립해 주는 아름다운 이야기입니다. 인천의 이기혁 목사 같은 분은 그가 섬기는 인천제일교회만 거구가 되는 것을 원치 않고 예배당이 차고 넘치면 제2, 제3의 교회를 계속적으로 분립해 주었던 기록을 남기고 있습니다. 이것이 바로 하나님 나라를 이 땅에 확장하는 가장 기본적인 자세입니다.

화상을 통한 예배에는 참으로 위험한 결과가 기다리고 있습니다. 예배란 하나님이 주신 창조의 은총과 구원의 은총을 깨닫고 감격하여 하나님께 나아가서 응답하는 것입니다. 그러기에 예배란 주님의 날에 성전에 나아가 드리게 됩니다. 그런데 만일 화상을 통한 예배가 합리화된다면 이제는 예배당에 나아갈 당위성이 없어집니다. 예배 현장을 중계하는 유선 방송 앞에 앉아 예배 실황을 보는 것으로 예배 행위를 대치하게 된다는 결론에 도달합니다. 그리고 라디오 방송의 예배 중계만으로도 충분하다는 생각을 하게 될 날이 올 것입니다. 이렇게 되면 예배당에 나아와 예배하는 교인은 줄게 되고 예배당의 존재 가치는 상실되고 말 것입니다.

복음의 전파를 위해서는 영상 매체의 활용이 필요하지만 존엄해야 할 예배를 위해서는 고려해야 할 문제입니다. 이것은 어느 개교회의 차원에서 생각할 것이 아니라 한국 기독교의 미래를 위하여 깊이 고려해야 할 문제입니다. 한때 어느 왕성한 교회가 단순한 생각으로 출발한 것이 어느 날 거대한 역사적인 오류로 남게 될 위험성을 경계해야 합니다.

영상 매체를 통한 예배가 근본적으로 대체할 수 없는 것은 성찬 성례전입니다. 교회는 기록된 말씀과 선포된 말씀과 보고 참여하는 성찬 성례전을 통한 말씀이 함께 병존해야 바르게 나아갈 수 있습니다. 영상 매체만을 통한 예배의 현장에서는 세 번째의 말씀을 대치할 길이 없다는 것도 깊이 유의할 필요가 있습니다. 그리고 간접적인 감각을 어떻게 극복해야 할지 그것 또한 문제입니다.

빈야드 교회 예배의 요주의 사항은

- 빈야드 운동에 의한 예배의 모습이 혼잡하게 일고 있습니다. 그 실체를 알고 싶습니다.
- 쓰러지고 거룩한 웃음이나 동물 소리를 내야 은혜를 받았다고 하는데 이해하기 힘듭니다. 그것도 예배의 한 줄기인가요?
- 미국에서 발생한 성령님의 역사에서는 어떤 증상이 처음에 나타났으며, 한국의 1907년 성령님의 역사에서는 어떤 현상이 나타나고 있었나요?

최근에 이르러 한국 교회에 생소한 이름을 가진 예배가 밀려오고 있습니다. 빈야드 운동의 예배를 비롯하여 열린 예배라고 알려진 구도자 예배와 같은 새로운 이름과 내용을 가진 예배가 많이 등장하고 있습니다. 많은 목회자들이 여기에 깊은 관심을 가지고 미국과 캐나다까지 진원지를 찾아가 보고 그 수용 여부에 고심합니다. 그리고 질문을 던집니다. 그 질문의 내용은 지금까지 지켜 온 전통적인 예배 형태를 그렇게 벗어나도 좋은 것인가? 최근에 번지고 있는 찬양 중심의 새로운 예배 형태를 도입해도 부작용은 없는 것인가? 이 분야에 대한 관심과 질문이 많습니다. 여기서는 두 번에 걸쳐 빈야드 운동에서 진행한 예배와 열린 예배의 세계를 찾아 그 세계를 좀더 깊이 이해하려고 합니다.

빈야드 교회의 예배는 1983년 존 윔버 목사가 자신의 교회에서 시작한 예배로서 전통적인 예배의 형식이나 내용과는 큰 차이가 있습니다. 그들이 내세운 목표는 사도행전적인 성령님의 역사와 기사를 동반한 복음 전파를 하면서 교회의 양적인 성장을 시도하려는 데 있었습니다. 이러한 목적을 가지고 시도된 이들의 예배 현장은 매우 파격적으로 이어집니다. 예배의 인도자는 정장 대신 가벼운 셔츠 차림으로 기타와 같은 현대 악기를 들고 나와서 복음성가와 유사한 음악을 계속 인도합니다. 때로는 전자 매체를 이용하여 시각적인 도움을 주면서 성령님의 임재를 경험하게 합니다. 회중들은 자유롭게 열광적인 표현을 합니다. 이 때 선포되는 설교는 매우 짧습니다. 그리고 예언의 은사와 성령 안에서의 안식을 강조하면서 손을 이마에 대면 그대로 쓰러지고, 거룩한 웃음이 보편화되고, 때로는 동물 소리를 내게 됩니다. 회중들은 처음으로 경험해 보는 이러한 사연들을 가지고 호기심을 발합니다.

이러한 예배를 관찰하면서 교회성장학자인 피터 와그너는 빈야드 운동이 '기독교의 제3의 물결'이 될 가능성이 있다는 극찬을 한 바 있습니다. 한편 생각하면 전통적인 예배가 고정된 틀에 머물러 있어 예배하는 회중들의 심령이 메마른 현실이기도 합니다. 여기에 반하여 이들은 성령님이 가시적으로 주관하는 예배를 주장합니다. 또한 성직자 한 사람의 고정된 모습보다는 다양한 평신도들이 적극적으로 참여할 수 있는 예배를 추구합니다. 이성 위주의 예배에서 찾아볼 수 없는 체험 위주의 예배가 주는 실감 등은 이들이 내세운 자랑거리입니다. 사실 이러한 점들이 하강 길을 걷고

1부
참된 예배는
이것을 알고
드려야 합니다

있던 미국 교회에 적지 않은 충격을 주면서 교인들이 몰려들게 되어 선교적인 성과를 거둔 바 있습니다.

그러나 이 예배가 가지고 있는 문제점 또한 단순하지 않습니다. 무엇보다도 예배의 내용과 형태가 하나님을 중심하여 드리는 예배가 아니라는 점입니다. 여기에 대하여 이 예배의 창시자인 존 윔버는 대학의 신학부에서 학사 과정만을 마친 교육 수준의 소지자로서 교리적인 측면이 빈약합니다. 그는 재세례파의 예배 전통에서 나온 퀘이커 교회 계열에서 협동 목사로 사역했던 사람으로서 '예언의 은사, 전율과 진동, 표적과 기사' 등을 우선적으로 여기는 예배에 이미 몸담았던 배경을 가진 사람이었습니다. 그 결과 이 예배는 이성보다 감정과 경험에 우선하면서 짜여진 프로그램대로 따르게 하는 반지성적인 경향으로 흘렀습니다. 거기에는 이성을 가지고 드려야 하는 참회의 기도 등이 없습니다. 그리고 하나님의 말씀인 성경을 진지하게 연구하고 가르치는 열심이 보이지 아니합니다.

한국 교회 예배 현장에서 요주의 사항은 기사 이적과 기복 신앙을 추구하는 것입니다. 그런데 빈야드 교회 계열에서 전개한 새로운 예배 형태가 바로 한국 교회가 가장 우려하는 요소를 너무 많이 앞세우고 있다는 데 심각한 우려를 표하지 않을 수 없습니다.

여기서 한국 교회가 깊이 생각해야 할 역사적인 사건이 있습니다. 그것은 성령님의 역사가 임하여 교회가 달라진 사건입니다. 미국의 오순절교회가 시작한 것은 1906년 로스앤젤레스 아주사(Azusa) 길가의 조그마한 교회에서 목회하던 세이마우어(William J. Seymour) 흑인 목사에 의한 은사의 폭발이었습니다. 전혀 예상할 수 없었던 방언과 치유의 은사는 매스컴을 타고 미국의 전역과 세계에 알려지게 되었던 것입니다.

그러나 한국 교회를 이용하신 성령님의 역사는 1907년 평양에서 말씀에 의한 철저한 회개 운동으로 시작이 되어 오늘의 한국 교회에 큰 기틀이 되었습니다. 즉 미국에서 발생한 성령님의 역사는 정서적인 면이 강했다면, 우리에게는 이성을 중심한 역사였습니다. 이러한 비교는 한국 교회의 뿌리가 정서적인 면만을 강조하면서 지속해 온 교회가 아니었음을 증명합니다. 역시 말씀 위에 기초하여 맑은 정신으로 하나님을 예배해 온 전통이 우리의 뿌리임을 밝히 알아야 합니다.

열린 예배를 어떻게 생각하시나요?

- 열린 예배가 급속하게 번지고 있는 인상입니다. 이 예배가 언제 어디서 무슨 목적을 가지고 발생했는지를 알고 싶습니다.
- 이 예배를 수용하기 전에 주의해야 할 부분이 어떤 것인지요?
- 이 예배의 순서는 어떻게 구성되어 있는지요?

구도자(求道者) 예배라고도 불리는 열린 예배에 대한 관심이 지대합니다. 이 예배에 대한 수많은 질문을 받으면서 많은 교회가 깊은 관심을 가지고 있음을 실감합니다. 무엇보다도 열린 예배가 이러한 관심을 끌게 된 이유는 젊은이들의 호응이 많다는 점과 진부한 예배에 변화를 일으키고 있기 때문입니다. 성찰의 자세로 살펴보면 한 세기 동안 아무런 변화가 없는 한국 교회의 예배는 젊은이들의 호응을 받지 못하고 있었습니다. 그들이 호흡할 수 있는 공간이 예배 가운데 없고, 부모나 조부모의 세대에 끼여 예배를 드리면서 진부함을 느끼고 있었던 것이 사실입니다.

어느 예배 신학자는 자신이 목회하는 교회에서 자신은 설교를 준비한 시간만큼 예배를 준비한다는 말을 한 적이 있습니다. 사실 우리 목사들이 꾸

준히 연구해야 할 것이 많이 있지만 예배에 대한 연구는 필수적인 것입니다. 설교만을 생각하고 거기 맞는 한두 곡의 찬송만 부르면 되는 것으로 생각하는 풍조는 오늘의 예배에 싫증을 가져오게 된 주원인입니다.

이러한 예배 환경에 처해 있는 한국 교회에 열린 예배가 선을 보이고 있습니다. 이 예배의 모체는 빌 하이벨스(Hybels)가 1973년 청소년들의 성경 공부를 인도하면서 불신 학생들의 전도용으로 개발한 예배였습니다. 그가 후에 윌로우크릭 교회를 세우고 이 예배의 모델을 가지고 새로운 예배 사역을 하면서 침체된 미국 교회에 화제를 불러일으키게 되었습니다. 그와 호흡을 함께 하는 교회는 새들백 교회 등이 있습니다.

이 열린 예배는 전도받아 오게 된 초신자들이 예배의 현장에 왔을 때 스스로 열외의 인간처럼 소외감을 느끼게 되지 않도록 하려는 데 그 뜻이 있었습니다. 그래서 아무나 부담없이 예배에 접할 수 있으며 하나님을 우러러 찬양할 수 있는 방법을 동원하였습니다. 이 열린 예배가 주로 사용하는 매체는 드라마, 찬양, 영상, 예배 무용, 간증 등의 다양한 프로그램입니다.

이러한 예배는 일찍이 19세기 미국의 서부 개척 시대에 인구의 이동을 따라가면서 열렸던 야영 집회나 부흥 집회 등과 맥을 같이합니다. 당시의 인구 이동을 따라가면서 계속하였던 집회는 기존 교회의 예배 전통을 벗어나서 자유롭게 진행되었습니다. 이 때 새로운 교단이 출현하였고 교회의 새로운 활력소를 불어넣어 주기도 하였습니다.

이러한 맥을 잇는 오늘의 열린 예배는 빈야드 예배와는 달리 건실한 면이 많습니다. 이 예배는 신유의 은사보다도 주로 찬양의 단계에서 하나님과의 만남을 시도하는 것이 특성입니다. 그리고 많은 찬양으로 준비된 교인들에게 말씀을 선포하는 것도 주요한 특징의 하나입니다. 그래서 이들의 예배 순서는 보통 아래의 네 항목만 기록됩니다.

    찬양과 경배
    성경 봉독
    설교
    찬양과 결단

이 예배는 그 항목부터 단순합니다. 그러나 다음의 몇 가지는 깊이 생각해 보아야 할 문제입니다. 먼저는 이 예배의 구성은 개혁자들이 그렇게 중요하게 여겼던 참회 또는 고백의 기도나 양들을 위한 진지한 중보 기도가 안 보입니다. 뿐만 아니라 초대교회 때부터 예배의 찬송으로 애송해 오다가 시편 교독으로 대치한 부분을 비롯하여 공동체의 신앙고백이나 봉헌의 순서가 없습니다. 이러한 면에서 이 예배는 예전적인 예배로 보기는 매우 어렵습니다. 둘째로 어떤 교회의 경우처럼 이 예배를 최선의 예배로 생각하고 전통적인 예배를 외면하여서는 안 됩니다. 셋째는 종교는 엄숙해야 한다는 것에 젖어 있던 사람들이 갑작스럽게 성스러움을 벗어나서 현대 감각에 맞추어 함께 손뼉치고 춤을 출 수 있는지를 깊이 생각해야 합니다. 넷째는 아직 진리에 익숙하지 못한 사람들에게 이성적인 접근보다 감성적인 접근만을 너무 강조하다가 발생될 부작용을 주의해야 합니다.

그러므로 주일 오전 예배는 기독교의 전통적인 예전적인 예배의 형태를, 오후나 기타의 예배는 청소년이나 구도자들이 자유롭게 찾을 수 있는 새로운 형태를 취하여 예배의 다양성을 시도하는 것도 유용할 것입니다. 교회는 역사적인 전통과 현대를 함께 수용하는 변화가 있어야 하기 때문입니다.

2부

성찬 성례전은
이렇게 합니다

성찬 성례전을 좀더 자주 거행할 수 없나요?	87
세례는 어느 예배에서나 가능한가요?	90
목사가 세례를 다시 받은 사연은	93
성찬 성례전의 참여 형태는 한 가지뿐인가요?	96
손에 흰 장갑을 반드시 끼어야 하나요?	99
성찬을 받는 바른 순서는?	102
잡히시던 전날 밤? 잡히시던 밤?	105
성찬 성례전 후 남은 성물의 처리는?	108
애찬이 성만찬을 대신할 수 있나요?	111

성찬 성례전을 좀더 자주 거행할 수 없나요?

2부
성찬 성례전은 이렇게 합니다

- 한국의 장로교·감리교·성결교가 성례전을 일 년에 한두 번 갖는 이유는 무엇인가요?
- 기독교 예배에서 성례전을 일 년에 몇 차례 거행해야 적절한지요?
- 일 년에 한두 번 성례전을 거행하는 것이 과연 성경적인가요? 여기에 대한 칼뱅과 같은 개혁자들의 견해는 무엇인가요?

우리 나라가 5천년의 역사를 가지고 살아오는 동안 이룩해 놓은 종교 문화는 이 민족의 사고와 심성에 지대한 영향을 끼치고 있습니다. 농경 사회에서 자연적으로 생성된 종교적 행위 외에도 불교와 유교와 같은 종교와의 접촉에서 이 나라의 문화는 제의적(祭儀的)인 문화로 정착하게 되었고 그 문화권에 사는 사람들은 자연적으로 제의적인 민족으로 그 속성에 변화를 가져왔습니다. 그리고 그들의 삶은 쉽게 제의적인 행위와 친근하게 되었고 그것이 생활의 일부로 수용되기에 이르렀습니다.

200년 전 천주교와 100년 전 개신교가 이 땅에 들어와서 뿌리를 쉽게 내릴 수 있었던 것도 종교와 친밀성을 가지고 있는 이 민족의 심성 때문이었습니다. 특별히 개신교에서 갖는 성만찬과 세례 성례전은 제의적 행위에 익숙해 있던 우리들에게는 존엄한 종교 의식으로 환영받기에 이르렀습니다. 그래서 이 세례와 성만찬의 성례전이 예배에서 진행될 때마다 그 엄숙성과 그 의미의 수용은 실로 대단한 수준이었습니다.

그러나 왜 우리 한국 교회가 이 성례전을 일 년에 2회로 고정하였고 더 이상 성례전을 갖지 못하고 있는지에 대한 문제 제기가 나오게 됩니다. 한국에 온 선교사들이 일 년에 2회로 정하여 놓은 그 횟수를 마치 진리인양 지키고 있는 우리 관행에는 분명히 심각한 문제가 있습니다.

이 땅 여러 곳에 교회가 시작되었으나 성례를 집례해야 할 목사가 없던 100년 전 우리 현실에서는 선교사들이 일 년에 봄 가을로 순회를 하면서 학습과 세례를 주고 성만찬 성례전을 집례하는 것이 합리적이었습니다. 거기에 더하여 오직 말씀만을 중심하였던 퓨리턴들이 일 년에 4회로 성만찬 성례전을 제한한 츠빙글리의 개혁 사상과 접목되었기에 이 땅의 선교사들이 일 년 2회로 성례전을 갖는 것은 신학적으로 크게 문제삼을 필요가 없었습니다.

그러나 지금 우리는 성례전을 집례할 목사가 교회의 수에 비교하여 차고 넘칩니다. 그리고 신학적으로 우리는 대단한 발전을 거듭하였습니다. 그런데도 일 년에 2회로 정착된 성례전에 대한 신학적인 검토가 없습니다. 이것이 과연 타당한 것인지 아니면 그 횟수를 늘려도 좋은 것인지에 대한 교단적인 연구가 없습니다.

기독교의 성만찬은 예수님께서 직접 제정하신 것입니다. 그 의미를 구약적인 모든 희생 제사가 자신의 십자가 위의 대속의 죽음으로 대치되는 새로운 언약으로서 설명되었고 이 예전은 계속 이어져야 함을 명령하셨습니다.

그러한 까닭에 초대교회는 주님이 부활하신 일요일을 주님의 날이라 칭하고 그 날에는 어떠한 핍박과 환난이 있어도 말씀과 성만찬의 성례전을 필수적으로 그들의 예배에서 지켜 왔습니다. 그리고 중세 교회나 정교회나 천주교나 이 전통은 조금도 변화를 가져오지 않고 가장 존엄한 예배의 규범으로 준수하고 있습니다. 또한 성공회나 루터 교회도 말씀과 성만찬 성례전을 매주일 준수하면서 오늘에 이르고 있습니다. 그리고 기독교 예배의 정신과 역사를 바르게 이해하는 개신교에서도 매주일 또는 매월 성만찬 성례전을 예배에서 행하고 있습니다. 그리고 세례 성례전은 시간의 제한을 받지 않고 후보자가 나타나면 어느 예배에서든지 진행하고 있습니다.

감리교나 성결교는 요한 웨슬리의 신학이 절대적인 영향을 끼치고 있습니다. 웨슬리는 영국 성공회의 신부 출신으로 예배 예전의 존엄성을 언제나 갖추도록 했습니다. 그리고 그는 매주일 예배에서 성찬 성례전을 갖는 것을 당연하게 여기고 있었습니다. 그리고 장로교는 츠빙글리가 아닌 칼뱅의 신학 사상을 가장 잘 받아들이고 그 신학의 탁월함에 감동을 합니다. 그러나 기이한 현상은 칼뱅의 성만찬 성례전 신학과는 거리가 먼 길을 장로교가 걷고 있다는 점입니다. 이제 우리는 밝아진 시대에 살고 있습니다. 그리고 우리의 눈으로 칼뱅과 같은 위대한 개혁자들이 남긴 다음과 같은 글을 읽을 수 있습니다. 그리고 새롭게 옷깃을 여미고 대책을 세울 수 있습니다.

> 사람들이 일 년에 한두 번 성만찬에 참여하도록 한 관례는 분명히 악마의 농간이다. 주님이 제정하신 성만찬은 적어도 크리스천들이 매주 한 번은 참여할 수 있도록 거행되어야 한다.…사탄은 사람들로 하여금 일 년에 한두 번 성만찬을 받을 수밖에 없도록 하였다. 우리가 사도들의 본을 따르지 않는 것은 우리의 큰 결점이라는 것을 인식해야 한다.

2부
성찬 성례전은
이렇게
합니다

세례는 어느 예배에서나 **가능**한가요?

- 우리는 일 년에 두 번 성례 주일에 세례를 베풉니다.
- 세례는 일 년에 몇 차례쯤 베풀 수 있나요?
- 세례는 주일 낮 예배 외에 저녁 찬양 예배에서도 베풀 수 있나요?

     목회자들은 좀더 신선한 목회를 위하여 새로운 생각을 정리하고 그 가능성에 대하여 깊은 관심을 갖게 됩니다. 교회의 각종 프로그램이 신선하고 다양해야 교인들의 관심을 붙잡을 수 있다는 판단을 하면서 때로는 고민을 합니다. 어떤 목회자들은 새해 첫 주일에 새로운 출발의 의미를 확산시킬 수 있는 행사로서 세례 성례전을 갖기를 원하는 경우가 있습니다. 그러나 성찬 성례전이 없이 순수한 세례 성례전만 집례할 수 있는지 알고 싶습니다. 그리고 이러한 시도가 교인들로부터 어떤 반응을 가져올 것인지 궁금해합니다.

 사실 우리 한국 교회는 과거에 행하지 아니했던 것이라면 아무리 조그마한 것이라도 새롭게 시도할 때는 대단한 거부감을 갖는 경향이 있습니다. 옛 것을 그대로 고수하고 싶은 교인들의 보수적인 성향이 목회자에 걸림돌

이 되는 경우가 적지 아니합니다. 심지어 성경과 신학에 근거하여 잘못된 옛 것을 바로잡으려는 시도마저 그것이 새로운 것이라면 거부 반응을 종종 일으킵니다. 그러나 맹목적으로 어제를 답습해 가는 비효과적인 관행은 이제부터 하나하나 변화를 가져와야 할 것입니다.

세례와 성찬 성례전을 언제나 함께 하고 있는 우리의 관행은 목회자가 부족했던 시절에 발생된 것입니다. 봄 가을 당회장의 순회에 맞추었던 단순한 관행이 굳어진 것입니다. 여기서 확인할 수 있는 것은 세례와 성만찬과의 분류는 예배신학적으로 전혀 잘못된 것이 아닙니다. 성만찬과 세례를 얼마든지 분류하여 베풀 수 있습니다. 오히려 성찬 성례전과 함께 학습, 유아 세례, 입교 문답, 세례까지 한꺼번에 갖기 위하여 두 시간을 소요하는 일은 무리입니다. 중요한 성례전을 진행하면서 회중들에게 감격을 안겨 주는 것 대신 지루함을 가져다 주는 경우가 많이 있습니다. 차라리 세례 성례전을 다른 주일에 갖는 것이 더 효과적입니다. 그리고 성찬 성례전만 진지하게 거행하는 것도 의미를 더 깊게 심어 줄 수 있을 것입니다.

세례 성례전은 봄 가을의 성례 주일만이 아니라 52주 어느 주일의 낮 또는 밤 예배 시간에 베풀어도 아무런 문제가 되지 아니합니다. 성찬 성례전을 수반하지 않고 세례만 주어도 성경과 신학에 아무런 문제가 되지 아니합니다. 장로교의 한 교단(통합측)에서는 교단 헌법의 예배 모범에서 이러한 성례는 자주 베풀도록 오히려 독려하고 있습니다. 교회가 유아 세례와 성년 세례를 봄 또는 가을의 정해진 주일로 미루다가 후회 막심한 경우를 당하는 사례를 봅니다. 현대인들은 복잡한 사회 구조 속에서 언제 어디서 이 땅을 고별할지 아무도 모르는 삶을 살고 있습니다. 예배하는 공동체 앞에서 예수 그리스도를 자신을 구원한 주님으로 영접한다는 고백을 남기지 못

> **2부**
> 성찬 성례전은 이렇게 합니다

하고 세상을 떠난 경우를 생각하면, 세례란 시각을 다투는 중요한 성사(聖事)임에 틀림이 없습니다. 우리는 봄 가을의 성례 주일에 세례를 받겠다고 준비하다가 세상을 떠난 사람들을 종종 봅니다. 한 생명이 하나님의 자녀로 인침을 받고 생명록에 입적(入籍)됨을 교회 앞에 알리는 세례마저 받지 못한 채 세상을 떠남으로 주변 사람들이 가슴아파하는 실례들이 우리 주변에는 얼마든지 있습니다.

그러하기에 세례는 어느 한정된 시간을 위하여 존재하는 것이 아닙니다. 성년 세례의 경우는 본인이 죄악된 삶을 떠나서 예수 그리스도를 영접하고 하나님의 자녀로 인침을 받기로 원하는 경우, 그의 신앙의 정도를 점검하고 일정한 교육을 시키고 당회의 결의를 거쳐 지체없이 세례를 주는 것이 목회자의 당연한 임무입니다. 이러한 사례는 사도행전에서 뚜렷이 나타나 있습니다. 에디오피아의 높은 관리 내시가 빌립의 설명을 들은 뒤 진리를 깨닫고 세례 받기를 원하자 빌립은 지체없이 세례를 준 바 있습니다.

세례란 교인이 된다는 단순한 단계만은 아닙니다. 이것은 새로운 피조물로서의 탄생을 의미합니다. 그 피조물이 그리스도의 공동체 안에 일원이 될 뿐만 아니라 예수 그리스도의 사람이 되는 결정적 사건입니다. 이러한 의미 때문에 폴 틸리히는 세례는 새로운 존재로 탈바꿈하는 거룩한 성례라고 말한 바 있습니다. 그러한 까닭에 외국 교회들은 어느 주일이든 목회자가 준비가 되어 있는 후보자라고 판단되면 당회의 의결을 거쳐 유아 세례와 견신례와 성인 세례는 어느 예배에서든지 주고 있습니다.

목사가 **세례**를 **다시 받은** 사연은

> 2부
> 성찬 성례전은
> 이렇게
> 합니다

- 침례와 세례의 뜻은 서로 차이가 있는가요? 동일한 뜻인가요?
- 장로교 목사가 침례교 목사로 부임하면서 다시 세례를 받을 수 있나요?
- 물에 잠기도록 하는 세례와 세 번 머리에 물을 얹어 적시게 하는 것 등에 관한 초대교회의 지침서가 있는지요?

한국에서 자랑스럽게 목회를 하던 장로교 목사가 미국에 이민을 가서 목회를 시작하였습니다. 재정적으로 어려웠던 시절이었기에 그는 어디로부터인가 도움을 필요로 하였습니다. 마침 미국에서 막대한 교세를 자랑하는 침례교에서 도움을 줄 수 있다는 대답을 받고 그는 고민하다가 20년을 넘게 소속해 온 장로교를 떠났습니다. 그리고 경제적인 도움을 받을 수 있는 침례교로 옮겼습니다. 그런데 거기에 단 하나의 조건이 있었습니다. 그것은 장로교의 세례는 비성경적이요 진정한 세례가 될 수 없으므로 다시 자신들의 형태로 침례를 받아야 한다는 것이었습니다. 그는 한동안 몹시 깊은 고민에 빠졌습니다. 신학교 시절에 여기에 대한 변증을 할 수 있는 아무런 교육을 받지 못했던 그는 한 마디의 저항이나 이론을 내놓지 못하고 그 동안 세례를 무수히 베풀었던 자신이 세례를 다시 받는 진 기록을 세우고 말았습니다.

여기서 문제를 제기하는 것은 장로교 목사가 침례교로 교단을 옮긴 사연에 대한 것이 아닙니다. 이미 받은 세례는 과연 무효가 될 수 있는 것인지의 질문입니다. 그리고 과연 침례만이 진정한 세례이고 그 외의 세례 형태는 비성경적이고 초대교회의 세례 사역과는 전혀 관계가 없는 것인지에 대한 정확한 이해의 문제입니다.

여기에 대한 명쾌한 대답은 『열두 사도의 교훈』이라고 일컫는 목회 지침서 『디다케』에서 찾을 수 있습니다. 『디다케』는 초대교회에서 실시하고 있던 목회의 가르침을 주후 100년경에 편집한 문헌으로서 사도들의 가르침과 그들의 목회 현장을 가장 정확하게 파악할 수 있는 소중한 자료입니다. 이 문헌에 다음과 같은 기록이 있습니다.

> 세례는 흐르는 물에서 주시오. 그렇지 못하면 받아 놓은 물에서 주시오. 물이 차면 따뜻하게 데워서 하시오. 아니면 성삼위의 이름으로 세 번 머리 위에 물을 부으시오.

성경에서는 흐르는 생수에서 세례를 준 기록 외에는 다른 형태에 대한 기록을 찾아보기가 힘듭니다. 그러나 핍박 속에서 세례를 주어야 했던 사도들과 속사도 시대에 세례를 반드시 흐르는 생수에서 주어야 한다는 지침을 세운 바가 없습니다. 모두가 주어진 현실에서 최선의 방법을 택하였다는 기록을 쉽게 읽을 수 있습니다. 그들은 카타콤과 같은 지하에서 성부와 성자와 성령의 이름을 부를 때마다 손으로 물을 떠서 머리에 붓는 형태를 취하였습니다. 박해 속에서 간신히 예배를 드리고 있었던 교회 공동체가 공개적으로 강물에서 몸을 잠그는 세례를 준다는 것은 상상할 수 없는 일이었습니다. 다시 말하면 초대교회는 강물에서 또는 물을 가득 채운 물통에 수세자를 잠기게 하는 것만 고집하면서 세례 성례전을 행한 것이 아니었습니다.

생각하면 예배당 안에 물을 가득히 받아 놓고 물에 잠기는 침례의 경우도 성경에 기록되어 있지 아니합니다. 오늘의 침례도 디다케에서 제시된 두 번째의 방법을 택하고 있습니다. 이 계열에서는 세례의 주안점을 물에 온전히 잠기는 데 두고 있는 인상입니다. 그러나 『열두 사도의 교훈』에서 가장 간단한 방법으로 제시되었고 가장 많이 사용한 바 있는 세례의 방법은 성부, 성자, 성령의 이름을 부르면서 세 번 물을 머리 위에 뿌리며 적시는 것이었습니다. 여기서 초대교회는 강물이나 받아 놓은 물에 잠기게 하는데 세례의 주안점을 두지 않았음을 봅니다. 오직 성삼위일체 되신 하나님의 이름으로 죄를 씻고 하나님의 자녀로 뭇 증인들 앞에서 인침을 받는데 더 큰 강조점을 두고 있었습니다.

초기교회의 세례를 가장 잘 설명해 주고 있는 『열두 사도의 교훈』은 어느 형태의 세례가 우월하고 유일한 것인가를 가르치는 데 목적을 두고 있지 아니합니다. 이 문헌에서 가르치고 있는 것은 세례 성례전이 얼마나 진지한 준비와 과정을 거쳐 신앙고백을 하고 하나님의 새로운 자녀로 인침을 받게 되는지에 대한 깊은 관심입니다. 이제 우리 교회도 그 세례의 형태가 어떠했든지 예수 그리스도를 구원의 주님으로 고백하고 하나님의 자녀 된 신분을 깨달은 사람들에게 베푼 세례를 서로가 인정하고 그 신앙이 성장하도록 돕는 데 함께 힘을 모아야 할 것입니다.

2부
성찬 성례전은 이렇게 합니다

성찬 성례전의
참여 형태는 한 가지뿐인가요?

- 성찬 성례전에 회중은 앉아서 분병 분잔 위원들이 가져다 준 것을 받아 먹는 방법이 모두인가요?
- 새로운 형태를 취하면 그것은 비성경적이고 교리에 어긋난 일인가요?
- 동방교회나 천주교회를 비롯하여 성공회와 루터 교회에서는 회중들이 나아가서 무릎을 꿇거나 서서 정중하게 두 손으로 받는데 개신교는 그렇게 하면 안 되는가요?

우리 땅에 복음을 심어 준 선교사들은 봄 가을에 교회를 순회하면서 성례전을 거행하였습니다. 그래서 선교사의 순회가 있게 된 주일은 교회가 온통 잔치 분위기였습니다. 그리고 그들의 가르침을 성경 다음으로 소중하게 받아 전수해 왔습니다. 이러한 것은 교회의 전통이 되어 작은 변화라도 시도하면 곧 신신학 또는 자유신학이라는 이름과 함께 거부 반응을 일으킨 바 있습니다. 그러나 복음을 전해 준 선교사들의 모국 교회를 가 보면 전혀 우리와 다른 예배 환경이 펼쳐지고 있어 당황하게 됩니다.

그 때마다 선교사들의 가르침을 성경의 가르침과 동일시했던 우리의 인식에 변화를 일으키게 됩니다.

많은 것 중에 성찬 성례전의 횟수와 참여의 형태를 지금껏 진리처럼 고수해 온 부끄러움을 우리는 발견하게 됩니다. 사실 그 동안 우리는 일 년에 두 번만 성찬 성례전을 거행하는 것이 지당한 일로 알았습니다. 그리고 성찬의 분병 분잔 때 회중은 제자리에 앉아 있고 분병 분잔 위원들이 가져다 주면 받아 먹는 것만이 성경적인 줄 알았습니다. 그리고 이것이 개혁교회의 전통인 줄 알고 고수해 왔습니다. 이상과 같은 규범을 벗어나 성례전을 자주 행하고 분병 분잔의 형태를 새롭게 시도하면 그것을 마치 비성경적인 행위인 듯 쳐다보고 비판을 가하는 경우가 종종 발생합니다.

그러나 이러한 고정 관념은 매우 편협된 것이고 예배 역사의 지식이 모자라기 때문입니다. 회중들이 성찬 성례전에서 성물을 받는 형태는 종교개혁자들에 의하여 크게 세 가지가 주종을 이루었습니다.

먼저는 극단적인 개혁자였던 츠빙글리의 방법입니다. 그는 구교에서 행한 방법을 거의 거부하였기에 성찬 예식의 참여 형태도 정반대의 형태를 취하였습니다. 그것이 바로 오늘 우리가 성경의 가르침인냥 지키고 있는 형태입니다. 즉 앉아 있는 자리에서 가져다 준 떡과 잔을 받도록 하는 형태입니다. 둘째는 칼뱅의 가르침입니다. 그는 성찬을 회중들이 그대로 회중석에 앉아서 받는 것은 주님의 살과 보혈을 받는 데 경건성의 표현이 약하다고 지적하였습니다. 그러한 까닭에 세례 교인들은 모두 일어서서 경건히 받도록 하는 방법을 주로 사용하였습니다. 그러나 때로는 성찬대 앞으로 모두 나와서 무릎을 꿇고 받는 방법 등을 택하기도 하였습니다. 셋째는 스코틀랜드 교회에서는 긴 성찬 테이블이나 또는 찬양대석에 사도들의 숫자처럼 12명씩 나와 앉아서 받도록 하는 방법을 택하기도 하였습니다.

이처럼 개혁자들에 따라 성찬 성례전의 집례와 수찬의 형태는 다양하였습니다. 여기서 유의해야 할 것은 어느 형태가 성경적이냐는 논쟁은 전혀 없습니다. 오직 어떻게 하면 보다 더 성스럽게 주님의 희생을 재현하고 거기에 깊이 참여하는 형태가 될 것인가의 이론을 전개할 뿐이었습니다. 그러나 여기서 우리가 간과할 수 없는 것은 기독교 예배의 성찬 성례전 역사를 존중하고 그것을 그대로 지키려고 노력하는 동방교회와 가톨릭을 비롯하여 성공회나 루터교가 지키고 있는 형태를 유심히 보아야 할 필요가 있습니다. 그것은 모든 회중들이 줄을 서서 앞으로 나와 무릎을 꿇거나 경건히 선 자세를 취하고 집례자가 입에 넣어 주든지 또는 두 손으로 받든지 하는 형태를 취하고 있습니다.

이러한 역사적인 배경을 이해한다면 이제는 우리도 앉아서 가져다 주는 것을 받는 형태만을 고집할 것이 아닙니다. 현대의 많은 개혁교회들이 시도한 것처럼 좀더 다양하게 성찬 성례전에 참여하는 형태를 갖추어 볼 필요가 있습니다. 좀더 신선하고 성스러운 성례전을 가져야 함을 그토록 강조했던 칼뱅이나 낙스의 가르침도 예배의 현장에 도입할 필요가 있습니다. 이것이 성숙한 교회로 진입하는 또 하나의 모습이라고 보입니다. 초기 선교사들이 전해 준 단 한 가지의 형태만을 가지고 고집하는 것이 성경적이고 전통이라고 생각하는 관습을 바꿀 때가 되었습니다. 최근에 한국의 어느 장로교 교단의 예식서에서도 자주 성례전을 갖도록 제시하면서 그 집례와 수찬의 형태를 다양화할 수 있음을 밝힌 바 있습니다. 이제 우리 교회도 성숙하여 그만큼 발전의 발길을 내딛었다는 증거입니다. 여기에 호흡을 함께 하는 신선한 방법의 시도가 마땅히 있어야 할 때가 왔습니다.

손에 **흰 장갑**을 반드시 끼어야 하나요?

2부
성찬 성례전은
이렇게
합니다

- 성찬 성례전을 비롯하여 교회의 각종 예식에서 우리는 흰 장갑을 끼고 있습니다. 이것은 필수적인가요?
- 손에 흰 장갑을 끼는 것은 기독교 예배의 전통에 나타난 것인가요? 그렇지 않다면 문화권에서 스며든 것인가요?
- 손에 흰 장갑을 끼지 않고 집례하는 경우 다른 대안이 무엇인가요?

우리에게 복음을 전하기 위하여 선교의 땀을 흘렸던 미국 교회에서는 한국 교회에 적지 않은 고마움을 느낀다는 소식입니다. 식어져 가는 선교국의 신앙을 아직도 젊고 패기에 찬 피선교국 출신들이 와서 수천의 교회를 세우고 뜨거운 신앙 생활의 면모를 보여 주고 있기 때문입니다. 그런데 간혹 그들의 눈에 신기하게 보이는 것이 한국 교회에서 돌출된다는 이야기입니다. 그것은 자신들이 전해 주지 아니한 모습이 이질감을 느낄 정도로 종종 한국 교회에서 보이기 때문이라는 설명입니다.

그 중에 하나가 한국 교회는 성례식을 비롯하여 결혼식에 이르기까지 '식' 자만 붙은 예전이면 목사들이 한결같이 흰 장갑을 끼는 문제입니다. 특별히 손에 장갑을 낀 채 세례수에 손을 담갔다가 그대로 세례를 주는 것을 비롯하여 성경이나 예식서를 펼치고 사용하는 데 어려움을 겪는 모습은 참으로 어색하기 이를 데 없는 부분입니다. 여기에 제기된 문제는 이 관습이 성경을 비롯하여 기독교 예배 역사나 서구의 어느 교회에서도 찾아볼 수 없다는 데 있습니다. 미국 선교사들에 의하여 본격적으로 복음이 전해지던 한반도는 완벽한 농경 사회였습니다. 그 때 우리의 비위생적이고 불결한 환경에서 선교사들이 몹시 고생하던 토막 이야기들이 많습니다. 몸과 마음이 가장 성결해야 할 성례전의 실체를 어떻게 보이느냐 하는 것은 심각한 그들의 고민이었습니다.

바로 그 무렵은 우리보다 개화가 앞섰던 일본인들이 상륙하여 우리의 정치 사회 문화에 지대한 영향을 주고 있던 때였습니다. 일본 사회는 지금도 신사참배를 비롯하여 조회(朝會)에 이르기까지 사소한 식전이라도 사회자나 집례자는 반드시 흰 장갑을 사용합니다. 교회는 장갑을 끼는 그 관습을 그대로 수용하여 정결한 예식을 올리게 되었습니다.

한국의 개화기였던 이 무렵에 많은 인물들이 일본으로 건너가 신문화 교육을 받은 바 있습니다. 교회도 마찬가지였습니다. 유능한 분들이 일본으로 건너가 그 곳에서 신학 교육을 받고 돌아와 한국 교회의 지도자들이 되었습니다. 그분들은 목사로서 성례전과 같은 각종 예식을 집례할 때 자연스럽게 일본 교회 목사들의 관습을 많이 수용했습니다. 원로 목사들의 증언에 의하면 초기에 선교사들은 흰 장갑을 사용하지 않았지만 한국 목사들이 흰 장갑을 사용하는 것을 그대로 묵인하였다고 합니다. 그 이유는 비위생적인 농경 사회에서 구별된 모습을 보일 수 있었기 때문이었다고 말합니다.

원래 기독교 예배에서는 성찬 성례전을 시작하기 직전에 예배 순서의 하나로 성수에 손을 씻는 순서가 있습니다. 이러한 순서는 지금도 동방교회나 가톨릭이나 성공회 예전에서 시행되고 있습니다. 그리고 흰 장갑을 끼는 경우가 간혹 있는데 그것은 가톨릭의 의식에 성직자들이 함께 모였을 때 주교와 같은 높은 신분을 표시하기 위하여 그것을 사용하는 사례입니다. 그 외에는 어디서든 흰 장갑을 낀 경우가 없고 더군다나 흰 장갑을 끼고 집례하는 예는 전혀 없습니다.

생각하면 우리의 흰 장갑 사용의 관습은 순수한 일본 문화의 수입이었습니다. 그것이 결코 이단적이거나 단점으로 여겨지지 아니하더라도 이제 정결한 집례의 모습을 순수한 기독교 의식으로 표현하려는 노력이 필요한 시점에 와 있습니다. 추풍고(Chupungco)라는 예배신학자는 "예전은 문화와의 조화가 필요하나 기독교의 바른 역사와 신학을 통한 심사숙고가 없다면 그것은 혼합주의로 흐르기 쉽다."는 말을 한 바 있습니다. 이제 우리 한국 교회는 일본 문화의 비기독교적인 요소가 우리의 엄숙한 예전에 들어와 있다면 과감히 그것을 수정할 필요가 있습니다. 지금은 우리 한국 교회가 성숙하였기에 그 동안 의미나 유래를 모르면서 맹종하였던 관습을 새롭게 분석하고 연구해 볼 필요가 있습니다.

지금부터라도 성찬 성례전에 성수대를 놓고 집례자나 분병 분잔 위원들이 그 곳에 손을 적신 다음 마른 수건에 물기를 닦고 거룩한 예전을 집례한다면 식전(式典)이 신성하게 진행되리라고 확신합니다.

2부
성찬 성례전은
이렇게
합니다

성찬을 받는 바른 순서는?

◉ 현재 성찬 성례전에서 성물(떡과 잔)을 받는 순서는 회중, 분병 분잔 위원, 집례자로 되어 있습니다. 이것이 맞는 절차인가요?
◉ 성찬 성례전을 예배에서 중요한 부분으로 집례하는 정교회, 가톨릭, 성공회, 루터 교회는 성물을 받는 순서를 어떻게 하고 있는가요?
◉ 성찬을 받은 몸으로 회중에게 전하는 것이 바른 순서가 아닌가요?

우리 나라 개신교 중에 가장 큰 비율을 차지하고 있는 교단은 장로교입니다. 세계의 어느 나라를 가 보아도 한국처럼 장로교의 간판을 내건 교회가 이렇게 왕성하게 움직이지 아니합니다. 장로교는 한국에서 자생한 교단이 아닙니다. 그 역사성이 다음과 같이 확고한 교단입니다.

스코틀랜드 장로교의 창시자는 낙스입니다. 그가 제네바에 머물고 있을 때 칼뱅이 주도하고 있던 그 곳의 교회를 보면서 "사도 시대 이후 이 지구상에서 가장 완전한 그리스도의 학교"라고 극찬한 바 있었습니다. 그러면서 그는 "지금껏 다른 어느 곳에서도 이와 같이 생활과 종교에 대한 진정한 개혁을 보지 못했다."라는 말을 첨가하고 있었습니다. 그래서 그는 칼뱅의 신학과 예배 모범을 스코틀랜드 교회의 주축으로 삼고 개혁을 하였으며 그 곳에 세워진 장로교가 오늘 세계 모든 장로교회의 원조가 되었습니다. 한국의 장로교회도 예배 모범을 비롯하여 신조와 치리의 근원을 바로 스코틀랜드 교회가 주관했던 웨스트민스터 성총회에서 결정된 것에 두고 있습니다.

이런 훌륭한 개혁을 단행했던 칼뱅은 성찬 성례전을 매주일 시행해야 한다는 주장을 폈습니다. 그에 앞서 취리히를 중심으로 종교개혁을 진행했던 츠빙글리에 의하여 확정된 일 년 4회의 성찬 횟수는 칼뱅을 매우 분노하게 만들기도 했습니다. 이런 현실을 보면서 그는 "이것은 곧 악마의 농간이다."라는 과격한 표현까지 사용하게 되었습니다. 사실 교회란 제2 스위스 신앙고백(The Second Helvetic Confession)처럼 "말씀과 성례전이 바르게 선포되고 시행되는 곳"입니다. 그래서 칼뱅은 성찬 성례전의 집례 과정에서 남다른 관심과 깊은 연구 끝에 제네바 예식서를 만들어 바른 교회의 틀을 세우는 데 심혈을 기울인 바 있습니다. 특별히 성찬을 받는 순서에 대하여 남다른 관심을 보이면서 정확한 질서를 지켜 줄 것을 강조하였습니다.

우리 한국 교회가 성찬 성례전을 일 년에 한두 번으로 축소하여 시행하는 현실을 볼 때 성찬 성례전의 절차에도 별로 큰 관심을 두고 있지 아니한 듯합니다. 그러나 로마 가톨릭 교회나 성공회의 신부들이 성찬 집례의 연습을 수백 번이 넘게 한 후에 서품을 받는다는 사실을 놓고 우리의 신학 교육과 비교하면 이 얼마나 부끄러운지 고개를 들 수가 없습니다. 뿐만 아니라 그들은 회중들에게 성찬에 참여하는 방법까지도 철저한 교육을 시키고 있다는 사실이 우리의 부러운 항목이 되기도 합니다.

우리들은 성찬의 성물(떡과 잔)을 받는 순서마저 배운 바가 없이 집례자가

> **2부**
> 성찬 성례전은
> 이렇게
> 합니다

원하는 대로 시행하고 있는 실정입니다. 현재 우리의 분병 분잔의 순서는 대체적으로 집례 목사가 분병 분잔 위원들에게 성물(聖物)을 나누어 주고, 그 위원들은 그것을 바로 회중들에게 가져다 줍니다. 세례 교인들에게 떡과 잔을 빠짐없이 나누어 주고 돌아온 분병 분잔 위원들에게 집례자가 성물을 받게 하고, 집례자 자신은 맨 마지막으로 받는 순서를 흔히 볼 수 있습니다. 이것은 칼뱅의 가르침과는 전혀 상반된 순서입니다. 칼뱅은 성찬 성례전에서 분병 분잔의 순서를 정해 맨 먼저 집례자인 자신이 주 예수 그리스도의 명령에 따라 성찬을 집례하는 신분으로서 스스로 들게 하였습니다. 그리고 분병 분잔 위원들이 파송을 받아 나가기 전에 먼저 성찬에 참여한 몸으로서 나누도록 하기 위하여 성찬을 받게 합니다. 그리고 그 파송받은 신분으로서 회중들을 찾아가 전해 주도록 하는 절차를 강조하고 있습니다. 이러한 성찬 신학은 장로교(통합측)의 예식서에 최근 반영된 바 있습니다.

칼뱅이 시행한 절차는 대단한 타당성을 가지고 있습니다. 이러한 순서는 이미 정교회나 가톨릭 교회, 그리고 전통을 소중하게 생각하는 정교회나 루터 교회도 일찍부터 시행하고 있는 절차입니다. 예수님이 성찬을 제정하실 때에 사도들이 먼저 받았고, 그 성찬을 받은 사도들이 그들의 회중들에게 다시 성찬을 주었다는 순서는 칼뱅이 행한 순서와 정확히 일치합니다. 그리고 이것이 바로 성경적이라는 사실 또한 분명합니다. 사도적 전통을 가지고 있는 우리 교회도 이제는 이러한 부분까지 섬세한 주의를 기울어야 할 것입니다.

잡히시던 전날 밤? 잡히시던 밤?

2부
성찬 성례전은
이렇게
합니다

- ⊙ 집례하는 목사님마다 다음의 부분에서 틀리게 말합니다. 어느 것이 맞는가요?
- ⊙ "주님께서 잡히시던 밤이었습니까?" "주님께서 잡히시기 전날 밤이었습니까?"
- ⊙ 성찬 성례전은 기독교 예배의 매우 귀하고 소중한 예전으로 알고 있습니다. 집례자가 좀더 진지한 예전 의식을 갖출 수는 없는지요?

몇 해 전에 어느 신학교에서 성찬 성례전이 끝났을 때 있던 일입니다. 성찬 예식에 남다른 관심을 가지고 있던 한 교수 목사가 성찬 성례전을 정성껏 준비하여 집례했습니다. 그분은 성찬 예식에서 반드시 있어야 할 순서로서 제정의 말씀으로 복음서 대신 고린도전서 11장 23절 이하를 봉독하였습니다. 그리고 그 말씀에 대한 간단한 설명을 하면서 주님의 영원하신 희생을 회상하게 하였습니다. 그리고 칼뱅과 같은 개혁자들이 가장 소중하게 여겼던 성체 분할(Fraction)이라 일컫는 떡을 쪼개고 잔을 붓는 순서에 임하였습니다. 그 순간 집례자는 제정의 말씀을 좀더 쉬운 현대 언어로 다음과 같이 풀어 엄숙하고 감격에 찬 순간을 만들었습니다. "우리 주님 예수 그리스도께서 잡히시던 밤이었습니다. 그 때에 주님은 떡을 가지사 축사하셨습니다. 그리고 그 떡을 떼시면서 말씀하십니다. 이것은 너희를 위하여 상하고 찢긴 내 몸이다. 받으라. 먹어라."

그리고 잔을 부을 때도 성경의 말씀대로 이어갔습니다. 좀더 새롭게 깊은 의미를 살리면서 성찬 예식을 집례하는 그의 의도가 대단했기에 그 날 성찬 예식에 참여한 사람들은 주님의 찢기신 살과 흘리신 보혈에 대한 새로운 의미를 상기하면서 예전을 마쳤습니다.

그런데 우리의 흥미를 끄는 문제가 하나 발생하였습니다. 어느 신약학 교수가 찾아와서 그 날의 성찬 예전에서 은혜가 많았다는 격려를 아끼지 아니하였습니다. 그리고 그 교수는 다음과 같은 충고를 주었습니다. "다 좋았는데 목사님이 '주님이 잡히시던 밤' 이라고 했던 것은 잘못되었습니다. '잡히시기 전날 밤' 이 맞습니다." 참으로 놀라운 지적이었습니다.

어느 교수의 말대로 우리 교회에서는 많은 집례자들이 이 최후의 만찬 시간을 "주님이 잡히시기 전날 밤"이라고 생각하고 그대로 성찬 성례전에 옮기는 경우가 많습니다. 이러한 사실은 어느 교단의 예식서에까지 한때 기록되어 있던 현실입니다. 그러한 예식서를 들고 성찬 성례전을 집례하는 목사들도 생각 없이 그 부분을 그대로 읽으면서 집례를 하는 경우가 너무나 많았습니다.

이것은 무엇보다도 우선적으로 바로잡아야 할 문제입니다. 주님이 마지막 유월절 만찬을 제자들과 함께 하셨던 그 날을 다 보낸 다음 새 날에 수난을 당하신 것이 아닙니다. 최후의 만찬을 가지셨던 우리 주님은 그 저녁에 제자들과 함께 겟세마네 동산에 오르시어 다가오는 십자가의 수난을 앞에 놓고 땀을 핏방울처럼 흘리시면서 기도하셨습니다. 그리고 잠에 취해 있던 제자들에게 시험에 들지 않게 기도하라는 부탁의 말씀이 채 끝나기도 전에 가룟 유다의 가증스러운 인사를 받으셨습니다. 그 때 대제사장들과 서기관들과 장로들이 보낸 무리들이 칼과 몽둥이를 들고 몰려와 우리 주님을 체포하였습니다. 이것은 정확한 복음서의 기록입니다. 뿐만 아니라 성찬 예식에서 제정의 말씀으로 가장 많이 읽는 고린도전서 11장 23절은 "곧 주 예수께서 잡히시던 밤"이라고 분명하게 기록하고 있습니다. 이 시간의 추정에서는 해석학적인 고찰이 필요 없습니다. 하나님의 말씀으로 우리의 경전이 되어 있는 성경의 기록을 그대로 따라야 합니다.

성찬 성례전의 집례를 위하여 제정의 말씀을 고린도전서 11장 23절에서 읽었을 경우 엄연히 기록된 대로 '잡히시던 밤'이라고 해야지 '잡히시기 전날 밤'이라고 설명하는 일은 분명히 잘못된 일입니다. 아마 이러한 실수는 '십자가에 달리시기 전날 밤'이라는 말과 혼동을 하는 듯합니다. 예수님께서 성찬 성례전을 제정하시고 베푸시던 시간은 저녁이었습니다. 그리고 십자가 위에서 수난을 받으시던 시간은 그 다음날 정오입니다. 그래서 '잡히시던 밤'이라고도 할 수 있고 "우리 위하여 십자가에 달리시기 전날 밤"라고 할 수 있습니다. 그러나 어떤 경우나 '잡히시기 전날 밤'이라는 표현은 삼가야 합니다.

기독교 예배의 전통에 가장 중요한 예전이 성찬 성례전입니다. 집례자는 한 마디의 말이라도 실수가 있어서는 안 됩니다. 엄숙하고 존엄한 예식에 집례자의 부주의로 역사적인 사건의 시간에 혼동이 일지 않도록 깊은 주의를 기울여야 합니다.

2부
성찬 성례전은 이렇게 합니다

성찬 성례전 후 남은 성물의 처리는?

⊙ 저는 목사로서 성찬 성례전을 집례하고 난 다음에 따르는 고민이 있습니다. 그것은 성찬 예식을 마친 다음에 남은 성물(떡과 포도즙)을 어떻게 처리해야 할지 몰라 매우 난처합니다. 여기에 대한 해답을 구합니다.

이 질문은 기독교가 초창기부터 안고 있던 심각한 사안으로서 초대교회 때부터 논란이 되어 온 문제입니다. 초대교회 때부터 지금까지 가톨릭이나 동방정교회는 성찬 성례전에서 성물(빵과 포도즙)을 성찬상에 봉헌한 다음에 성령 임재를 위한 기도(에피클레시스)를 드리면 바로 그 순간부터 그 성물이 주님의 살과 피가 된다는 화체설을 신봉하고 있습니다. 주님의 살과 피로 변화된 이 성물을 나누어 준 다음에 남은 성물을 어떻게 처리해야 할 것인지의 문제는 일찍부터 많은 논란을 거쳐 왔습니다. 이러한 논쟁의 해결은 어떤 신학자의 해석보다는 역사적인 문헌을 통하여 그 대답을 찾는 것이 현명한 일입니다.

기독교 예배의 초기에 속한 3세기에 예배를 가장 잘 기록했던 히폴리투

스의 『사도 전승』은 남은 성물의 처리에 대하여 다음과 같은 지침을 주고 있습니다. 먼저 주님의 몸을 지칭하는 떡에 대하여 주는 가르침은 다음과 같습니다.

> 교회는 불신자나 쥐나 다른 짐승이 성체를 먹는 일이 없도록 유의할 것이며 어떤 것도 떨어뜨리거나 잃어버리는 일이 없도록 할 것입니다. 왜냐하면 (성체는) 모든 신자가 받아야 할 그리스도의 몸이므로 천시해서는 안 됩니다.

두 번째로 주님의 보혈을 의미하는 잔에 대하여 주는 가르침입니다.

> 하나님의 이름으로 잔을 축성할 때에 여러분은 그 잔으로부터 그리스도의 피를 받게 됩니다. 잔을 쏟아 이질적인 영이 그것을 핥게 되는 일이 없도록 조심할 것입니다. 그렇지 않으면 하나님께서는 이를 경멸한 여러분을 거슬러 분노하실 것입니다. 또 여러분은 속량된 그 값을 가볍게 여겼기 때문에 그리스도의 피에 대한 죄인이 될 것입니다.

이러한 가르침을 따르기 위하여 초대교회 때부터 성직자들은 많은 고민을 하였습니다. 한때는 남은 성물을 모두 땅에 파묻기도 하였으나 짐승이나 벌레들이 먹게 된다는 것 때문에 얼마 후에 중지하였습니다. 어느 때는 남은 성물을 버릴 수 없어서 성직자가 다 먹다 보니 알코올 중독자가 되기도 했다고 합니다. 1525년 개혁 성향이 강했던 길버티 감독은 이러한 문제의 해결을 위하여 새로운 안을 제시한 바 있습니다. 그것이 16세기 트랜트

공의회에서 공인받아 지금까지 사용하고 있는 성당 제단 위쪽에 걸려 있는 감실의 설치입니다. 그리하여 이들은 더 이상 이 문제에 대한 고민을 하지 않게 되었습니다.

문제는 우리 개혁교회가 어떻게 해야 되는 것인지에 대한 질문입니다. 여기에 대하여 많은 개혁교회 예배신학자들은 먼저 우리의 성물에 대한 신학은 화체설이 아니기에 그렇게까지 신성시하여 모시고 그 앞에 절하는 행위는 거부합니다. 그러나 함부로 버리고 나누어 먹고 하는 것은 성찬 성례전의 신성함을 절하시키는 행위라고 봅니다. 그래서 성공회의 수도원 같은 데서 만든 성찬 빵의 경우는 보관이 가능하므로 정중히 간수하였다가 필요한 대로 다시 사용할 수 있도록 합니다. 일반 빵이나 떡의 경우 함께 앉아 애찬을 갖는 심정으로 함께 남은 성물을 처리할 것을 권하고 있습니다. 물론 이 때는 잡담하면서 먹는 일반 음식의 분위기가 아니라 지속된 성례전의 감정과 몸가짐을 가져야 함을 충고하고 있습니다. 남은 성물의 양이 적으면 목사 혼자서 이상과 같은 자세로 그것을 처리함도 가합니다. 성찬 성례전의 존엄성은 집례자가 어떤 이해를 바탕으로 하여 준비하고 집례하는가에 그 성패가 좌우됩니다. 즉 성찬 예식은 그 준비와 마무리를 목사가 어떻게 하느냐에 따라 그 존엄함이 결정되고 은혜의 척도가 달라질 수 있기에 성물의 처리도 신중을 기해야 합니다.

여기서 첨가해 두고 싶은 것은 성물로 사용된 떡은 그 양과 맛이 인간이 식욕을 불러일으키지 않도록 소량이어야 하고 맛이 없어야 합니다. 그리고 사용될 포도주 또는 포도즙은 알코올이 없어야 합니다. 주님의 거룩한 희생을 재현하는 현장에서 인간의 식욕이 수반되지 않도록 특별한 주의를 기울이는 것을 잊지 말아야 합니다.

애찬이 성만찬을 대신할 수 있나요?

2부
성찬 성례전은 이렇게 합니다

- ⊙ 성찬과 애찬의 차이는 무엇인가요?
- ⊙ 기독교 역사에서 애찬은 언제 있었다가 무엇 때문에 없어지게 되었는지요?
- ⊙ 우리 교회는 야외에서 종종 전도사님들이 집례하는 애찬식을 갖고 있습니다. 여기에 문제가 있나요?
- ⊙ 어느 교단 총회에서는 애찬을 금하고 있는데 그 이유는 무엇인가요?

교회란 구원받은 하나님 자녀들의 모임입니다. 이 모임에서 우선적으로 요구되는 것은 주님의 부탁대로 주님이 우리를 사랑하신 것같이 우리도 서로 사랑하는 것입니다. 이 사랑은 단순한 인간 사랑의 실현보다는 주님의 사랑을 생활화하는 데 그 목적을 두고 있습니다. 초대교회에서는 예배를 통하여 먼저 공동체 의식을 확인함으로써 사랑의 실천을 시작했습니다. 그리고 공동체가 함께 나누는 식사를 아가페 식사라 이름하고 이 식사를 통하여 한 교회 식구로서 교제하였습니다. 거기에 더하여 특별한 은사의 체험으로 예언과 방언을 예배 가운데서 행하는 순서를 갖고 서로가 기독교의 신비한 사랑을 공유하려는 노력을 펼친 바 있습니다.

한국 교회에서도 이러한 애찬과 은사의 나눔 등이 예배 속에 등장하는 경우가 적지 아니하였습니다. 특별히 청소년들을 지도하는 안수를 받지 않은 지도자들에 의하여 애찬식이라는 것이 한때 크게 유행한 바 있습니다. 그리고 아직도 애찬의 향수를 느끼면서 여름 수련회와 같은 곳에서는 그것이 공공연하게 진행되고 있습니다. 그리고 그 의식이 예배하는 공동체에서 왜 지속될 수 없는지에 대하여 많은 의문을 제기합니다.

애찬의 현장을 살펴볼 때 그것은 성만찬 성례전과 거의 비슷한 형태를 밟으면서 제정의 말씀도 성령 임재 기도(에피클레시스)도 다 사용하고 있음을 보게 됩니다. 그리고 집례자가 빵을 쪼개고 잔을 주면서 서로의 입에 넣어 주고 사랑의 교제를 시도합니다. 애찬이라는 이름으로 진행되는 약식 성만찬 형태를 취하고 있습니다. 이러한 행사가 참여자들에게 결코 부정적인 결과만을 가져온다고는 볼 수 없습니다. 의미 부여를 하면서 한 형제 자매 되는 그리스도의 식구로서 확인시키는 긍정적인 면도 없지 아니합니다.

원래 초대교회에는 애찬 또는 아가페 식사라고 하여 주일 저녁에 정규적으로 공동체가 함께 나누는 행사가 있었습니다. 이 식사는 단순한 식사로 끝나지 아니하고 공동체 가운데 어려움을 당한 사람들에게 먹을 것을 공급하는 데까지 연장된, 예배하는 공동체의 중요한 행사였습니다. 또 이러한 모임과 애찬을 통하여 주님을 중심한 삶의 실천을 보여 주기도 하였습니다.

그러나 2세기 중반부터 교회는 이 애찬과 은사의 나눔 때문에 기독교 예배에서 많은 긍정적인 요소보다도 부정적인 요소를 더 많이 일으키게 되었습니다. 식사를 겸하였던 애찬이 예배의 분위기와 정신을 퇴색시킨다는 점이 발견되고 신령한 예배의 정신을 흐트러지게 한다는 것을 경험하게 되었습니다. 그리고 은사의 나눔도 회중들의 관심이 하나님을 예배하는 데 집중되지 못하고 신비한 경험에 더 많은 관심을 쏟고 있다는 비판이 일기 시작하였습니다. 이러한 이유 때문에 교회는 2세기 후반에 이르러 은사의 나눔과 애찬을 교회에서 금지하게 되었습니다.

우리 한국 교회에서 청소년들의 지도를 위하여 애찬이 필요하다는 전도사들의 의견에 일리가 있다 하더라도 사실 그 부작용은 적지 아니합니다. 먼저는 거룩한 성만찬과의 혼돈을 가져옵니다. 그 결과 안수받은 목사가 집례하면 성만찬 성례전이고, 안수받지 않은 지도자가 진행하면 애찬식이 되는 모순된 결론을 갖게 됩니다. 둘째는 성만찬 성례전은 예수 그리스도의 십자가 구속 사건이 직접적으로 연결되고 그 새 언약에 대한 확인의 장이지만 애찬은 단순한 그리스도 중심의 공동체를 다짐하는 식사입니다. 그러나 성만찬 제정의 말씀까지 봉독하면서 이어지는 그 현장은 결코 바람직하지 않습니다. 공동체 의식의 다짐은 단순한 감사의 기도와 우의를 다지는 찬송과 함께 이어지는 것이 타당하다고 봅니다.

한국 장로교의 큰 줄기를 이어 온 통합측 교단은 애찬식의 이러한 역사적인 배경과 부정적인 현상을 보면서 연구 검토한 뒤 애찬식이라는 이름으로 일체의 유사한 성만찬적인 행위를 하지 못하도록 결의한 바 있습니다.

여기서 우리는 초대교회가 예배에 관하여 가지고 있었던 지대한 관심을 다시 한 번 엿보게 됩니다. 예배란 예배자들의 마음과 뜻과 정성이 오직 예수 그리스도의 위대한 구속의 역사를 통하여 하나님만을 섬기는 데 집중되어야 함을 확인하게 됩니다. 어떠한 잡다한 순서도 원칙을 지키는 데 방해가 되는 것은 기독교의 예배에서 지속시킬 수 없다는 단호한 조치였습니다. 역시 예배란 인간의 교제가 목적이 아니라 하나님만을 섬기는것이 목적이 되어야 하기 때문입니다.

3부

설교 · 기도는
이 점을 주의해야 합니다

설교 문장은 주어가 있어야 합니다	117
설교는 설교자의 피와 땀으로 적셔야 합니다	120
'…에 보면, 도'라는 표현은 삼가야 합니다	124
주님의 이름으로 축원합니다?	127
신앙 간증도 설교인가요?	130
기도는 설교가 아닙니다	133
목회 기도를 평신도가 하게 된 까닭은?	136
정성들여 기록한 기도는 어떻습니까?	139
'…소서'로 일관된 기도는?	142
기도 중 '님'자의 사용은?	145
주님이 가르쳐 주신 기도는?	148
축도에 수식어가 꼭 있어야 하나요?	152

설교 문장은 주어가 있어야 합니다

- 한국어로 진행된 설교에서는 자꾸만 설교자가 등장하고 막상 말씀의 주인이신 하나님은 보이지 아니합니다. 그 이유를 알고 싶습니다.
- 영어 설교에서는 들어 볼 수 없는 "축원합니다", "믿습니다" 등의 종결어가 우리의 설교에서는 수없이 등장합니다. 그 이유를 알고 싶습니다.
- 한국 교회 설교에서 가장 시급하게 시정되어야 할 것이 있다면 무엇이라고 생각하시나요?

3부
설교 · 기도는 이 점을 주의해야 합니다

미국 교회에서 오랫동안 신앙 생활을 하면서 설교를 주의 깊게 경청해 오던 어느 분의 질문입니다. 그가 미국에서 설교를 들을 때는 하나님이 나에게 설교자를 통하여 무엇인가 말씀하고 계심을 인식하게 되는데, 귀국하여서 몇 교회를 다니면서 설교를 경청해 보았지만 하나님보다는 설교자만이 보이고 그의 말만이 들린다는 것입니다. 그 사연이 어찌 된 것인지 진지하게 질문을 한 바 있습니다. 여기에 대한 대답은 단순한 것이 아닙니다. 우리 한국 교회 강단에 뿌리 깊이 내려온 언어 관습의 문제가 얼마나 심각한지를 입증하는 질문입니다.

사실 우리 언어는 말하는 사람을 가리키는 일인칭 단수를 사용하지 않는 것이 관례로 되어 있습니다. 사사로운 대화에서 자신을 빠짐없이 지칭하는 것은 결례라고 생각하는 것이 우리 언어 관습입니다. 가장 쉽게 사용하는 "보고 싶었소." 또는 "만나고 싶습니다." 등은 엄연한 문장입니다. 그러나 자세히 보면 거기에는 주어가 없습니다. 이 때의 주어는 말하는 사람 자신입니다. 그러나 오히려 '내가, 나는' 이라는 주어를 사용하면 너무 딱딱하고 불편한 감을 줍니다. 그래서 일인칭 단수는 생략합니다. 이것이 우리 언어의 특성입니다.

그런데 이러한 특성이 설교에서 이어질 때 설교를 통하여 주어진 메시지의 주인이 바뀌게 되는 큰 오류를 가져옵니다. 1960년대까지만 해도 좀처럼 들을 수 없던 다음 문장의 끝말을 주시해 봅시다. "축원합니다. 믿습니다. 바랍니다. 원합니다. 생각합니다." 이 끝말의 주어가 누구인가를 살펴보아야 합니다. 그것은 설교자 자신입니다. 그러나 일인칭 단수인 설교자를 밝히지 않고서도 소통되는 우리 언어는 설교자가 자신을 주어로 하는 문장을 구사하는 데 부담을 느끼지 않게 됩니다. 오히려 직선적인 교류를 하고 있습니다.

그러나 여기서 빌리 그레함 같은 설교자가 능력 있는 말씀을 가지고 외친 현장을 잠깐 상기해 봅시다. 그는 문장마다 성삼위 하나님을 주어로 사용하고 있는 것에 유의할 필요가 있습니다. "하나님은 이렇게 말씀하십니다." "우리 주 예수 그리스도는 이렇게 가르쳐 주셨습니다." "성령님은 오늘도 우리에게 이러한 모습으로 역사하십니다." "하나님이 성경에서 말씀하시기를…" 등등 가장 정상적인 표현을 하고 있습니다. 참으로 정확하고 아름다운 표현입니다. 그는 철저히 성삼위 하나님을 설교의 문장마다 주어로 삼고 있습니다. 그가 "나(I)"를 설교의 문장으로 삼은 경우는 참으로 드뭅니다. 즉 자신은 자신의 말을 하는 존재가 아니라 하나님의 말씀인 성경의 진리를 운반해 주는 사신임을 분명히 하고 있습니다.

오늘의 설교자들은 자신도 모르는 사이에 모순을 범하고 있습니다. 성경 66권은 일점 일획도 틀림없는 하나님의 말씀이라고 가르치면서 막상 설교에서는 '바울의 말' 또는 '베드로의 말'로 옮기는 경우가 적지 아니합니다. 이러한 오류를 범하지 않기를 원한다면 지금부터라도 "하나님은 바울을 통하여 우리에게 말씀하십니다." 또는 "하나님은 베드로를 통하여 이러한 사실을 우리에게 들려 주십니다."와 같이 문장의 주어를 성삼위 하나님으로 고쳐 봅시다. 그럴 때 설교자는 말씀에 훨씬 더 충실할 수 있을 것입니다.

언어의 관습을 하루 아침에 고치기는 힘듭니다. 그러나 설교는 설교자의 모든 의식과 기능을 동원하는 노력을 요구합니다. 참으로 신중을 기해야 하는 사역입니다. 한국 교회 초기 설교자들은 오늘의 설교자들처럼 자신을 설교 가운데서 좀처럼 나타내지 않았습니다.

오늘과 같은 설교의 종결어는 1960년대 초반까지는 들리지 않았습니다. 1970년대 한창 번창하던 부흥 집회에서 선별되지 않은 언어의 사용이 설교 사역에 그대로 도입된 후부터 오늘의 문제가 등장하였습니다. 시급히 시정되어 진지하게 전하던 말씀의 사역으로 환원되어야 합니다. 자신의 말로 가득한 오늘의 한국 교회 설교자들에게 우리 주님은 일찍이 다음과 같은 말씀을 남기셨습니다. "제 생각대로 말하는 사람은 자신의 영광을 구하는 사람이라"(요 7:18)

설교는 설교자의
피와 땀으로 적셔야 합니다

- 훌륭한 설교가의 설교를 그대로 가지고 설교단에 오를 수 없는지요? 저는 도저히 그렇게 설교할 능력이 없기 때문인데요.
- 남의 설교를 계속 복사하여 사용하면 설교자에게 남게 되는 부작용은 어떤 것인지요?
- 소설가는 남의 작품을 한 문장이라도 그대로 사용하면 형사범이 된다는데 설교의 세계는 어떤지요?

평신도들이 모이는 어느 장소에 설교에 대한 매우 흥미로운 조사가 진행되고 있었습니다. 그것은 지난 5년 동안 각각 다른 목사님들로부터 동일한 설교를 들어 본 적이 있는가 하는 질문에 대한 대답을 찾는 것이었습니다. 여기서 발견된 놀라운 사실은 50%가 동일한 설교를 5회 이상, 30%가 3회 이상, 그리고 80%가 2회 이상을 들었다는 응답을 했다는 점입니다. 각각 다른 설교자가 동일한 설교를 하게 된 원인이 무엇이라고 생각하는지에 대한 질문에 그들은 한결같이 모두가 동일한 설교집을 보았기 때문이라고 대답하였습니다. 여기서 그들은 한 걸음 더 나아가서 "목회자들이 자신들에게 들려 주는 설교는 남의 설교집을 보고서 적당히 만든 것이다."라는 잘못된 이해까지도 서슴지 않았습니다. 이러한 조사의 결과는 분명히 하나의 충격이었습니다.

눈을 뜨나 감으나 설교만을 생각하면서 한 쪽의 신문을 봐도 한 마디의 이야기를 들어도 설교와 연관시켜 가며 설교 준비에 땀을 흘리는 설교자들에게는 참기 어려운 대답이었습니다. 자신에게 여러 가지로 제한된 사연이 많아도 남의 설교를 멀리하고 스스로 그 날의 본문과 씨름하면서 말씀을 전하며 살아온 설교자들에게는 너무 억울한 반응임에 틀림이 없습니다.

반성의 시각으로 본다면 한국 교회만큼 설교집을 많이 출판한 교회는 세계의 어느 나라에서도 찾아볼 수 없습니다. 외국의 경우 책방마다 설교를 어떻게 바르고 효과적으로 할 수 있는가에 대한 연구서는 가득해도 어느 개인이 행한 설교를 경쟁적으로 펴내어 책방에 가득한 경우는 매우 드뭅니다. 한국 교회에 홍수처럼 쏟아져 나온 설교집이 단순한 참고 자료로서 끝난다면 그것은 목회자들에게 매우 유용한 것입니다. 그러나 그 많은 설교집이 선악과가 되어 그것을 그대로 복사를 해서 설교단에 올라간다면 큰 비극입니다. 분명히 그것은 설교가 될 수 없습니다.

소설가를 지망하는 학도들에게 소설을 알기 위해서는 수백 권의 소설을 읽으라는 충고를 합니다. 그러나 그들이 막상 소설가가 되어서는 자신의 소설에 단 한 줄이라도 남의 것을 그대로 옮겨 온다면 형사범으로 처벌을 받습니다. 그렇습니다. 우리 설교자들도 이토록 범람한 남의 설교를 얼마든지 읽을 수 있습니다. 수백 권이 아니라 수천 권이라도 읽는 것은 좋은 일입니다. 그러나 읽는 그 설교를 그대로 가지고 설교대에 설 수는 없습니

3부
설교·기도는
이 점을 주의
해야 합니다

다. 그것이 바로 양심 없는 설교자의 행위이고 그 행위의 현장에는 성령님이 동참하시지 아니합니다. 성령님의 동참이 없는 설교는 공중을 향한 설교자의 외로운 함성일 뿐입니다. 비록 설교자가 유도한 '아멘'의 함성은 요란할지라도 그 곳에는 진정한 살아 있는 말씀이 없게 됩니다.

광야에서 일용할 양식으로 주셨던 하늘의 만나는 매일 아침 내려 주신 신선한 것만이 생명의 참 양식이었습니다. 어제의 것을 만져 보았으나 이미 먹을 수 없는 것들이었습니다. 이러한 기록을 오늘의 설교자들은 새롭게 음미해 볼 필요가 있습니다.

어느 정직한 설교자의 고백입니다. 그는 10년이 넘도록 책방마다 가득한 남의 설교집을 사다가 매주일 적당한 것을 골라서 복사하여 단에 올랐다고 합니다. 그러한 행위에 대하여 한계와 가책을 느끼고 스스로 설교를 작성하기로 결심하였다고 합니다. 그러나 지난 10년 동안에 이미 설교를 작성할 수 있는 능력이 퇴화해 버린 자신을 발견하고 무척이나 괴로워하며 울었다고 합니다. 그는 잃어버린 설교자의 바른 길을 찾아 몸부림친 지 3년이 지나서야 스스로 설교를 작성할 수 있는 능력이 돌아왔다는 이야기였습니다.

영국의 유명한 설교가 포사이드는 일찍이 "설교란 설교자의 땀과 피로 회중을 적시는 것이다."라는 유명한 말을 남긴 바 있습니다. 그렇습니다. 설교란 성령님의 감동이 우러나도록 설교자의 땀과 피가 흐르는 자기 희생과 노력을 쏟은 결실이어야 합니다. 결코 나 대신 조리해 놓은 인스턴트 설교는 없습니다. 참 설교자는 자신의 귀로 말씀을 먼저 경청하고 현장의 자료를 다듬어 자신이 섬기는 양들에게 주어야 그 양들이 양육됩니다.

성언운반(聖言運搬)이라는 말은 남이 거룩하게 선포한 설교를 슬쩍 가져다가 내 양들을 먹이는 것이 아닙니다. 참된 성언운반은 설교자가 66권에 기록된 하나님의 말씀을 받아 잘 터득하고 섬기는 양들이 효과적으로 받아먹도록 정직한 심부름을 하는 일입니다.

3부
설교·기도는 이 점을 주의해야 합니다

'…에 보면, …도'라는 표현은 **삼가야** 합니다

- 많은 설교자가 자신의 말을 위하여 성경 말씀을 이용하고, 예수님을 비롯한 성경의 중요한 인물이 설교자의 말을 위하여 존재하는 듯한 인상을 받습니다. 그 이유를 알고 싶습니다.
- 설교자가 "…에 보면" 또는 "예수님도…라고 말씀하셨다." "바울도… 라고 말한 바 있다." 등의 표현을 쓰는데 "…보면"이라는 말과 "…도"라는 말의 사용이 문제가 있는 듯합니다. 여기에 대한 대답을 듣고 싶습니다.

하나님의 말씀을 기다리는 회중들은 예배 시간마다 설교 순서를 깊은 관심과 대망으로 맞이합니다. 대부분의 회중들이 진지한 마음과 자세로 귀를 기울이는 것을 보게 됩니다. 비록 인간인 설교자를 통하여 말씀이 선포되지만 그것이 하나님의 말씀이라는 신앙을 가지고 회중들은 경청합니다.

어떤 설교자는 하나님 말씀을 순수하게 선포하고 해석하고 삶의 현장에 적용시켜 회중에게 깊은 감명을 안겨 줍니다. 어떤 경우는 설교자의 사상을 펼치기 위하여 하나님 말씀이 무참하게 이용되고 있음을 봅니다. 그 때마다 회중들은 설교자가 성령님의 두루마기에 감추어지기를 기도합니다. 모두가 설교자의 등장보다는 성삼위일체이신 하나님만이 말씀 속에서 등장하시기를 진심으로 바라기 때문입니다. 그러나 이러한 소망은 설교자의 언어에서 외면당할 때가 많은 실정입니다.

특별히 다음의 표현은 말씀의 주인이 하나님인지 설교자인지 정확하게 획을 긋고 있습니다. 설교자들이 무의식 중에 가장 많이 남발하고 있는 표현은 "…장…절에 보면"이라는 것과 "예수님도… 라고 말씀하신 바 있습니다." "사도 바울도 … 라고 말하였음을 보게 됩니다." 등등의 표현입니다.

단순히 생각하면 아무런 문제가 없는 말처럼 보입니다. 그러나 이러한 표현은 설교자가 말씀을 받아 운반하는 존재가 아니라, 자신의 말을 성경 말씀으로 입증시키려는 의도를 가지고 있는 존재임을 드러내 보여 줍니다. 이것은 실로 무서운 과오를 범하는 행위입니다. 자신의 말을 나열하고 그 자료 입증을 위하여 '예수님도' 또는 '바울도' 동일한 말을 한 바 있다고 설명하는 것은 말씀의 주인이 설교자임을 나타내는 발언입니다. '보면' 이라는 표현도 동일한 형태입니다. 성경 공부를 하는 시간이라면 우리는 말씀을 찾아 연구하기 위하여 여기저기를 찾아볼 수 있습니다. 그러나 설교는 말씀을 찾는 것이 아니라 말씀의 종에 의하여 주어진 말씀을 전달받는 시간입니다.

그러한 까닭에 이러한 표현은 설교자가 자신의 위치를 어떻게 인식하느냐에 따라 달라집니다. 즉 자신의 설명을 합리화시키려는 설교자는 계속하여 이런 표현을 고집할 수 있습니다. 그러나 순수한 하나님의 말씀을 운반하는 설교자라면 "…도 말씀하신 바 있습니다."는 "…께서 말씀하셨습니

3부
설교·기도는
이 점을 주의
해야 합니다

다."로 바꾸어 말해야 합니다. 또한 "…절에 보면…있음을 보게 됩니다."는 "…절에서 …라고 말씀하십니다."라고 바꾸어야 할 것입니다. 이렇게 할 때 하나님이 성경을 통하여 들려 주신 말씀을 사실 그대로 전하고 설명하고 생활에 응용해 주는 설교자의 신분이 뚜렷해집니다.

개혁교회 예배의 구심점이 되고 있는 설교가 단순한 강의라면 설교자의 사상과 지식을 가르치는 데 성경이 참고서가 될 수 있습니다. 그러나 설교는 강의가 아닙니다. 설교는 순수하게 말씀이 운반되어야 하는 순간이며 사건입니다. 참 설교자는 언제나 하나님이 주신 66권의 말씀만을 전하려고 애를 쓰는 것이 바른 자세입니다. 그렇지 않을 때 하나님은 다음과 같은 준엄한 경고를 주십니다.

> 선지자(설교자)들이 내 이름으로 거짓 예언(설교)을 하도다 나는 그들을 보내지 아니하였고 그들에게 명하거나 이르지 아니하였거늘 그들이 거짓 계시와 복술과 허탄한 것과 자기 마음의 속임으로 너희에게 예언(설교)하도다(렘 14:14)

이 말씀은 참으로 무서운 경고로서 설교자가 귀담아 들어야 할 말씀입니다. 기독교는 말씀의 종교입니다. 이 말씀은 인간 언어를 매체로 하여 전달됩니다. 그러하기에 설교자는 언어의 선별에 실로 조심스러운 살핌이 있어야 합니다. 주의를 기울이지 아니한 언어의 남발은 오히려 하나님 앞에 죄스러운 결과를 가져오기 때문입니다. 일찍이 칼뱅은 "설교자의 입술을 통하여 나오는 말은 하나님의 말씀이다." 했는데 그 말이 사실이기를 소원합니다.

주님의 이름으로 축원합니다?

- 많은 설교자가 설교 도중에 "주님의 이름으로 축원합니다."라는 표현을 자주 사용하는데 좋은 일인가요?
- '축원합니다' 라는 말의 주어는 설교자인데 설교자가 주님의 이름으로 축원하는 것은 기도의 행위가 아닌가요?
- 때로는 설교자가 "아멘"의 화답을 받기 위하여 인위적으로 이러한 표현을 사용하는 듯합니다. 정상적인 일인가요?

3부
설교·기도는
이 점을 주의
해야합니다

목회자가 섬기는 교인들을 위하여 주님의 이름으로 복된 사연을 빌고 원하는 것(축원)은 참으로 아름다운 일입니다. 그것은 목회자의 중요한 사명 중의 하나임에 틀림이 없습니다. 여기에 대하여 아무도 부정적인 비평을 가할 수 없습니다. 특별히 불안정한 한국 사회 속에서 시달리는 우리 그리스도인들의 삶을 위한 목회자의 진지한 축원의 사역은 필요한 것입니다.

그러나 그것이 때와 장소를 가리지 않고 이어질 때 그 축원의 행위는 오히려 문제를 발생시킬 경우가 있습니다. 특별히 설교 도중이나 말미에 "주의 이름으로 축원합니다."의 사용은 반드시 문제를 안겨 줍니다. 이러한 문제를 총회적인 차원에서 대책을 세운 교단이 있습니다. 그것은 대한예수교장로회(통합)가 1981년 65회 총회에서 이 문제에 대하여 교단의 지도자들로 연구위원회를 구성하고 위원회의 다음과 같은 연구 결과를 받고 아래와 같은 내용을 채택한 바 있습니다.

먼저, 설교는 하나님 말씀이어야 하기에 설교에 인간의 기도식 기원이나 기도 등의 형식을 개입하는 것은 바람직하지 않다.

둘째, 설교는 설교대로, 기도는 기도대로, 축도는 축도대로 하는 것이 좋다.

셋째, "주님의 이름으로 축원합니다."의 사용은 회중에게 자극을 주고 흥분시켜 '아멘'으로 응답하지 않고는 안 되게 만들어 설교의 질서를 문란케 하고 미신적 기복 사상을 키워 줄 우려가 있다.

넷째, 설교의 근본 목적이 흐려지고 회중들에게는 설교의 내용과는 관계 없이 '아멘'만을 하면 된다는 식을 유혹하기 쉽다.

이상과 같은 내용을 연구위원회는 보고하면서 설교 시에는 "주님의 이름으로 축원합니다."를 하지 않도록 건의하였고, 총회는 이를 아무 이의 없이 통과시킨 바 있습니다. 이러한 결정은 매우 적절한 것으로서 한국 교회의 설교 사역을 바로잡는 일이라고 봅니다.

사실 이 땅의 설교자들이 무분별하게 설교에서 잘못 사용한 표현은 설교의 기본 의미마저 흐리게 한 것이 사실입니다. 칼뱅은 "설교자의 입에서 나온 설교는 곧 하나님의 말씀"이라고 갈파한 바 있습니다. 이 때 설교는 순수한 하나님 말씀인 성경의 진리를 선포하고 해석하고 회중들의 삶에 적용시키는 것입니다. 설교자의 어떤 기원의 행위도 설교로서 용납될 수 없습니다. 또는 사람의 말로 하나님 말씀을 대치시키거나 사람의 의견이나 생각을 넣어서 하나님 말씀이라고 할 수 없습니다. 오직 설교자는 순수한 말씀의 운반에 심혈을 기울여야 합니다. 말씀이 선포되는 순간은 오직 성삼위 하나님의 깊으신 뜻만이 전달되도록 해야 합니다.

그럼에도 어떤 설교자는 말끝마다 "주님의 이름으로 축원합니다."를 사용하면서 그것이 당연한 설교 형태인 양 착각을 반복하고 있습니다. 이런 습관에 젖어 버린 이들이 알아야 할 것은 설교자가 빌고 원하는 것(축원)이 설교가 아니라 주님이 하신 말씀을 전하는 것이 설교임을 늘 마음에 새겨야 합니다. 이러한 표현의 언어 구조를 조금만 생각하면 해결이 됩니다. 문장은 주어와 술어가 기초가 되어 뜻을 전하는 조직체로 형성됩니다. 그런데 '축원합니다' 와 같은 표현은 1960년대 이전까지 우리 설교에서는 찾아볼 수 없는 말이었습니다. 이러한 표현은 1960년대 오순절교회와 부흥사들에 의하여 활발하게 사용된 바 있습니다. 그런데 최근에 발생한 매우 흥미로운 사실을 소개하겠습니다. 그것은 이러한 표현을 가장 먼저 우리 강단에 도입하여 이 땅에 확산시킨 바 있는 오순절교회 계열의 어느 목사는 더 이상 이러한 표현을 이제 자신의 설교에서 사용하지 않고 있습니다. 잘못된 표현을 완전히 폐기처분한 듯합니다. 2개월 동안의 설교에서 단 한 번도 이와 같은 표현을 사용한 적이 없음을 직접 확인할 수 있었습니다.

여기서 우리는 생각을 해야 합니다. 남이 잘못되었다고 폐기해 버린 관습적 표현을 많은 교회 강단에서 아직도 여전히 사용하고 있다는 사실이 얼마나 가소로운 일인지 모릅니다. 만에 하나 회중들로부터 '아멘' 을 유도하기 위한 방법이라면 이것은 더욱 큰 문제입니다. 솔직히 지적하면 '축원합니다' 의 말끝마다 터져나온 '아멘' 은 하나님 말씀에 응답하는 '아멘' 이 아닙니다. 설교자의 기원 행위에 대한 응답으로서 '아멘' 을 하고 있습니다. 설교자가 빠지기 쉬운 가장 무서운 함정입니다.

3부
설교·기도는
이 점을 주의
해야 합니다

신앙 간증도 설교인가요?

- ⊙ 우리 교회는 간증 집회를 종종 갖고 있습니다. 그런데 그 간증자들이 하나님의 사자처럼 언행을 하는데 그 정체성을 어떻게 정의해야 하나요?
- ⊙ 신앙 간증과 설교의 차이점은 무엇인가요?
- ⊙ 신앙 간증 집회에서 얻게 되는 장점과 단점은 어떤 것인가요?

언제부터인가 우리 한국 교회에서는 신앙 간증이 매우 소중한 부분으로 취급을 받고 있습니다. 선지동산에서 교육을 받은 후 땀 흘려 설교를 준비하고 양들을 먹이는 것보다는 어느 한 순간 남다른 체험을 하고 그것을 구수한 언어로 전하는 사람이 우대를 받는 경우가 적지 아니함을 봅니다. 그것도 그 간증자가 매스컴에서 자주 보이던 사람이든지 연예인인 경우는 그 인기가 대단합니다. 교회마다 이러한 간증자들을 초청하여 예배 시간에 설교단에 세우고 그들의 청산유수와 같은 화술에 모두가 울고 웃고 난 후 "큰 은혜를 받았다."고 말들을 합니다. 뿐만 아니라 그러한 분들의 간증은 누구의 설교보다 우수한 것처럼 착각을 일으키는 교인들을 봅니다.

신앙 간증이 나쁜 것은 아닙니다. 긍정적인 요소가 있습니다. 먼저는 지성의 기능만을 가지고 살아가는 현대의 그리스도인들에게 경험적인 신앙의 실체를 보여 줄 수 있습니다. 둘째, 하나님 말씀이 참 진리됨을 시각화 내지 감각화시킬 수 있는 효과를 가져오기도 합니다. 셋째, 신앙 간증은 동일한 형편에 놓인 사람들에게 희망과 용기를 불어넣어 주면서 기대감을 소유하게 됩니다. 그리고 남의 경험이지만 가능성 또는 확신을 갖게 합니다.

그러나 다음과 같은 부분은 간증을 듣는 사람들이 유의해야 할 문제입니다. 먼저는 간증의 내용은 그 개인이 경험한 것이기에 과장된 묘사와 허구로 가득해도 아무도 그 진위를 파악할 길이 없습니다. 간증자의 주관적인 경험은 객관적으로 검증할 길이 없기 때문입니다. 둘째, 간증은 말씀을 따라 이룩되는 것이 아니라 자신의 주관적 경험을 따른 것입니다. 그래서 그들은 적절한 성구를 찾아 진지한 석의 절차도 없이 스스로의 경험에 적용하기 때문에 말씀의 참뜻이 오도되는 경우가 비일비재합니다. 즉 말씀의 참뜻은 그것이 아닌데 자신의 경험에 적당하게 짜맞추는 경향이 보일 때가 있습니다. 셋째는 들려 준 간증의 내용이 하나님으로부터 주어진 것이라면 회중의 마음 속에 은혜를 주신 하나님이 새겨져야 합니다. 그러나 간증은 듣고 나온 사람의 마음에는 한결같이 간증자만이 남아 있게 됩니다. 하나님으로부터 메시지가 있을 듯하지만 실제로 간증자의 모습과 그의 경험만이 하나의 이야기마냥 남아 있게 됩니다. 끝으로 지금까지 설교를 듣던 위치에 있던 사람이 간증자로서 설교대에 자주 서게 되면 우월감과 공명심(公明心)의 유혹에 빠지는 경우를 봅니다. 즉 계속 간증을 다니다 보면 자신이 말씀의 선지자인 듯 착각을 일으키는 사례가 허다하게 나타납니다.

여기서 우리가 알아야 할 것은 참된 설교는 하나님의 말씀인 성경의 진리를 그대로 회중들의 마음에 운반해 주고, 그 말씀을 바르게 해석해 주고, 그들의 삶에 효율적으로 적용해 주는 것입니다. 그러기에 설교에서는 어떤 인간 경험일지라도 모두 말씀의 효과적인 적용을 위한 단순한 예화로 취급됩니다. 그러나 신앙 간증이란 남다른 인간 경험을 바탕으로 하여 거기에 신비한 해석을 첨가한 것입니다. 자기의 경험을 합리화시키기 위하여 성경 말씀이 사용될 뿐입니다. 신앙 간증은 성경 말씀을 깊이 심어 주는 것이 아니라 자신의 특수한 경험만 집중적으로 회중들의 가슴에 파고들도록 해 줍니다.

이상과 같은 항목을 진지하게 생각해 보면 간증이 설교로 대치될 수 없다는 결론에 이릅니다. 특별히 주일 예배에서는 하나님 말씀만 들리는 설교가 있을 뿐이지 어느 개인의 특수한 경험이 나열되는 간증이 그 자리를 채울 수 없습니다. 우리의 교육 수준이 낮고 사회가 불안했던 지난 시절, 어떤 평신도들은 신비한 경험 이야기로써 교인들을 혼미한 상태로 이끌어 하나의 집단을 이룩하고 스스로 교주가 되어 사회와 교회를 멍들게 한 기록을 남기기도 하였습니다. 이제 신앙 간증은 나의 신앙을 깊게 하는 데 도움을 주는 하나의 사례이지 결코 그것이 하나님 말씀을 선포하는 설교가 아님을 다시 확인해야 하겠습니다.

설교인지 간증인지 분간할 수 없는 설교 사역이 우리 교회에서 사라지기를 바라는 마음이 간절합니다. 하나님 말씀이 인간의 경험담으로 가려지는 설교 사역은 인간이 하나님의 모습을 가로막는 행위입니다.

기도는 설교가 아닙니다

- 주일 예배 순서 가운데 평신도가 드리는 기도에서 우리는 설교를 듣는 듯 착각할 때가 있습니다. 기도가 설교의 성격을 수반할 수 있는지요?
- 우리 장로님과 권사님과 집사님들은 기도할 때마다 성경을 외우고 그 말씀을 풀고 "믿습니다"의 종결어미를 사용하는데 이래도 좋은 것인지요?

3부
설교·기도는 이 점을 주의 해야 합니다

교회는 언제나 전통적인 감각으로 질서를 유지하고 있습니다. 그것이 명문화되어 있지 아니해도 그 위력은 대단합니다. 아무리 적은 것이라도 이 감각에서 벗어날 때는 여기에 대한 의문을 제기하게 되고 시비를 가려 주기를 바라는 마음이 가득합니다. 가령 그것이 성경적이라고 하더라도 교회의 역사에서 볼 수 없던 것이라면 고개를 갸우뚱거리면서 어딘가 불편한 심기를 갖게 됩니다.

요즈음 한국 교회에서는 그 동안 잘 볼 수 없었던 현상이 회중 기도 시간에 나타나고 있습니다. 그것은 주일 예배 시간에 평신도가 인도대에 올라가서 "기도하겠습니다."라는 말을 하여 모두 눈을 감고 고개를 숙이게 한 후에, 성경 구절을 읽고 거기에 대하여 기도자가 해석을 첨가해 가면서 설교 겸 기도를 전개하는 모습입니다.

"이 말씀은 이 뜻인 줄 압니다."
"이 말씀은 이럴 때 우리에게 필요한 말씀인 줄 압니다."
"성경의 이 말씀을 가지고 이렇게 살았습니다."

이런 표현을 사용해 가면서 자신의 이해를 합리화하여 하나님의 동의를 구하는 내용이 속출하고 있습니다. 어떤 때는 도저히 따를 수 없는 자신의 해석을 기도라는 행위에서 정당화시키는 경우가 종종 있습니다. 성경의 해석은 문자만을 보고 해석한 것이 전부가 아닙니다. 그 뒤에 숨은 각종 배경과 원어의 뜻을 먼저 알아보지 않고서 확실한 해석을 내리기가 힘이 듭니다. 그런데 자신의 견해를 확실한 것으로 믿겠다는 말과 함께 드리는 기도는 위험을 안고 있습니다.

과연 이러한 기도의 내용이 합당한 것인지에 대한 질문이 끊임없이 들려옵니다. 여기에 대한 대답은 교리 신학이나 해석학적인 측면에서 행할 것이 아닙니다. 이 대답은 먼저는 우리 기독교의 유일한 기도의 모형에서 찾아야 합니다. 그것은 바로 주님이 우리에게 가르쳐 주신 기도입니다. 이 기도 가운데는 인간의 이해를 전제로 하는 것이나 구약의 말씀을 인용하는 부분이 없습니다. 그리고 두 번째로 이 대답을 찾을 수 있는 것은 기독교 예배 역사에 나타난 기도문을 면밀히 검토하는 것입니다. 사실 기독교 예배에 나타난 수많은 기도를 시대에 따라 분류하고 그 내용을 검토해도 오늘과 같이 성경을 읽고 해석하면서 자기 이해를 앞세우고 진행되는 기도는 전혀 없습니다.

교회에 나타난 모든 기도는 하나님을 향한 경외와 찬양의 문장으로 가득합니다. 그리고 감사의 내용이 담긴 사연을 나열하고 있습니다. 무엇보다도 하나님과 이웃 앞에 부끄러운 허물과 죄의 용서를 구하는 참회의 내용이 대부분입니다. 그리고 남은 시간만이라도 하나님의 말씀에 순종하여 하나님이 원하시는 삶의 주역이 되기를 희구하는 것이 기도의 전부입니다.

결코 기도를 통하여 자신이 알고 있는 지식이나 뜻을 회중들에게 들려주려는 경우는 전혀 찾아볼 수 없습니다. 진정 죄인된 인간으로서 하나님의 존전에 겸손히 서서 '불쌍히 여겨 달라'는 소박한 호소가 기도의 정신임을 다시 확인하게 됩니다.

다시 말하면 기도는 순수한 기도여야 합니다. 결코 성경을 읽고 그 말씀을 풀어 주는 행위가 되어서는 아주 곤란해집니다. 거기에 더하여 자신이 회중 앞에 서 있는 기회이기에 자신이 하고 싶은 말을 기도를 통하여 회중에게 들려 주려는 의도는 진정한 기도 행위가 될 수 없습니다. 기도의 대상은 인간이 아닙니다. 오직 하나님이 대상이 되셔서 죄인 된 인간들의 기도를 들으십니다. 그러한 까닭에 하나님이 원하시고 기뻐하시는 내용의 기도가 있어야 합니다.

기도는 기독교의 심장이고 하나님과 의사 소통을 하는 최선의 길입니다. 그래서 기도는 살아 있는 그리스도인들의 생명을 이어 주는 숨결입니다. 그 숨결이 깨끗하고 순수해야 하나님께 쉬이 상달될 수 있습니다. 맑고 순수한 기도는 하나님의 존전에 들어가는 통로이며 죄악의 문을 닫는 빗장입니다.

3부
설교·기도는
이 점을 주의
해야합니다

목회 기도를 평신도가 하게 된 까닭은

- 우리 교회는 평신도가 예배 시간에 성단에 나아가 예배하는 순서가 없습니다. 그 이유가 무엇인가요?
- 외국 교회들은 예배 시간에 평신도가 예배 순서에서 기도하는 일이 있는가요?
- 그 동안 신부의 독무대였던 성단에 요즈음 평신도가 나아가 성경 봉독이나 기도를 하는데 무슨 근거에 의한 것인가요?

복음이 새로운 문화권에 상륙하여 전파될 때 그 본질에는 어떠한 변화도 가져올 수 없습니다. 그러나 복음의 표현과 형태와 현장화에는 그 문화의 지배 속에서 약간의 변화가 있게 됩니다. 여기에 대한 연구가 최근에 '문화화'라는 이름으로 어느 때보다 진지하게 전개되고 있습니다.

이러한 사실은 우리 땅에 복음을 들고 와서 선교를 했던 선교사들의 교회와 선교를 받은 우리 교회의 정치나 예배를 비롯하여 교회 생활 등이 일치하지 않은 점 등에서 그 연구의 필요성을 발견하게 됩니다. 여기서 우리가 중요하게 생각해야 할 것은 발견된 차이점이 진정 우리 문화의 영향 때문인지 아니면 언어와 습관의 차이로 인해 초기 선교사들이 편의상 취하였던 결과였는지에 대한 검토입니다.

해외 여행의 문이 열리면서 한국 그리스도인들이 외국 교회를 찾아가 예배를 드리며 호기심을 갖게 되는 부분이 한두 가지가 아닙니다. 그 중에서도 한국 교회에서는 평신도가 예배 시간에 성단에 올라가 대표 기도라 일컫는 목회 기도를 드리는데 유럽이나 미국과 같은 나라에서는 전혀 그렇지 않다는 사실을 발견하면서 혼돈과 의문을 갖게 됩니다. 목회 기도란 원래 목사가 자신이 목양하고 있는 교인들을 위하여 그들의 삶과 치유와 평화를 위하여 드리는 기도입니다. 그래서 외국 교회에서는 목사만이 이 기도를 전담하는 현실입니다.

한국 교회에서 평신도가 목회 기도를 하게 된 까닭은 참으로 단순한 이유에서 발생되었음을 백낙준은 그의 학위 논문인 "한국 교회 초기 역사"에서 다음과 같이 설명하고 있습니다. 그 설명에 따르면 평신도가 성단에 올라가 목사가 드려야 할 목회 기도를 드리는 것은 결코 '문화화'의 고정이나 필연성에서 온 것이 아니었습니다. 그것은 단순히 선교사들이 기도는 눈을 감고 정성을 다하여 드려야 함을 가르쳤던 때부터 시작되었습니다. 설교는 원고를 가지고 읽으면서 진행할 수 있었으나, 기도는 하나님을 향한 고상하고 정중한 언어를 구사하면서 드려야 했기에 선교사들에게는 적지 않은 부담이 되었습니다. 그 부담은 한국말을 제한적으로 구사하고 있었던 점입니다. 그래서 선교사들이 그들을 수행하던 조사나 전도사 또는 장로에게 기도를 드리도록 한 것이 연유가 되어 오늘에 이르렀다는 설명입니다.

한동안 이러한 사실을 알게 된 목사들은 목회 기도의 원상복귀를 주장하는 소리를 높이는 경우도 있었습니다. 그러나 한 세기 동안 이 땅에 정착해 온 관계를 바꾼다는 것은 그리 쉬운 일이 아니었습니다. 원칙대로 바꾸려다가 심한 마찰을 빚은 경우가 여러 교회에서 발생한 바 있습니다. 그래서 목회자 자신이 개척한 교회에서는 이 원칙을 지키는 경우가 많으나 대부분의 기존 교회에서는 오늘의 상황을 그대로 수용하면서 지내고 있습니다.

마침 1965년에 예배에서 평신도가 나와 기도하는 일에 큰 결정이 있었습니다. 그것은 예배 가운데서 평신도의 기도에 대한 새로운 해석을 낳게 하는 역사적인 일이었습니다. 그것이 바로 1962-1965년까지 있었던 제2바티칸 공의회의 결의였습니다. 지극히 보수적인 가톨릭 교회가 세기적인 개혁을 시도한 이 회의에서는 지금까지 신부만이 진행하던 예배에 파격적인 결정을 남깁니다. 그 중에 하나가 평신도가 예배 순서에 참여하는 것을 권장하면서 성경의 구약과 서신서는 평신도가, 복음서는 사제가 읽게 하였습니다. 그리고 기도도 마지막 기도는 사제가 하더라도 평신도 두세 사람이 성단에 올라가 기도하도록 하는 대담한 조치를 취한 바 있습니다.

이러한 결정은 예배 가운데서 평신도의 기도가 거부적인 반응보다는 당연한 모습으로 바뀌는 결과를 가져왔습니다. 이로써 기도의 내용이 문제이지 평신도가 예배 시에 등단하여 기도하는 행위는 그대로 받아들여야 하는 현실에 이르렀습니다. 문제는 어떻게 해야 하나님을 예배하는 데 합당한 기도를 평신도가 드릴 수 있을 것인가를 도와 주는 것만이 최선의 길입니다. 기도에 대한 훈련을 시켜서 예배에 합당한 기도를 드리게 한다면 그것도 합력하여 선을 이루는 길이 될 수 있습니다.

정성들여 **기록한 기도**는 어떻습니까?

- 우리 장로님이 주일 예배 시간에 드리는 기도는 너무 장황합니다. 대책이 없을까요?
- 기도를 맡은 분이 미리 정성껏 기록하여 기도드릴 수는 없는가요?
- 청교도들이 예배 시간에 기록한 기도를 읽는 것을 반대한 이유는 무엇인가요?

3부
설교 · 기도는
이 점을 주의
해야 합니다

한국 교회가 세계 교회 앞에 자랑할 수 있는 항목 중에 하나는 기도의 열심입니다. 뜨거운 기도의 열은 한국 교회 신앙의 한 형태로 정착되었고 세계 교회가 부러워하는 부분입니다. 이것은 단순한 기독교의 진리 때문이라기보다는 우리의 종교 문화에서 받은 영향이 많이 가미되었기 때문이라고 보입니다. 열악한 환경에서 삶을 이어가기 위하여 신을 찾고 그 신 앞에 간절히 기원하는 행위가 우리 문화의 중요한 현상이었기 때문입니다.

그러한 까닭에 막상 우리의 기도 내용을 듣고 있노라면 그 내용이 너무 무질서하고 빈약한 것을 곧 알게 됩니다. 순수한 기독교 기도의 성격이 많이 변질된 것을 발견할 수 있습니다. 사실 기도란 내가 생각나는 대로 신중하지 못한 어휘를 동원하여 잡다한 사연을 나열해 놓는 것이 아닙니다. 기도란 우리가 일반적으로 생각한 것보다 훨씬 신중한 내용을 요구합니다.

예배신학자들은 기도를 가리켜 "기도란 인간이 하나님께 접근하는 통로인데, 무엇보다도 하나님만이 예배를 받으실 대상이시라는 전제 아래 경배와 감사와 죄의 고백과 이웃과 자신을 위하여 기원하는 행위다."라고 말합니다. 그러면서 진정한 기도는 주님이 가르쳐 주신 기도의 모형(마 6장)을 따라야 한다는 주를 달고 있습니다.

우리의 모든 기도는 이러한 규범을 따르는 것이 마땅합니다. 그러나 시간과 장소와 환경에 따라서 이와 같은 기도의 내용을 모두 담을 수 없는 경우가 생겨납니다. 한국 교회는 "열심히 기도하라"는 독려는 끊임없이 해 왔지만 "어떻게 기도하라"는 교육은 등한히 하면서 오늘에 이르렀습니다. 그 결과 한국 교회의 그리스도인들이 드리는 기도는 중언부언(重言復言)하고 빈 말을 많이 한다는 지적을 받게 되었습니다. 이 때마다 "기도할 때에 이방인과 같이 중언부언(빈말)하지 말라 저희는 말을 많이 하여야 들으실 줄 생각하느니라"(마 6:7)고 하셨던 우리 주님의 교훈을 되새기게 됩니다.

특별히 주일 예배 가운데 평신도가 공식적으로 회중 앞에 나와 드리는 기도에서 너무 많은 문제점이 발견되고 있습니다. 이것은 어느 개인의 경험이 아니라 많은 교인들이 느끼는 일반적인 현상입니다. 또한 기도를 맡은 평신도 자신도 상당한 부담을 느낍니다. 여기에 대한 해결 방안이 속히 나올 필요가 있다고 봅니다.

그 방안은 간단합니다. 우리의 교회가 즉흥적으로 드리는 기도만을 최선의 것으로 생각하고 기록하여 읽음으로써 드리는 기도는 거부감을 갖는 것이 문제입니다. 사실 한국 교회처럼 주일 낮 예배에 성단에 나와서 드리는 공적인 기도는 자신이 조용한 시간에 마음을 가다듬고 묵상한 끝에 기록하여 준비한 기도가 훨씬 더 바람직합니다. 미리 기도의 형식과 내용을 생각하고 사용할 어휘를 정선하여 빈말이 없도록 준비하여 기록한 기도는 그 정성이나 내용면에서 하나님 앞에 훨씬 더 칭찬을 받게 될 것입니다.

한국에 온 초기 선교사들은 준비 없이 즉석에서 하는 기도가 세심하게 만들어진 기도문보다 훨씬 영감이 있는 것이라고 생각했던 스코틀랜드 교회와 청교도들의 영향을 받았던 사람들입니다. 그러나 이러한 이해는 기도의 역사에 어두운 사람들의 말입니다. 기록한 기도를 반대했던 개혁자들과 청교도들의 참뜻은 기도를 맡은 사람이 정성껏 준비하여 기록한 기도가 옳지 못하다는 것이 아니었습니다. 여기서 말한 기록된 기도란 중세기를 비롯한 교회의 많은 성자들이 남겨 놓은 기도문을 말한 것이었습니다. 기도 시간이 되면 기도가 가득히 실려 있는 기도문을 펴고 형식적으로 읽고 있던 태도를 질책한 것입니다. 자신이 준비하여 자신의 언어로 기록한 기도는 언제나 환영하였고 그 기도에 함께 동참하였습니다.

오늘의 기독교는 공적인 예배에서 기도를 드릴 때 바른 형식과 내용을 갖추어야 한다는 인식을 새롭게 가지게 되었습니다. 그리고 공적인 기도를 드리는 사람은 마음을 준비하고 자신의 정성을 모은 언어로 기도를 미리 기록하여 드릴 것을 권장하고 있습니다.

> **3부**
> 설교 · 기도는 이 점을 주의해야 합니다

'…소서'로 일관된 기도는?

- 한국 재래 종교인의 기도와 그리스도인의 기도 내용에 차이가 있다면 그것은 무엇인가요?
- 우리 그리스도인의 기도를 듣고 있노라면 '…소서' 라는 끝말이 계속됩니다. 어떤 경우에 이러한 표현이 사용되나요?
- 그리스도인의 기도 내용에 우선적으로 있어야 할 것은 무엇인가요?

어느 날 한국 교회를 탐방한 외국의 저명한 신학교 총장 부인으로부터 매우 흥미 있는 질문을 받았습니다. 그 질문은 "한국 언어에 '소서' 라는 말의 뜻이 무엇인가?"였습니다. 필자는 아무리 생각해도 잘 이해가 되지 않는 생소한 단어였기에 먼저 어디에서 그러한 말을 들었는지 물었습니다. 부인의 말은 한국 교회가 뜨겁게 기도하는 교회라는 사실을 확인하고 싶어서 새벽 기도회에 참석했는데 우선 거기에 모인 많은 그리스도인들을 보고 깊은 인상을 받았다는 것입니다. 그런데 목사의 간단한 설교가 끝나고 자유롭게 기도하는 시간이 되자 그 많은 교인들 입에서 나온 언어가 한결같이 '소서, 소서' 를 하기에 그 뜻이 궁금하여 묻는다는 말이었습니다. 그분의 질문은 지극히 당연한 것이었습니다. 그러나 필자의 가슴에는 먼저 부끄러움이 앞을 가로막고 있었습니다.

그 수많은 성도들이 한결같이 반복하고 있는 말 중에 '소서'라는 것은 문장의 맺음입니다. 우리말 사전에는 "간절한 바람의 뜻을 말함, 아주 높임에 시킴을 나타내는 맺음 끝"이라고 풀이합니다. 우리의 기도에서 모두가 이 '소서'를 하나님의 영광을 위하여 '받으시옵소서' 또는 참회의 기도에 있어야 할 '용서하옵소서'라면 이 '소서'는 천만 번 계속되어도 매우 아름다운 것입니다. 그러나 기도자의 의식주를 비롯하여 자신의 유익을 간구하는 '주시옵소서'에서 들려 온 '소서'가 그토록 한 방문객의 귀에 가득하도록 들려 온 것이라면 이것은 분명히 문제가 있습니다. 솔직히 심각한 문제입니다. 한국 교회 신앙의 형태를 표현하는 지적인지라 더욱 당황하지 않을 수 없습니다.

이 땅에 뿌리내린 종교의 기도와 우리 기독교 기도의 차이가 어디에 있는지 생각할 필요가 있습니다. 불교나 우리의 토속 종교에서 갖는 그 많은 기도의 내용은 모두가 기도자를 위한 내용입니다. 자신이 섬기는 신의 영광을 희구하는 내용은 전혀 찾아볼 수 없습니다. 모두가 무병장수(無病長壽), 부귀영화(富貴榮華), 소원성취(所願成就)를 희구하는 것이 일반 종교의 기도 내용이며 형태입니다. 그러나 우리 기독교에서 드리는 기도는 기도자의 필요성이 먼저가 아니라 섬기는 하나님의 이름과 뜻과 그 나라와 영광을 위한 것이 기도의 우선적인 주제입니다. 예수님이 가르쳐 주신 기도는 바로 기독교 기도의 본질을 정확하게 보여 줍니다. 먼저는 하나님 아버지의 이름이 거룩히 받들어지기 위하여 기도합니다. 둘째는 하나님 나라가 이 땅에 이룩되기 위하여 기도합니다. 셋째는 하나님의 뜻이 하늘에서 이룬 것

3부
설교·기도는
이 점을 주의
해야 합니다

같이 우리 삶의 장인 땅에서도 이루어지기 위하여 기도합니다. 그리고 마지막으로 기도자의 내일을 위한 것이 아니라 오늘의 일용할 양식을 위한 기도입니다. 그리고 하나님 앞에 성결하게 살기 위하여 시험에 들지 않고 악에 물들지 않도록 해 달라는 것이 우리가 가르침을 받은 기도의 내용입니다.

그런데 우리 한국 교회 기도의 관습은 이 땅에 일찍이 뿌리를 내린 토속 종교의 기도와 그 형태와 내용이 너무나 동일합니다. 오직 기도의 대상이 다를 뿐입니다. 우리 그리스도인이 하나님을 향하여 드려야 할 기도의 내용에서 타종교인과 차별성이 없다면 그것은 진정한 기독교의 기도가 갖추어야 할 본질을 망각한 것임에 틀림이 없습니다. 분명히 자신을 위한 '주시옵소서'의 '소서'로 가득한 기도에는 하나님의 이름이 거룩히 여김을 받고 하나님의 나라와 그 뜻이 이 땅에 이루어지도록 하는 기본적인 내용이 들어갈 공간이 없어지고 맙니다.

그러므로 비록 주님의 기도를 드리는 시간이 아니더라도 우리의 기도가 갖추어야 할 내용의 틀은 역시 주님이 가르쳐 주신 기도의 내용과 그 정신에 가장 근접해야 합니다. 그럴 때 성숙한 기도로써 하나님을 기쁘시게 해 드릴 수 있습니다.

기도 중 '님' 자의 사용은?

- 하나님에게 드리는 기도 중에 인간을 위한 부분에서 '님' 자를 사용할 수 있는지요?
- 비록 하나님께 드리는 기도이지만 기도 가운데 '님' 자를 붙이지 않고 '목사' 또는 '장로' 로 호칭한다는 것이 쉽지 않습니다. 무슨 대안이 없을까요?

3부
설교·기도는
이 점을 주의
해야합니다

어느 날 교회의 중직을 맡은 평신도들에게 강의를 하다가 매우 딱한 질문을 받게 되었습니다. 자신이 예배 순서에서 공중 기도를 하게 될 때 담임 목사나 장로들을 위한 부분에서 '님' 자를 붙여야 하는지를 물어 온 것입니다. 즉 '목사님' 또는 '주의 종님, 주의 사자님, 장로님' 이라고 부르면서 그들의 영력과 건강과 지도력과 성실한 봉사를 원하는 기도를 드려야 하는지에 대한 질문이었습니다. 이 때 어떤 이는 윗사람을 위하여 기도하는데 어찌 '님' 자를 넣지 않고 기도를 할 수 있겠냐는 반문이 있기도 하였습니다.

평신도가 예배 순서에서 기도하는 책임을 맡아 성단에 올라 기도를 드린다는 것은 쉬운 일이 아닙니다. 기도의 내용에서만 어려움이 따르는 것이 아니라 그가 사용하는 언어의 선별을 비롯하여 기도자의 발성과 발음과 자세에 이르기까지 많은 준비와 점검이 필요한 일임에 틀림없습니다.

특별히 언어의 선별에 있어서 우리말의 기준이나 정도에 지나치지 아니하고 또 모자라지 않도록 하는 것은 매우 중요한 일입니다. 특별히 우리의 언어가 매우 복잡하기 때문에 섬세한 살핌이 없이는 쉽게 실수를 범하게 됩니다. 그러므로 정성껏 기록하여 준비한 기도의 가치성을 이미 말한 바 있습니다.

우리 언어에서 나보다 높은 위치에 있는 분에게는 이름이나 직분 밑에 '님' 자를 사용하는 것이 당연합니다. 그러나 그분보다 더 높은 분 앞에서는 아무리 삼자인 그분이 나보다 높은 신분에 있다 하더라도 '님' 자를 사용할 수 없는 것이 우리의 어법입니다. 이러한 언어의 규범 때문에 하나님께 아뢰는 기도 중에는 '님' 자가 없이 '주의 종, 주의 사자, 목사, 장로, 집사'로 일컬어야 합니다. 그러나 기도하는 분 스스로가 목사와 장로를 차마 '님' 자를 붙이지 않고서는 어색한 감정을 달래지 못합니다.

이 문제를 풀기 위하여 먼저 성직자의 권위를 절대화하고 있는 천주교의 예배 현장을 찾아갈 필요가 있습니다. 그들이 사제, 곧 신부를 위한 기도에 '님' 자를 사용하는지를 우리는 예의 주시해야 합니다. 그들이 갖는 예배 순서 가운데 '사제의 인사와 백성의 응답'이나 설교 전의 기도 가운데서도 회중은 한결같이 "또한 사제와 함께"로 응답합니다. 그리고 성찬 예식 순서 가운데 있는 평화의 기도 순서에서도 '신부님' 또는 '사제님'의 단어는 찾아볼 수 없습니다. 뿐만 아니라 개혁교회의 예식서 어디에도 사람을 가리켜 'Mr. Mrs. Miss'의 존칭을 사용한 예가 없습니다.

그러나 이러한 외국의 기록이나 타종단의 표현이 그렇다 할지라도 우리의 언어 문화권에서는 그것이 아직도 자연스럽지 못합니다. 그래서 우리만이 부담없이 사용할 수 있는 표현을 찾아 정착시킬 필요가 있습니다. 목사로서 어느 대학의 국문학 교수로 재직 중인 분과의 대화는 이러한 문제 해결을 위하여 매우 유익하였습니다.

우선 하나님께 기도할 때는 당연히 인간을 위한 '님' 자를 사용하지 않아야 옳다는 것이 다시 공감되었습니다. 그리고 우리의 어법에 저촉되지 않고 기도자의 마음에도 부담이 없는 칭호를 생각해 보면서 다음과 같은 문장을 만들어 보았습니다.

목사를 위한 부분은 "우리를 진리의 길로 이끌기 위하여 최선을 다한 우리의 '목회자' (또는 '교역자, 목자, 말씀의 사자')에게 건강과 영력과 지혜를 더해 주옵소서."

장로나 교회의 제직을 위한 부분은 "주님은 몸된 교회를 위하여 갖은 노력을 다 기울여 봉사하는 '중직자' (또는 '봉사자들', '제직들')에게 은혜를 늘 내려 주시어 피곤하지 않고 사랑과 기쁨이 가득하게 하소서." 등입니다.

이와 같은 표현을 사용한다면 우리의 어법에 어긋남이 없으면서도 듣는 사람들에게 어색함이 축소될 수 있으리라 확신합니다. 역시 기도를 바르게 드리기 위한 노력은 단순한 마음이나 열심만으로 되는 것은 아닙니다. 특별히 회중 앞에서 기도하는 순간에는 우리의 언어를 끌고 가는 어법(語法)에 깊은 관심을 기울여야 합니다.

주님이 가르쳐 주신 기도는?

- 우리 교회는 예배를 마칠 때마다 주기도문을 축도 대용으로 사용합니다. 그럴 수 있는지요?
- 목회자 또는 평신도가 예배에서 드리는 기도 말미에 '예수님 이름'으로 종결을 짓지 않고 주님의 기도를 드리는 것이 좋은지요?
- 주님이 가르쳐 주신 기도가 모든 모임의 끝마무리로 언제나 사용되는데 어떻게 생각하시나요?
- 현재의 우리말 주기도문이 현대어와 맞지 않게 번역되어 사용되고 있지 아니한가요?

우리 그리스도인이 드릴 수 있는 기도 가운데 최선의 모형은 주님이 가르쳐 주신 기도입니다. 그 내용은 어떤 기도도 따를 수 없는 완벽함을 갖추고 있습니다. 우리 기도의 내용이 모두가 한결같이 기도하는 우리 자신을 위한 내용으로 가득한 반면에, 주님이 가르쳐 주신 기도는 하나님의 뜻과 나라와 영광과 권세를 향한 내용으로 채워져 있음은 이미 언급한 바 있습니다.

그래서 우리들은 예배를 비롯하여 많은 모임에서 주님이 가르쳐 주신 기도를 드리는 것을 당연시합니다. 주일 예배를 비롯한 각종 예배와 기도회에서 주님이 가르쳐 주신 기도를 드리는 것은 전혀 잘못이 없습니다. 그러나 다음 몇 가지 문제점에 우리 모두가 주의를 기울여야 합니다.

먼저는 주님이 가르쳐 주신 기도의 내용과 그 의미를 음미하지 않고 이 기도를 드림으로써 소중한 기도가 형식화되어 가고 있다는 문제입니다. 주님이 가르쳐 주신 기도가 마음으로부터 생각하면서 나오지 않고 단순한 입으로부터 나오는 형식적인 기도문으로 끝나는 경우를 많이 봅니다. 우리 개혁교회가 성자들의 기도문을 예배에서 사용하지 않는 중요한 이유 중의 하나가 바로 기도의 형식화 문제 때문입니다. 의미 없이 외우는 주술과 같은 기도의 행위를 막기 위함이었습니다.

둘째는 주님이 주신 기도가 각종 모임이나 기도회의 끝맺음을 위한 하나의 방편으로 사용되는 경우는 더욱더 형식화되는 느낌을 받게 됩니다. 그 아름답고 소중한 내용이 이 기도를 드리는 그리스도인들의 가슴에서 음미되지 못한 채 주술을 외우듯이 모임마다 이어진다면 이 얼마나 가슴아픈 사연이 될 것인지 깊이 생각해 볼 문제입니다. 목사의 축도 대신 예배를 마치기 위한 방편으로 사용되는 예가 흔합니다. 축도를 할 수 없는 사람이 예배 인도를 한 경우는 축도 대신 간결하게 하나님께 이 회중들에게 복을 내려 달라는 기도로 예배를 끝맺어도 좋습니다. 각종 모임은 누구인가 그 모임의 종결을 위하여 마침 기도를 드림이 오히려 주님이 주신 기도를 형식화하는 것을 막는 일이 될 수 있으리라고 봅니다.

셋째는 예배 가운데서 드리는 목회 기도 다음에 이어서 회중들이 함께 주님의 기도를 드리는 문제입니다. 개혁자들을 비롯한 예배신학자들은 예배 시간에 드리는 목회 기도 다음에 주님의 기도를 드린다는 것은 매우 타

3부
설교·기도는 이 점을 주의해야합니다

당한 의미를 갖는 일임을 강조한 바 있습니다. 이러한 관례는 두 가지 현상을 나타내고 있습니다. 하나는 목회 기도의 끝을 바로 주기도문으로 이어서 드리는 경우가 있고, 또 하나는 반드시 예수님의 이름으로 그 기도의 끝을 맺어 준 다음 주기도문을 드리는 경우가 있습니다. 이 두 가지 형태에 대한 이론적 근거는 양쪽 모두 가지고 있습니다. 그러나 모든 기도는 반드시 예수님 이름으로 드려야 한다는 교육을 받은 회중들이기에 다음과 같이 목회 기도의 끝을 맺고 주기도문으로 이어짐이 좋습니다. "예수님 이름으로 기도드리오며, 이제는 주님이 가르쳐 주신 기도를 함께 드리옵니다."

넷째는 한국 교회가 주님이 가르쳐 주신 기도의 번역상 문제를 속히 바로잡아야 합니다. 그 동안 현대 언어에서 사용하지 않은 부분도 있었습니다. 특히 새로운 세대는 주님이 가르쳐 주신 기도의 의미를 생동감 있게 느낄 수 없었습니다. 다행히 성서공회에서 최근에 개역개정판을 내면서 다음과 같은 부분을 바로잡았습니다.

이름이	▶	아버지의 이름이
나라이	▶	아버지의 나라가
뜻이	▶	아버지의 뜻이
오늘날	▶	오늘
사하여 준 것같이	▶	사하였사오니
권세	▶	권능
아버지께 있다	▶	아버지의 것이다

이상과 같은 번역상의 문제를 새롭게 하여 그 뜻을 정확히 알고 주님의

기도를 반복하여 드릴 수 있어야 합니다.

  주님이 가르쳐 주신 기도를 드릴 때마다 우리 그리스도인들은 나 자신을 깊숙이 연결시키는 자세가 얼마나 필요한지 이루 말로 다할 수 없습니다. 조용히 음미하면 할수록 주님의 기도에는 깊은 의미가 담겨 있습니다. 그 교훈과 의미는 우리 삶의 모든 것을 함축하고 있습니다. 하루빨리 우리 그리스도인들이 주님이 가르쳐 주신 기도의 내용과 근접해 가는 성숙한 기도를 드려야 할 것입니다.

3부
설교·기도는 이 점을 주의해야 합니다

축도에 **수식어**가 꼭 있어야 하나요?

- 축도 전에 "기도합시다"라는 말을 하고 축도를 하는데 축도는 기도인가요?
- 유럽의 루터 교회나 개혁교들은 모두 아론의 축도를 사용하는데 바울의 축도와 차이가 무엇인가요?
- 루터와 칼뱅이 드렸던 예배 순서의 축도는 어떤 것이었는지요?
- 축도를 하면서 많은 수식어를 첨가하여 기도를 한 후에 그 말미에 축도를 하는데 이래도 좋은가요?

한국 교회를 좀더 깊이 연구하고 싶은 어느 예배신학자가 한국 교회 예배 현장을 섬세히 관찰한 다음에 던진 질문은 실로 많았습니다. 그 중에서도 신학교에서 예배학을 가르치고 있는 교수를 가장 당황하게 만드는 질문은 축도에 관한 것이었습니다. 그의 질문은 한국 교회 목사가 축도를 성경대로 하는지, 한국말로 번역된 성경의 축도는 그렇게 길게 되어 있는지를 묻는 것이었습니다. 그에게 준 대답은 간단하였습니다. 첫째는 한국 교회 축도는 성경대로 하지 않는다는 것이었습니다. 둘째는 한국어로 번역된 축도 역시 영어의 길이와 비슷하게 되어 있다는 답변을 해 주었습니다. 이 대답을 들은 그는 참으로 신기한 눈길로 쳐다보면서 도저히 이해할 수 없는 문제라고 몇 마디를 남긴 바 있습니다.

축도란 성삼위일체 되신 하나님이 주체가 되어 예배드리는 성도들에 복을 베풀어 주심을 목사가 선언하는 행위입니다. 이 순서가 예배에 정착된 시기는 4세기 말로서 성찬 성례전이 있기 직전에 행하여졌습니다. 6세기에는 이 축도가 교회에서 한때 생략된 적도 있습니다. 그러나 중세에는 예배의 끝 부분 순서로 정착되기도 하였으나 지금은 성찬 성례전 직전에 이 순서를 행하고 있습니다. 개혁자들 중에 루터나 칼뱅은 예배의 끝 부분에서 전통적으로 민수기 6장 24-26절의 아론의 축도를 사용하였고, 영국이 성공회와 같은 교회에서 빌립보서 4장 7절을 사용하였습니다. 그리고 일부의 개혁자들이 고린도후서 13장 13절을 사용한 바 있습니다. 다만 츠빙글리가 남긴 예배 순서에서는 축도를 사용하지 아니한 점이 매우 흥미로운 부분입니다.

지금 유럽의 교회들과 미국 교회들이 가장 활발하게 사용하고 있는 축도는 아론의 축도입니다. 이 축도의 문장은 아론과 그 아들들이 사제의 신분으로서 백성을 위하여 축도할 때 사용하도록 하나님이 직접 명령하신 본문입니다. 그 내용은 다음과 같습니다.

> 여호와는 네게 복을 주시고 너를 지키시기를 원하며
> 여호와는 그 얼굴로 네게 비취사 은혜 베푸시기를 원하며
> 여호와는 그 얼굴을 네게로 향하여 드사 평강 주시기를 원하노라

그래서 루터나 칼뱅은 축도의 순서에 이 아론의 축도를 가장 활발하게

사용하였고 지금도 루터 교회를 비롯한 많은 개혁교회들이 이 본문을 사용하고 있습니다.

여기서 우리의 깊은 관심을 끌고 있는 것은 이들이 어떤 성구를 사용하여 축도의 순서를 진행하였다 하더라도 그들은 순수하게 거기에 해당하는 성구를 그대로 읽었을 뿐이었다는 사실입니다. 지금도 세계 어느 교회에서나 축도는 성경에 있는 그대로 가감없이 읽고 있는 것을 보게 됩니다.

그런데 한국의 개혁교회에서는 이 뜻을 알고 있는 교단이나 일부 목사들을 제외하고는 많은 목사들이 축도를 하는데 오류를 범하고 있습니다. 어떤 목사들은 축도를 할 때 축도의 원문보다 훨씬 길고 많은 수식어를 사용하고 있습니다. 또 어떤 목사들은 기도와 축도를 혼합하여 아예 기도를 한참 한 후에야 기도의 말미로서 축도를 사용하는 경우를 봅니다. 이러한 축도의 형태는 세계의 어느 교회에서도 구경할 수 없는 참으로 진귀한 현상입니다. 세계의 개혁교회나 정교회나 로마 가톨릭 교회를 가 보아도 이러한 현상은 찾아볼 길이 없습니다. 개혁교회 목사들 역시 성경에 기록된 말씀을 그대로 옮길 뿐입니다.

우리와 같은 형태로 축도를 하라고 주문을 해도 철저하게 성경대로 그 내용을 전하고 있습니다. 그런데 한국의 많은 목사들은 너나 할 것 없이 좀 더 많은 수식어를 사용하여 축도를 길게 해야 그 축도가 더 좋은 줄로 착각하고 있습니다. 이것은 모두 예배에 관한 교육이 부족한 데서 오는 부작용입니다. 이러한 부작용은 축도의 본질을 이해하지 못하는 자신을 노출시키는 결과가 되고 맙니다.

축도란 하나님이 주체가 되어 예배하는 자녀들에게 은혜를 내려 주심을 목사로 하여금 선언하게 하는 예전 행위입니다. 결코 자신의 언어와 지식과 표현으로 대치할 수 있는 것이 아닙니다. 또한 목사가 단순하게 복을 빌어 주는 기도의 행위도 아닙니다. 오직 성경에 기록된 그대로 선언하는 것이 타당합니다. 축도는 복을 비는 기도가 아니라 하나님이 복 내려 주심을 선언(宣言)하는 예전의 순서입니다.

3부
설교·기도는
이 점을 주의
해야합니다

4부

교회력은
교회의 중요한 지식입니다

교회의 절기는 셋이 아니고 여섯입니다　159
사순절에 결혼 예식은 삼가야 합니다　162
부활주일이 기독교의 두 번째 큰 축일이라고요?　165
한국 교회 감사절은 미국의 국경일인데　168
대림절의 풍속도는 그것이 아닙니다　172

교회의 절기는 셋이 아니고 여섯입니다

⊙ 우리 교회는 성탄절만을 지키는데 또 다른 절기가 있나요?
⊙ 기독교에서 지키고 있는 교회력의 절기는 몇이나 되나요?
⊙ 교회력을 지켜야 할 이유는 무엇인가요?

4부
교회력은
교회의 중요한
지식입니다

우리 교회는 선진국 교회들이 갖추고 있는 부분을 많이 상실하고 있습니다. 교회의 몸집은 거구인데 머리는 너무 작고 빈약합니다. 생각하면 우리 민족이 당한 오늘의 아픔은 소유를 채우지 못한 데 있는 것이 아니라 오히려 채워진 소유가 너무 갑작스럽게 이루어진 데 있습니다. 경제도 튼튼한 터전을 다지면서 이룩된 것이 아니라 우선 가난을 넘고 보자는 긴박감에서 뛰어왔기에 허술한 부분이 많아 곤욕을 치르고 있습니다. 수치로는 선진국 대열에 근접해 있는데 실질적으로는 50년이 뒤진다는 보도가 우리의 눈길을 끌고 있습니다. 교통 문화를 터득하기 전에 갑작스럽게 일구어진 자가용의 소유는 갈피를 잡지 못합니다. 무분별하게 받아들인 서구의 문화는 이 땅의 고유한 도덕률을 심각하게 훼손시키고 있습니다. 언제나 튼튼한 기초와 내용이 없는 화려한 외형은 필연코 그 대가를 지불

해야 합니다.

한국 교회가 교단마다 세계에서 가장 큰 교회들을 소유하고 있다는 보도를 보고 찾아온 외국의 교인들은 주일 예배나 새벽 기도회를 보면서 감탄을 감추지 못합니다. 그리고 한국의 그리스도인들이 보여 준 뜨거운 기도와 전도와 십일조 생활 등등 다른 나라의 교회들이 갖지 못하는 장점을 보면서 존경의 눈길을 보냅니다.

그러나 그들이 우리 나라에 와서 장시간 머무는 경우 거의 모두가 한국 교회는 자신들이 가지고 있는 전통적인 예배나 절기나 행정 등 많은 부분에 차이가 있다는 것을 발견하게 됩니다. 그리고 처음에 보여 준 감탄사를 서서히 거두면서 매우 어색한 눈길을 감추지 못하고 돌아갑니다.

그 중에 우선적으로 관심을 두어야 할 것은 교회의 절기입니다. 루터가 종교개혁을 하면서 로마 가톨릭 교회의 잡다한 성자 축일 등을 모두 없애고 주님의 생애에 맞춘 교회력만을 주장한 이후로 교회력에 대한 관심은 대단하였습니다. 드디어 장로교의 원조인 스코틀랜드 교회가 1940년 예배 모범에 교회력을 정리하여 지키기 시작하면서 오늘의 교회력은 전세계의 교회에 빠른 속도로 확산된 바 있습니다.

그 교회력의 내용을 보면 먼저 주님 오심을 기다리는 대림절이 있습니다. 이 때 주로 재림에 관한 말씀이 선포됩니다. 둘째는 주님이 오신 성탄절입니다. 이 때는 하나님의 지극한 사랑이 실현되는 메시지가 있게 됩니다. 세 번째는 주님이 오시고 공생애를 펼치신 주현절입니다. 이 기간은 전도와 선교를 통한 하나님 나라의 확장에 집중합니다. 네 번째 절기는 주님이 수난을 당하신 사순절입니다. 주님의 수난을 생각하고 머리를 숙이는 메시지와 함께 금식과 같은 자기 반성의 시간을 갖게 됩니다. 다섯 번째는 우리 주님이 사망의 권세를 이기신 부활절입니다. 이 절기는 기독교의 가장 큰 경축일로서 승리와 희망의 말씀과 결단을 갖게 합니다. 그리고 여섯 번째로 성령님이 강림하시어 교회를 일구어 가신 오순절로 엮어지고 있습니다. 이러한 절기를 우리 한국 교회에서는 모두 지키지 않고 성탄절과 부활절만을 지키는 현실입니다. 그리고 교회력이 아닌 감사절을 교회력으로 착각하는 경우도 많습니다.

    교회력의 가치는 우리 신앙 생활의 초점을 예수 그리스도에게 두게 하는 데 그 일차적인 목적이 있습니다. 이 교회력은 세상의 명절처럼 그 주일만을 찾는 것이 아닙니다. 그 절기가 계속되는 기간 동안 교회는 강단의 메시지를 비롯하여 각종 프로그램과 기타 신앙 생활의 내용을 주님의 생애를 생각하면서 진행시키는 데 주안점을 둡니다. 예를 들면 성탄절은 12월 25일부터 1월 6일(주현절) 전까지의 12일간의 절기입니다. 그러므로 교회는 12월 25일 성탄일에만 성탄에 관한 메시지와 찬송을 부르는 것이 아니라 이 12일의 성탄 절기 동안 계속해서 주님 오심을 환영하고 기뻐하며 감사해야 합니다.

    이제 우리 교회는 성장에 걸맞은 성숙이 필요합니다. 교회의 절기마저 제대로 인식하지 못한 교회라면 우리의 성장은 매우 심각한 경지에 있다는 것을 마음에 두어야 합니다. 이제는 세계의 개혁교회와 호흡을 함께 하는 수준을 유지해야 합니다. 전세계 교회에 6대 절기가 생활화되어 있는데 우리들만이 성탄절과 부활절과 감사절만을 지키는 교회가 되는 우를 범하지 않아야 합니다.

4부
교회력은
교회의 중요한
지식입니다

사순절에 결혼 예식은 삼가야 합니다

⊙ 새싹이 나는 봄에 결혼 예식을 갖고 싶어하는데 우리 목사님이 부활절 이후에 주례를 해 주신다고 하여 고민입니다.
⊙ 역사적으로 사순절은 무슨 뜻이 있나요? 이 때 교회의 행사에 결혼 예식이 있어서는 안 되나요?
⊙ 사순절에 우리 교회가 취할 적절한 행사는 어떤 것이어야 하나요?

다음은 평소에 예의 범절이 남달리 깍듯하고 목사님을 가까이 해 온 교회의 중직자 가정과 그 교회 담임 목사가 나눈 대화의 한 장면입니다.

장로 : 목사님! 목사님이 유아 세례를 주셨던 애가 이렇게 커서 이제 짝을 맺어 줄 때가 되었나 봅니다.

목사 : 장로님! 참 기쁘시겠습니다. 아드님이 매우 착하고 늠름한 청년이 되었습니다. 이제 결혼이라니 참으로 경사스러운 일입니다.

장로 : 오는 3월 중순쯤 날을 받을까 합니다. 목사님께서 주례를 해 주

서야 하겠습니다. 장소는 물론 우리 예배당이 되어야 하겠구요.
목사 : 장로님! 3월은 사순절로서 기독교가 전통적으로 참회와 함께 주님의 수난을 회상하는 기간입니다. 이 절기만은 인간의 행복을 추구하는 일들은 삼가는 것이 좋겠습니다. 이 사순절을 지나서 날짜를 잡았으면 합니다.

사순절에 대한 인식이 아직도 미흡한 장로님의 가정은 사랑하는 아들의 인생에 최대의 경사라고 일컫는 결혼을 원하는 날에 주례를 해 주지 않는 목사님께 섭섭한 마음을 안고 돌아섰습니다. 결국 다른 목사님을 모시고 다른 장소에서 결혼 예식을 가졌다는 안타까운 사연입니다.

개혁교회의 대부분이 지키고 있는 교회력은 예수님의 생애와 성령 강림에 맞추어서 크게 여섯 절기로 분류됩니다. 그 절기는 주님을 기다리는 대림절, 이 땅에 오심을 맞이하는 성탄절, 하나님 나라를 공식적으로 전파하신 주현절, 주님의 수난을 기리고 참여하는 사순절, 주님이 죽음을 정복하신 부활절, 그리고 성령 강림을 통하여 교회를 이룩하신 오순절입니다. 이 중에서 교회가 가장 엄숙한 마음으로 회상하고 지키는 절기는 바로 사순절입니다. 기독교의 역사에는 앞의 6대 절기가 완성되기 이전부터 이 사순절만은 325년 니케아 회의에서 확인되어 교회 생활 깊이 자리잡고 있습니다.

전통적으로 교회는 이 절기에 예수님을 십자가에 못 박히게 한 우리들의 죄를 자복하는 기간으로 정하였습니다. 주일 외에 40일간 계속되는 이 기간에는 모두가 금식하고 십자가 지신 주님 앞에 옷깃을 여미고 용서를 구하는 일에 집중하기를 권장하는 것이 기독교의 역사입니다. 이러한 교회의 관습은 자연적으로 인간을 즐겁게 하는 모든 행위를 이 기간 내에 삼가도

4부
교회력은
교회의 중요한
지식입니다

록 지도하였습니다. 중세 교회에서는 이 날에 성도들이 의무적으로 금식을 하도록 하고 절약한 것을 모두가 가져와서 필요한 곳에 예배당을 짓게 하는 경우도 있었습니다. 이러한 전통은 역사 속에서 엄숙히 이어지고 있습니다. 로마 가톨릭 교회나 정교회나 개신교를 막론하고 매해 사순절을 맞이할 때마다 모두가 주님의 수난에 동참하려는 행사에 앞장을 섰습니다.

그래서 기독교의 전통이 뿌리내린 나라에서는 이 사순절에 결혼과 같은 인간 경사는 지금도 최대한 금하고 있는 실정입니다. '잔치', '경축'이라는 언어도 삼갔습니다. 그리고 육신적인 조건을 즐겁게 하는 일에는 둔하고, 수난당하신 주님을 위한 일에는 민감하게 동참한 것이 기독교의 바른 예절로 인정되어 왔습니다.

우리의 한국에는 새싹이 나고 꽃망울이 터지기 시작한 춘삼월이 결혼의 적절한 계절로 환영을 받습니다. 우리 그리스도인들도 아무 생각 없이 결혼 예식을 이 때 갖기를 원합니다. 그러나 교회의 역사와 전통을 조금이라도 이해한다면 우리 한국의 그리스도인들도 사순절을 피해서 결혼 예식을 올리는 지혜를 발할 수 있을 것입니다. 이 기간은 교회력에 따라 매해 바뀝니다. 1999년의 경우 사순절은 2월 17일부터 4월 3일까지입니다.

부활주일이 기독교의
두 번째 큰 축일이라고요?

- 어느 텔레비전 방송에서 아나운서가 부활절을 기독교의 두 번째 축일이라고 했습니다. 그 말이 맞는 말인지요?
- 부활절과 성탄절 중에 어느 것이 기독교의 으뜸가는 경축일인지 알고 싶습니다.
- 매주 맞게 되는 주일 예배의 근거는 부활주일과 관계 있는 것인지요?

4부
교회력은
교회의 중요한
지식입니다

어느 목회자가 화가 났습니다. 사연인즉 부활주일 전야에 어느 공영 텔레비전 방송국의 아나운서가 뉴스 시간에 했던 말 때문이라고 합니다. 그 내용은 다음날 맞게 되는 부활주일을 기독교의 '두 번째로 중요한 축일'이라고 태연하게 방송을 했기 때문입니다. 이 아나운서는 성탄절을 기독교의 최대의 축일로 알고 부활절은 그 다음의 중요한 경축일로 알고 있던 관습을 아무런 검증도 없이 느낀 대로 발표함으로써 뜻있는 기독교인들의 마음을 무척이나 괴롭게 만들었습니다. 절대적인 영향력을 가지고 있는 공영 텔레비전에서 무책임하게 던진 한 마디의 말이 많은 사람들

165

에게 부활절의 인식을 잘못 심어 주는 결과를 초래하였습니다.

모든 종교마다 자신들의 교주의 출생을 가장 큰 축제일로 삼고 있는 것이 현실입니다. 예를 들면 석가탄일과 같은 날이 불교의 최대 경축일임을 아는 평범한 사람들은 기독교에서도 12월 25일 성탄일을 최대의 경축일로 이해할 수 있습니다. 그도 그럴 것이 세계가 신(信) 불신(不信)을 막론하고 이 날에 송년의 분위기와 함께 들뜨기 때문입니다. 12월에 접어들기도 전에 무서운 상혼들이 크리스마스 캐롤을 들려 주는 것도 이러한 인식을 가져오는 데 한 몫을 합니다.

그러나 기독교의 최대의 경축일은 12월 25일의 성탄일이 아닙니다. 당연히 부활의 아침이 기독교의 최대 경축일입니다. 12월 25일을 예수님이 오신 날로 정하고 지키는 일은 그 역사성이 부활절과는 비교가 되지 아니합니다. 실질적으로 성탄절이라는 경축일은 성경이나 초대교회에서는 찾아볼 수 없는 것이었습니다. 354년경 로마의 문서에서 '유대 베들레헴에서 그리스도가 나신 날'이라고 기록하고 있는 데서 연유할 뿐입니다. 그러나 원래는 12월 25일은 동지 이후 해가 다시 커지기 시작할 때의 '정복되는 않는 태양'이라는 이교도의 축제일이었습니다. 이 날을 로마의 기독교가 흡수한 데서 발생한 것입니다. 그래서 지금도 정교회를 비롯하여 장로교의 원조인 스코틀랜드 교회의 일부나 미국의 퓨리턴들의 일부 후예들은 이 성탄절을 아예 외면하는 정도입니다.

그러나 부활절은 성경의 기록대로 주님의 부활부터 바로 이어지는 기독교 최대의 명절입니다. 지금껏 지켜 온 안식일을 중심한 유대교의 전통마저 버리고 이 날에 주님의 명령대로 모여 주님의 만찬을 재현하였습니다. 그리고 주님의 생애와 말씀을 힘있게 전하였습니다. 이러한 감격은 일 년

일 회 단회적으로 부활의 감격을 기념하는 것이 아니라, 매주일 '안식 후 첫날'을 작은 부활주일로 지키게 되었고 그것이 주일 오전 예배의 전통이 되었습니다. 그래서 부활의 사건은 기독교 신앙의 내용이며 형태가 되어 오늘에 이르렀습니다.

이토록 부활 사건은 기독교만이 갖는 특유한 역사적인 사실이기에, 이 날 동이 트기 전에 세계의 신·구교 모두가 온통 거대한 축제의 물결을 이루면서 가장 장엄한 날로 맞이합니다. 어느 종교에서도 듣지도 보지도 못한 역사적인 날이기에 기독교는 두고두고 가장 자랑스러운 축일로 지키면서 대단한 긍지를 가집니다. 그래서 이 날은 기독교가 가지고 있는 여러 축일 가운데 가장 으뜸가는 날로 승리의 우월감을 감추지 못합니다.

우리 주님이 죽음을 정복하고 부활하신 사건은 그리스도인들의 미래에 재현될 사건입니다. 그래서 이 부활 사건은 2천년 전 사건의 기념이 아니라 현재적인 신앙이며 훗날의 소망으로 우리 그리스도인들이 간직하고 있습니다. 그러한 까닭에 어떤 경우도 부활절을 능가하는 절기는 기독교에서 찾아볼 수 없습니다. 이제는 대중 매체의 주역들이나 그리스도인들이 타종교처럼 성탄일을 으뜸으로 생각하면서 부활주일을 이해하는 일이 없도록 해야 할 것입니다. 기독교는 예수님의 부활 사건 때문에 살아 있는 종교입니다.

4부
교회력은
교회의 중요한
지식입니다

한국 교회 **감사절**은 미국의 **국경일**인데

⊙ 한국 교회가 11월 셋째 주일을 감사주일로 지킨 연유가 무엇인가요?
⊙ 감사절은 세계의 개혁교회가 지키고 있는 교회력의 일부인가요?
⊙ 왜 우리의 추석과 같은 추수 감사의 대명절은 교회의 감사절과 연관을 맺지 못하고 있나요?
⊙ 미국이 지키는 국경일인 감사절과 우리의 감사절이 무슨 관계가 있나요?

우리 민족은 가을을 무척이나 즐기고 흐뭇해하면서 살아오고 있습니다. 이 계절에 무르익은 들판의 오곡과 8월의 보름달을 보면서 맞이한 한가위가 얼마나 만족했으면 "더도 말고 덜도 말고 한가위만 같아라."고 부르짖게 되었는지 그 뜻을 음미해 봅니다. 교통이 아무리 혼잡하여 십수 시간이 걸려도 내 고향, 내 조상, 내 부모를 찾아 나서는 행진은 조금도 지칠 줄 모릅니다. 이 계절은 역시 우리 한민족의 마음에 흐뭇한 정취를 심어 주는 가장 으뜸가는 계절임에 틀림이 없습니다. 우리 강토에서는 기독교인의 신분 여하를 막론하고 창조주와 선조들과 부모에게 고마운 마음을 표현하는 데 가장 적절한 시기로 모두가 생각하면서 살아오고 있습니다. 그러나 예배학을 강의하는 교수로서 이 계절을 맞이할 때마다 마음에 남아 있는 섭섭한 감정을 숨길 길이 없습니다.

그 이유는 한국 교회가 우리의 정서상 감사로 가득한 이 계절을 피하여 1904년부터 지금까지 감사주일을 11월 셋째 주일로 고착시켰기 때문입니다. 이 땅에 있는 거의 모든 교단이 율법처럼 지키고 있는 이 관행에는 진정 문제가 없는지를 다시 한 번 묻지 않을 수 없습니다. 여기에 대한 문제의 제기는 그 동안 뜻이 있는 신학자들과 언론에서 계속적으로 이어져 왔습니다. 그러나 막상 산하 교회를 움직이는 총회와 같은 기구는 말이 없습니다. 아무리 노회로부터 상정을 해도 일 년간의 연구라는 과정을 거쳐 다시 그 날짜로 되돌아오는 촌극이 발생하고 있습니다. 어떤 이들은 11월 셋째 주일이 자신들의 추수 절기에 적절하다는 말을 합니다. 이러한 견해는 우리 나라의 남쪽과 북쪽의 추수 시기가 일기의 차이와 함께 동일할 수가 없음을 전혀 생각하지 않은 말입니다.

어떤 교회는 추수감사주일을 임의로 변경하여 지키게 되면 큰 모순을 범한 듯한 착각을 합니다. 이러한 입장 역시 우리가 지키고 있는 감사절이 어떻게 이 날짜에 판에 박은 듯 지키고 있는지를 모르기 때문입니다. 어느 날 기독교 방송에서 감사주일에 대한 좌담회를 갖게 된 일이 있었습니다. 사회를 맡은 필자는 우선적으로 필자의 학교에 와서 학업을 이수하고 있는 외국인 목사들에게 질문을 던졌습니다. 그들도 추수감사주일을 지키되 그 날짜만큼은 우리의 추석과 같은 명절을 전후한다는 증언이었습니다. 이어서 영국(United Kingdom) 대사관 문화원장에게 전화를 걸어 11월 셋째 주일의 감사절에 대하여 물었습니다. 그 대답은 아주 간단하였습니다. "그것은 미국의 국경일입니다." 그러면서 자기 나라는 자신들의 고유한 날에 지역마다 감사주일을 지키고 있다는 대답이었습니다. 그리고 그의 대답에서 풍기는 뉴앙스는 "한국 교회는 미국에 예속되어 있기에 그들의 국경일을 지금도 지켜 주고 있지 않은가?"였습니다. 복음을 받고서 한 세기를 넘긴 지 벌써 오래인데 이러한 인상을 우리 교회가 아직도 풍기고 있다는 것을 생각할 때 참으로 부끄러움을 금할 수 없습니다.

미국의 선교사들이 이 땅에 복음을 전해 줄 때 우리에게 소개해 준 감사주일은 자신들의 교회 관습을 전해 준 것에 불과하였습니다. 그것이 성경에서 제정된 날은 더욱 아니었습니다. 이 날은 1621년 미국으로 건너간 이주자들이 최초의 수확을 가지고 하나님께 감사의 제단을 쌓은 날이었습니다. 그 후에 1863년 링컨 대통령이 이 날을 국경일로 선포하고 그 날에 가까운 주일이 감사주일이 되었습니다.

그러한 까닭에 미국을 제외한 모든 나라의 기독교는 모두가 그 민족의 정서에 맞는 주일을 감사주일로 지키고 있습니다. 주체성을 언제나 뚜렷이 지키고 있는 이웃 중국 교회를 봅니다. 이들은 9월 말에서 10월 초까지 오곡백과가 무르익고 있을 때 감사주일을 지키고 있습니다. 이 얼마나 자연스러운 일이며 떳떳한 자세입니까?

이제 우리도 제발 우리의 문화와 정서에 맞는 절기를 찾아 감사주일로 제정해야 합니다. 이 민족의 가슴에 감사로 가득 넘치는 중추절을 전후한 주일을 감사주일로 제정한다면 하나님을 향한 민족적인 감사의 열기가 더해질 것입니다. 거기에 더하여 한국 교회가 미국의 국경일을 지켜 주고 있다는 인상을 하루빨리 벗어나게 될 것입니다. 이제 우리 교회는 세계 교회를 이끌어 갈 수 있는 지도적 위치를 확보해 가고 있습니다. 피선교국으로서 아직도 선교국에 예속적인 관계를 지속해야 할 단계는 벌써 지났습니다. 우리 문화에 자주적으로 복음의 씨앗을 뿌리고 거둘 수 있는 성숙한 교회가 되었습니다. 복음을 전해 준 나라에 우리 문화까지 예속시키면서 그들의 국경일을 지켜 주는 모습만은 비켜 나아가야 합니다.

4부
교회력은
교회의 중요한
지식입니다

대림절의 풍속도는 그것이 아닙니다

- 교회력의 첫 절기인 아기 예수님을 기다리는 대림절(또는 대강절)의 의미를 알고 싶습니다.
- 대림절은 아기 예수님을 기다리는 절기인가요? 아니면 장차 심판주로 오실 주님을 기다리는 절기인가요?
- 이 절기에 주로 그리스도인들이 마음에 새겨야 할 신앙의 자세는 어떠해야 하는가요?

한 해가 저물어 가는 섣달이 오면 명동의 거리는 인파가 가득하고 백화점에는 크리스마스 캐롤이 앞다투어 울려 퍼지면서 사람들의 마음을 들뜨게 합니다. 서울 시청 앞 광장에는 거대한 크리스마스 트리가 수천 개의 전등을 달고 반짝거리며 교회마다 화려한 성탄절 장식은 어김없이 등장합니다. 사실 이 계절이 오면 사람들의 시각과 청각이 현란해지는 것이 이 대림절의 풍속도입니다. 뿐만 아니라 이 때는 정신마저 혼란해져서 질서를 잃게 되고 기본적인 인간의 질서를 벗어나는 경우가 적지 아니합니다. 무수한 탈선과 범죄가 이 사회를 어지럽히는 계절이 되기도 합니다. 그래서 성탄절은 이 사회에 유익보다 손해를 더 가져오는 결과를 해마다 초래한 사례가 종종 있습니다.

대림절은 기독교에서 지키는 6대 절기로 성탄일 전 4주간 동안 이어집니다. 이 대림절의 의미는 글자 그대로 예수님의 오심을 대망하는 절기입니다. 이 때 기다리고 바라는 내용은 아기 예수님의 오심을 기리고 환영하는 것만이 전부가 아닙니다. 실질적으로 이 때 강조되는 것은 이미 오신 아기 예수님보다 장차 심판주로 이 땅에 다시 오실 주님을 기다리는 신앙을 불러일으키는 데 대림절의 목적이 있습니다.

이러한 목적을 정확하게 이해하는 그리스도인들은 사회가 보여 주는 이 계절의 풍속도와 도저히 함께 할 수 없습니다. 심판주로 오실 주님 앞에 한 점의 부끄러움이 없는 사람이라면 몰라도, 허물과 모순이 가득한 자신을 아는 그리스도인이라면 도저히 인간의 말초신경을 자극하는 현장에 함께 서 있을 수 없습니다. 신속하게 옷깃을 여미고 경건한 마음으로 자세를 바로잡은 그리스도의 사람들로서 등불에 기름을 넣고 불을 켜야 합니다. 그리고 대문 밖에 나아가 기약 없이 오실 주님을 영접할 준비를 서둘러야 합니다. 주님 영접하기에 한 점의 부끄러움이 없는지를 스스로 살피면서 말입니다.

이러한 준비를 요구하는 것이 바로 대림절에 있어야 할 진정한 풍속도입니다. 이 대림절에는 술잔을 들고 "메리 크리스마스"를 외치는 흥겨움을 누리는 데 의미가 있지 아니합니다. 내 자신 안에 잔재해 있는 허물 많은 사연을 정리하는 스스로의 반성과 눈물과 맑음이 채워져야 하는 계절입니다. 그러기에 이 계절은 참회와 엄숙과 경건과 희열에 찬 준비를 강조하는 것이 마땅합니다.

주님 기다리는 이 절기에 우리는 분통을 터뜨리기보다 통회의 눈물을 흘려야 할 사연이 너무 많습니다. 특별히 그 동안 남의 나라에서 돈을 빌려다가 흥청망청 살아 온 대가로 나라의 살림이 엉망이 되었습니다. 결국 국제통화기금(IMF-International Monetary Fund)의 도움을 받고 그들의 간섭을 받아야 하는 나라꼴이 되었습니다. 우리는 모든 자존심을 헌신짝처럼 버리고 이웃 일본에까지 찾아가 진배(進拜)하고 외화를 구걸해야 하는 국치(國恥)를 거듭하고 있는 실정입니다. 남의 나라에서 쓰레기통에 버린 옷을 가져다가 수십 만원씩에 팔고 사면서 거리를 누비고 양주와 양담배와 모피 등의 으뜸가는 수입국으로 전락하면서 지내 온 일들을 슬피 울부짖어야 할 시점에 와 있습니다.

올해의 대림절에도 한국 교회가 이 나라의 선한 청지기 역할을 올바로 수행하지 못하고 있음을 인식해야 합니다. 그리고 심판주로 오실 주님을 맞이할 생각마저 잊은 채 살아 온 우리의 흐트러진 신앙부터 점검해야 합니다. 우리 주님 예수 그리스도를 모르는 사람들이 만든 탈선된 대림절의 무대에 나아가 함께 춤을 추었던 어제를 부끄럽게 생각해야 합니다. 불현듯이 오실 주님을 위해 밝은 등불을 손에 들고 기쁨으로 맞이할 준비가 이 대림절에 필요합니다. 그 준비는 기름이 가득한 등불을 들고 묵상과 기도와 찬송만을 부르는 부동의 자세를 의미하지 않습니다. 주님 맞을 진정한 준비는 주님이 원하시는 마음과 행동을 갖추는 일입니다. 위로와 도움이 필요한 주변의 사람들에게 예수 그리스도의 이름으로 따뜻한 손길을 펴는 것도 이 대림절에 필요한 자세입니다. 다시 오실 주님께 행동으로 옮겨진 자신의 신앙을 언제나 보일 수 있도록 준비하는 계절이 바로 이 대림절입니다.

그것은 아닙니다

5부

예배 중에 목사의 생일 축하를? 177	자녀 이름으로 헌금드려도 되나요? 210
일천번제는 일천 번 드리는 예물? 180	축도가 좀 다르네요 212
장례 예식 때 집례자 복장은? 182	그 기도는 무효인데요! 214
기원과 기도는 다르다 184	예수? 예수님? 217
설교와 간증은 다르다 186	사도신경은 눈 감고 드려야 할 기도문인가요? 219
무원고 설교가 가능한지요? 188	빌립 집사가 세례를 주었는데 나는 안 되나요? 222
'주님의 이름으로'와 '주님 안에서' 190	이러한 축하 행사도 예배인가요? 225
한국 교회 교회력에 주현절이 없다? 192	예배와 집회의 차이점 227
미조직 교회에선 성찬 예식 못 하나요? 194	지금도 살아 계신 하나님? 229
내 뜻 아니라 하나님 뜻대로 196	요즘은 재림에 대한 설교를 들을 수 없는데요 231
예배드릴 때 청바지는 안 되나요? 198	예배 인도자는 마이크를 멀리하고 찬송을! 233
세례 받기 전 성찬에 참여할 수 있나요? 201	경건회나 기도회 집회에서 축도를 꼭 해야 하나요? 235
회중은 이런 설교를 싫어한다 204	교회에서 행하는 성인식에 대해 237
고마우신 하나님? 감사하신 하나님? 206	성찬 성례전도 약식으로? 240
설교 전에 꼭 기도해야 하나요? 208	설교단에서 보인 설교자의 손 243

예배 중에 **목사의 생일 축하를?**

설교를 하지 않는 주일은 평소에 메모해 놓은 제자들의 교회를 찾는다. 그 곳을 찾아가 사랑하는 제자가 인도하는 예배를 함께 드리고 그의 설교를 듣는다는 것은 내게 매우 의미 깊은 일이다.

물론 나에게 교육을 받은 그 목사는 날 반기지 아니한다. 그 이유는 이 불청객이 순수하게 예배를 드리는 회중의 한 사람이 아니라 그가 인도하는 예배 가운데서 발견된 잘못된 부분을 비롯하여 그의 설교에 이르기까지 배운 대로 하지 않음을 지적하게 되기 때문이다.

사실 예배학과 설교학을 가르친 교수로서 내 눈앞에서 전개된 제자들의 오류를 그대로 묵과한다는 것은 교수로서 직무 유기라는 생각이 들기에 나는 상대의 기분을 고려하지 않고 칭찬과 지적을 언제나 수반한 평가를 해 주고 있다.

어느 주일이었다. 학생 시절 내 강의에 남다른 열심을 보이면서 따르던 제자의 교회를 찾아갔다. 그것도 교회의 위치를 정확히 몰라서 헤매다가

5부
그것은
아닙니다

겨우 예배 시간에 맞추어 들어가게 되었다. 그의 성격대로 성실하게 목회를 하여 개척 교회의 모습을 벗어난 것을 보면서 나는 스승으로서 그의 노고를 치하할 마음의 준비를 하면서 예배를 드렸다. 설교도 배운 대로 하려는 노력의 흔적이 뚜렷하여 마음이 흡족하였다.

설교가 끝난 후 광고 시간이 되었다. 목사의 광고가 끝나자 바퀴 구르는 소리가 나더니 큰 생일 케이크가 설교단 밑에 들어왔다. 그리고 난데없이 우렁찬 오르간의 전주가 나오면서 모두가 "생일 축하합니다. 사랑하는 목사님 생일 축하합니다." 하고서 온 회중이 노래를 부른다. 그리고 누구인가 목사의 머리에 고깔을 씌우자 목사는 케이크를 자른다. 그리고 목사는 그 모습으로 올라가서 축도를 하고 예배를 마친다.

참으로 해괴망측한 장면이었다. 우리 교단 신학교를 졸업한 목사가 그러한 연출을 한다는 것이 회중에게는 부끄럽고 하나님께는 죄스러워서 견딜 수 없었다.

하나님만을 예배해야 할 엄숙한 순간에 목사가 생일 축하를 받고 있다는 사실은 어떤 이론으로도 설명할 수 없는 참으로 부끄러운 행위였다. 그들의 변명은 교회가 작아 가족 분위기의 교회이니까 친교 차원에서 그러한 행위를 하고 있다는 어색한 해명을 하고 있었다.

그러나 공예배를 진행하다가 이와 유사한 행위를 한다는 것은 어떤 경우도 용납될 수 없다. 이럴 때마다 예배를 인도하는 목사가 예배의 이론과 신학에 이렇게 어두울 수 있을까 하는 생각을 하게 된다. 역사적으로 예배 가운데 평화의 입맞춤(Kiss of Peace)이라는 순서가 있었다.

이러한 순서는 환난과 핍박 가운데서 그리스도인으로 살기 위하여 몸부림친 그들을 주님 안에서 위로하고 격려하면서 서로가 주님의 동일한 지체임을 강조하는 단순한 행위였다. 어떤 경우도 어떤 사람이 예배 중에 영광과 축하를 받는 순서는 그리스도교 예배 역사 가운데서 찾아볼 수 없다.

광고는 비예전적인 순서이다. 그래서 예배 가운데 광고가 진행된다면 이상에서 보는 바와 같이 예배의 본질을 벗어난 탈선이 발생할 위험성이 상존한다. 그래서 우리 교단의 '표준 예식서'에서는 축도로 예배가 다 끝난 다음에 성도의 교제를 비롯한 각종 교회 소식이나 새신자 환영과 같은 광고를 하도록 규정한 바 있다.

5부
그것은
아닙니다

일천번제는 일천 번 드리는 예물?

세계 속의 수많은 교회들이 한국 교회를 바라보는 눈은 예사롭지 않다. 그 이유는 한국 교회가 세계 교회를 앞서 갈 만한 여건이 되지 못하는데 교회마다 갖추고 있는 예배당의 규모를 비롯하여 교회마다 열을 올리고 있는 선교의 열정이 도저히 따라올 수 없기 때문이다. 막대한 재정이 필요한 이러한 사역은 서구 교회를 놀라게 하는 한국 교회만의 큰 자랑이다.

이러한 거대한 기록이 있기까지는 쓰고 싶고 사고 싶은 모든 인간적인 욕구를 억제해 가면서 하나님을 기쁘시게 해 드리는 데 우선을 두는 한국 교회 그리스도인들의 아름다운 믿음의 열정이 있기 때문이다. 그래서 하나님께 예물을 드리는 그 희생 정신은 고귀한 것이며 하나님의 칭찬을 받아 마땅하다.

그런데 여기에 문제가 있다. 즉 성경에 나타난 말씀을 바르지 않게 해석하면서까지 하나님께 예물을 봉헌하게 하는 것은 분명히 우리가 바로잡아야 할 문제이다. 그 중에 하나가 '일천번제 예물' 이다.

  이 단어에 대한 뜻을 어떤 교회에서는 잘못 해석하고 있는 경우를 본다. 일천번제라는 어휘는 천일 동안 드린 것도 아니고, 일천번의 제사를 드린 것도 아니다. 이 말은 솔로몬 왕이 성전을 건축하기 전에 기브온에 있는 큰 산당에서 하나님께 제사를 드릴 때 일천 마리의 번제물을 단번에 드렸다는 말이다(왕상 3:4).

  이러한 혼돈은 한국 교회가 가장 오래 사용한 개역성경에서 "솔로몬이 그 제단에 일천번제를 드렸더니"라는 번역에서 유래한 듯하다. 그러나 현대인들의 언어로 좀더 쉽게 번역한 공동번역과 표준새번역을 가지고 본문을 읽으면 그 뜻은 아주 선명하게 된다.

  공동번역 : "기브온에는 큰 산당이 하나 있었는데 솔로몬은 늘 그리로 가서 제사를 드렸다. 솔로몬은 그 제단에 번제물을 천 마리나 바친 적이 있다."

  표준새번역 : "기브온에 제일 유명한 산당이 있었으므로, 왕은 늘 그 곳에 가서 제사를 드렸다. 솔로몬이 그 때까지 그 제단에 바친 번제물은, 천 마리가 넘을 것이다."

  우리 인간이 하나님께 예물을 일천 번뿐만 아니라 2천 번 3천 번을 목표로 하고 드리는 것은 고귀한 믿음의 행위이다. 그러나 솔로몬이 드린 일천번제의 내용과 같은 봉헌 행위로 여긴다면 그것은 매우 안타까운 이야기이다.

5부
그것은
아닙니다

장례 예식 때 **집례자 복장**은?

한국 사회가 직면한 문제는 인구의 노령화이다. 이 노령화라는 말에는 장수(長壽)라는 뜻이 있어 사람들에게 행복감을 줄 수도 있다. 그러나 여기에 수반되는 많은 문제점이 적지 않다. 그 중에 하나가 교회의 구성원들이 자연적으로 노령화되어 가는 문제이다. 서구의 교회처럼 한국 교회도 젊은이들보다는 노인들이 자리매김을 하는 현상이 두드러지고 있는 실정이다.

실질적으로 많은 목회자들은 교인들 가운데 세상을 떠나는 사람들이 점점 많아 장례 행사가 빈번함을 실토한다. 이 때마다 늘 받게 되는 질문은 입관·발인·하관을 집례할 때 가운을 입어야 하는지를 묻는다. 그리고 가운을 입으면 드림천(스톨)은 어떤 색으로 해야 하는지에 대한 질문이 이어진다.

이러한 질문에 앞서서 우리 기독교 예전에서 유의해야 할 문제를 먼저 본다. 그것은 한 사람이 죽은 다음에 갖게 되는 예식은 주일 예배와는 달리 그 나라의 문화권과 매우 밀접한 관계를 갖는다는 사실이다. 서구에서 도입된 장례 문화를 가지고 우리의 것을 완전히 무시하는 것은 문제가 있다. 리처드 리버의 『그리스도와 문화』라는 책에서 볼 수 있듯이 토착 문화를 정복하는 기독교보다는 그리스도의 복음으로 그 문화를 변형시키는 것이 충돌을 피하면서도 뜻을 이룰 수 있는 가장 좋은 방법이다.

불교와 유교가 지배해 온 우리 문화에서 장례 절차는 매우 엄숙하고 진지하다. 그리고 그 절차 또한 격식이 매우 복잡하다. 그리고 그 예식의 주관자들은 평상복으로 모든 것을 진행하지 아니한다.

기독교 역시 장례의 예식에는 그 집례자가 가운을 입고 성직자로서 엄숙하게 장례 예식을 진행하는 것이 정상이다. 그것은 하나님의 부르심을 받은 한 생명의 종말에서 하나님의 깊으신 뜻을 깨닫게 함과 동시에 그 영혼이 하나님의 품에 안기는 것을 그 자리에 있는 생존자들이 깨닫게 하는 데 목적이 있기 때문이다. 그래서 이 예식은 진지해야 하고 많은 교훈을 보여 주어야 한다. 이럴 때 장례만을 위한 간편한 일상복을 입는 것보다는 목회자가 정중한 예복을 입는 것이 하나의 상식이다. 그리고 이 때 성직자의 가운에 필수적으로 있어야 할 목에 두르는 드림천(스톨)의 색깔은 흰색을 사용한다. 어떤 교회에서는 죽음을 상징하는 검정색을 사용하기도 하지만 우리 개신교에서는 교회력과 관계없이 흰색을 사용한다. 그 이유는 흰색은 곧 부활을 상징하고 모든 색의 기본이기 때문이다. 이 흰색은 흙으로 빚어진 인생이기에 흙으로 돌아가지만 우리에게는 부활의 소망이 있음을 알리기 때문이다.

5부
그것은
아닙니다

기원과 기도는 다르다

예배 시간에 평신도들의 참여가 이제는 보편화되어 가고 있다. 제2바티칸 공의회가 1965년 예배 예전의 변혁을 결의한 이후부터는 천주교나 개신교 할 것 없이 평신도가 기도 또는 성경 봉독의 순서를 맡는 사례가 많아졌다. 이러한 현상은 성직자의 독무대로 그 동안 지속해 오던 예배의 전통에 큰 변화임에 틀림없다.

그런데 예배 시간에 기도를 맡은 분들의 기도에서 이상한 현상이 발생하고 있다. 그것은 기도를 시작하면서 자신이 원하는 성경 구절을 사용하는 관례이다. 기도의 대상이신 하나님을 부르기도 전에 먼저 성경 구절을 줄줄 외우거나 읽는다. 어떤 이는 전혀 성구를 외우거나 읽지 않고 기도를 한다. 어느 것이 예배 현장에서 적절한 기도의 형태인지 많은 사람들이 질문을 한다.

이러한 질문의 답을 위해 기도와 예배에 관한 문헌을 찾아보았지만 한국 교회에서 흔히 보게 되는 기도 전에 성경 구절을 한두 절 읽거나 외우는 경우를 찾아볼 길이 없다. 물론 우리에게 복음을 전해 준 서구 교회에서도 찾아볼 수 없는 현상이다.

　이럴 때마다 의문은 더욱 짙어 간다. 그렇다면 도대체 이러한 관습은 어디서부터 유래하여 오늘에 이르렀는가? 어떤 문헌에서도 그 대답을 찾을 길이 없는 참으로 난해한 문제였다. 예배학 교수인 필자는 분명한 답을 찾지 못한 채 수년을 넘겨야 했던 고민되는 문제였다. 그 때마다 하나님께 그 답을 가르쳐 달라는 기도를 할 수밖에 없었다.

　어느 날 예배를 시작할 무렵에 그 대답이 나에게 주어졌다. 그것은 목사가 예배를 시작하면서 드리는 예배의 부름과 기원에서 연유함을 알게 되었다. 목사가 예배 서두에 예배를 선언한다. 그리고 이어서 '예배로 부름'을 한다. 이 순서는 하나님이 회중을 향하여 주시는 말씀이어야 하기에 반드시 적절한 성경의 말씀으로 이 순서는 진행된다. 그리고 이어서 일반 기도가 아닌 기원(invocation)을 한다.

　회중들은 여기서 기원을 기도로 흔히들 잘못 이해한다. 그러기에 그들에게는 언제나 목사가 드리는 예배 기도는 성경을 읽고 기도를 하는 것으로 각인된다. 그리고 그 형태는 예배 시간에 드리는 기도의 모형으로 자리잡게 된다. 그러나 여기서 알아야 할 것은 기원은 인간의 간구가 전혀 없이 오직 허물 많은 무리들을 정결하게 하시어 하나님이 영광받으시는 예배가 되도록 해 달라는 아주 짧은 기원이다. 그래서 다음과 같은 조언을 목회자들에게 주고 싶다. '예배로 부름'의 순서 다음에 반주자나 찬양대가 아주 짤막한 응답송을 한 후에 기원을 함이 좋다. 그럴 때 기도 전에 성경을 읽거나 외우는 이상한 관습은 곧 사라지게 되리라 본다.

설교와 간증은 다르다

설교자를 가장 괴롭히는 것이 무엇인지 생각해 본다. 어떤 사람은 자신의 설교 사역에 어려움을 주는 것을 외적인 것에 두고 있다. 설교를 성실히 듣지 않는 교인들이나 또는 열악한 환경을 든다. 그러나 설교의 세계를 좀더 깊이 들어가 분석해 보면 그 주범은 자신 안에 들어 있다. 그 중에 하나가 자신을 말하고 싶은 유혹이다.

사람에 따라 다른 경우가 있지만 일반적으로 인간은 자신의 과시에 흥미를 느낀다. 그 흥미의 표출은 여러 가지 형태로 나타난다. 사람에 따라 물질로, 명예로, 권좌로 자신을 드러내고 싶어한다. 그런데 설교자는 이러한 명목을 소유하지 못하기에 언어로 자신을 드러내는 데 익숙해진다. 설교자는 가장 많은 말을 구사하면서 살아야 하는 사람이다. 말을 많이 해야 하는 사람에게는 자료가 그만큼 풍부해야 한다. 그 자료는 학문적인 차원에서 또는 삶의 경험이나 풍부한 생각을 가지고 저장된다.

설교자가 많은 지식을 습득하여 그것을 순수하게 전하고자 하는 진리와 접목했을 때 거기는 존경과 함께 경청의 귀를 기울인다. 그러나 풍부한 자료가 없이 자신의 경험이나 생각만을 나열할 때는 그 설교는 객관성을 잃을 뿐만 아니라 진리의 위력까지 멀리하게 된다.

한국 교회 설교 사역에서 지나치다고 생각되는 것이 있다. 그것은 바로 자신의 경험담을 설교마다 들려 주는 문제이다. 자신의 경험담이 바닥이 났을 때는 가정의 이야기를 가져온다. 그 때마다 설교자의 가정과 생활은 노출되고 말씀의 품위는 식어져 간다. 어느 목회자는 다음과 같은 말을 한다. "설교자가 자신과 가정, 그리고 목회하는 가운데 겪었던 자신의 경험을 이야기한다면 훨씬 생동감 있는 예화가 될 것이라 생각하는데요."

설교자가 생생한 자신의 경험담을 들려 줄 때 물론 실감이 난다. 사람이 사람 사는 이야기 속에서 진리를 발견할 수 있다. 그러나 그 실감을 얻으려다가 잃어버린 것들이 훨씬 많다. 무엇보다도 회중들이 말씀의 주인이신 하나님을 향한 자세를 바꾸어 설교자와 대화를 하게 된다. 뿐만 아니라 회중은 어느 개인의 경험담을 듣거나 정치 분석을 듣기 위하여 그렇게도 소중한 시간을 내서 설교자 앞에 앉아 있는 것이 아니다. 더욱이 중요한 문제는 집으로 가는 길 생생한 설교자의 이야기는 살아 있어도 하나님의 말씀인 성경의 진리는 흔적이 없게 된다.

그러한 까닭에 설교자가 가장 유의해야 할 것은 자신과 자신의 가정 밖에서 예화를 찾는 데 노력해야 한다는 것이다. 그렇지 않으면 성경의 이야기와 자신의 이야기로 채워진 설교만을 언제나 하게 된다. 이 습관이 짙어지면 설교자가 자신을 말하고 싶은 유혹에 계속 빠지게 된다. 그럴 때 하나님의 말씀은 흔적을 감추고 설교자만이 위대한 존재로 등장한다.

무원고(無原稿) 설교가 가능한지요?

설교자 한 분이 어느 날 이메일을 통하여 질문을 보내 왔다. 자신은 설교를 오랫동안 계속하면서도 늘 부러워하는 대상이 있다고 한다. 그것은 어떤 설교자들이 원고 없이 설교를 유창하게 하는 모습이라고 한다. 그리고 원고도 없이 내용이 좋은 설교를 하는 것을 보고 있노라면 자신의 설교 사역에 한계를 느낀다는 말을 한다. 그리고 자신은 설교를 착실하게 준비하는 편인데도 원고 없이는 설교를 조금도 진행할 수 없다는 고충을 들려 주었다. 그러면서 '무원고' 설교를 할 수 있는 방법을 알아보았다.

설교자의 가장 심각한 고민 중의 하나가 바로 사람을 향하여 설교하지 못하고 원고를 향하여 설교를 하는 문제이다. 이 문제는 얼굴을 맞바라보고 눈에서 눈으로 전해야 하는 메시지 전달의 기본 조건을 달성하지 못하는 참으로 안타까운 문제이다. 어떤 설교자는 설교 원고를 그대로 읽고 있는가 하면 어떤 설교자는 고개를 가끔 들기도 하지만 전혀 회중과의 시선 교환을 못한 채 원고에 얽매여 설교를 진행한다. 이러한 경우 회중의 불만은 심각하다.

어느 교회에서는 후임 목사를 구하는 데 원하는 첫 조건은 "원고를 보지 않고 설교를 할 수 있겠습니까?"였다. 그 이유는 전임자가 설교를 시작하면 끝날 때까지 회중을 한 번도 쳐다보는 일이 없었던 것이 그들에게는 심각한 상처였기 때문이라고 한다. 충분히 이해가 간다. 설교는 사람을 바라보고 하는 것이 원칙이다.

우리가 텔레비전에서 뉴스를 진행하는 앵커들을 유심히 볼 필요가 있다. 그들 앞에는 분명히 원고가 있다. 그러나 그들의 시선은 원고와는 무관하게 시청자를 직접 쳐다보는 모습을 언제나 취한다. 거기에서 시원스러운 뉴스의 전달은 이어진다.

설교자도 마찬가지이다. 원고를 보지 않고 설교를 하지만 그들은 모두 성실히 원고를 기록하고 그것을 수십 번이고 읽고 또 읽으면서 수정 보완하고 그 메시지에 자신이 먼저 감화되면서 그 설교가 자신의 몸에 완전히 배이게 한다. 이것을 설교학에서는 화육적 설교(Incarnational Preaching)라고 한다. 다시 말하면 무원고 설교는 없다. 정리된 원고를 10분의 1로 축약해서 설교단에 서서 원고에 매달리지 않은 모습으로 설교를 하는 것이 가장 이상적이다. 그럴 때 진리는 훨씬 더 생명력을 수반하여 회중들의 가슴에 뿌려진다.

'주님의 이름으로'와 '주님 안에서'

우리말은 동일한 말이라도 그 말이 사용되는 시간과 장소에 따라 의미가 많이 달라진다. 자칫 잘못하면 말의 본질이 흐려지거나 그 의미의 전달에 차질이 생긴다. 그래서 공적인 언어의 사용은 많은 주의를 기울여야 한다는 당위성을 갖게 된다.

1960년대까지만 해도 별로 듣지 못했던 "주님의 이름으로 축원합니다." "주님의 이름으로 문안드립니다."의 표현이 이제는 한국의 그리스도인들에게는 매우 익숙한 말이 되었다. 자주 듣게 되는 이 말에 대하여 의문을 제기하는 사람들이 많다.

사도행전을 비롯하여 서신서에 나오는 헬라어 전치사 '엔'이 경우에 따라 우리말로 '으로' 또는 '안에서'로 번역되고 있는데 자세히 살펴보면 주 예수님의 이름을 사용할 때는 '으로'로 번역을 하였고 그렇지 않은 경우는 '안에서'라고 번역하고 있다. 주로 치유나 말씀의 대언자로 서서 예수님의 이름 또는 성령님의 이름을 빌려 그 권위로 말하는 현장에서는 '으로'로 번역을 했다. 그 실례로 사도행전에서 7회와 다른 곳에서 2회를 들 수 있다. 그 대표적인 경우가 "나사렛 예수의 이름으로"(행 3:6)나 "예수의 이름으로 담대히 말함"(행 9:27)의 경우를 들 수 있다. 그 외에 190여 곳에서는 이 전치사는 모두 '안에서'로 번역하였다. 주로 문안과 격려의 경우는 '예수님 안에서' 또는 '예수 그리스도 안에서'로 번역하였다. 영어에서는 모두 동일하게 'in'으로 번역하고 있다.

  사실 우리말에 "누구 이름으로 무엇을 한다."는 것은 그 이름의 권위와 위엄과 인격을 수반하는 의미의 용어이다. 예를 들어 공문서에 "주님의 이름으로 문안한다."고 했을 때 '주님을 대신하여' 또는 '주님의 이름을 빌어서'의 뜻이 된다. 이 때마다 과연 나의 인사말이 주님을 대신한 것인지를 묻지 않을 수 없다. 나의 단순한 생각의 표현이나 바람까지 모두를 '주님의 이름으로' 해야 하는 우리 교회의 언어 표현에는 상당한 문제점이 있음이 분명하다. 성경에서도 인사나 개인적인 권면 등은 모두 "예수 그리스도 안에서"로 표현하고 있는데 우리 한국 교회는 이 부분에 대하여는 별 관심을 갖지 않는다. 그래서 우리 교단의 "기독교 용어 연구 위원회"에서는 문안의 경우는 "주님 (주 예수님) 안에서 문안드린다."로 바꿀 것을 제안했고 총회는 이를 채용한 바 있다. 이상한 것은 이러한 결정이 총회 차원에서 이루어졌는데도 아직도 우리 교회는 관습적으로 문안 인사나 환영 언어나 개인적인 부탁까지 모두 '주님의 이름으로'를 사용하고 있는 경우를 많이 접하게 된다.

5부
그것은 아닙니다

한국 교회 교회력엔 **주현절이 없다**?

지난 2월 9일 우리 나라에서는 반가운 설날이었다. 그러나 그 날은 교회에서는 부활절 전에 맞이하는 사순절이 시작된 '참회의 수요일'이었다. 그래서 교회마다 명절을 보내고 돌아온 모든 교인들에게 사순절의 시작을 알리며 주님의 수난을 묵상하면서 특별 새벽 기도회를 비롯한 각종 행사를 갖기에 한창 바쁘다. 3월 27일 부활주일까지 이어지는 이 사순절에 주님의 수난을 생각하면서 참회의 대열이 이어진다는 것은 매우 의미 깊은 신앙 생활의 모습이다. 이제 우리 한국 교회가 세계 교회와 같이 교회력을 지키면서 성장한다는 것은 참으로 반가운 일임에 틀림이 없다.

그런데 이 때가 될 때마다 의문이 생긴다. 왜 한국 교회에서는 1월 6일 주현일부터 재의 수요일(Ash Wednesday) 전일까지 이어진 주현절(Epiphany)에 대하여는 아무런 관심을 보이지 않는지 이해하기 어려운 문제이다. 교회력은 주님의 생애에 맞추어 전세계 교회가 동시에 지키면서 주님의 몸된 하나의 교회를 추구하고 실천하는 점에서 매우 의미 깊은 역사를 가지고 있다. 그런데도 불구하고 52주 동안 이어진 교회력의 내용을 무시하고 자신의 취향에 맞는 절기만을 지켜 나가는 모순을 우리는 범하고 있다.

몇 년 전 찬송가공의회가 21세기 찬송가 시제품을 발표한 바 있었다. 시제품을 손에 들자마자 교회력을 얼마나 바르게 반영했는지를 찾아보았다. 그 이유는 찬송가 편집에 있어서 가장 소중하게 생각해야 할 부분이 바로 이 교회력의 내용을 연관시켜야 하기 때문이다. 찬송가의 내용뿐만 아니라 교회력에 맞추어서 당연히 편집되어야 할 성시교독은 더욱 큰 관심의 대상이었다.

그런데 그 찬송가에는 대강절, 성탄절, 사순절, 부활절, 오순절의 찬송가나 교독문은 있었는데 주현절에 대하여는 그 이름마저 없을 정도였다. 참으로 궁금증을 가속시키는 문제였다. 여기에 대한 실무진의 대답은 기상천외의 것이었다. 내용은 한국 교회가 별로 관심을 두지 않기에 취급을 하지 않았다는 것이었다. 여기서 교회력에 대한 이해가 없는 사람들이 주역이 되어 21세기 찬송가를 만들고, 한국 교회가 토막난 교회력을 지키게 하는데 선봉장이 되었음을 직감하였다.

우리는 분명히 알아야 한다. 교회력은 주님 오심을 기다리는 대림절, 주님이 오신 성탄절, 주님이 말씀을 전하시는 주현절, 수난을 당하신 사순절, 죽음을 박차고 승리를 안겨 주신 부활절, 그리고 성령님이 오셔서 교회를 일구어 가시는 오순절로 구성되어 있다. 이것은 이제 하나의 상식이다.

미조직 교회에선 **성찬 예식 못 하나요?**

어느 날 있었던 성례전 세미나에서 매우 필요한 질문이 있었다. 질문의 내용은 아직 장로를 세우지 못한 미조직 교회가 되어 성찬 예식을 갖지 못한다는 것이었다. 그는 생각 끝에 안수집사를 분병분잔 위원으로 봉사하도록 하고 성례전을 가졌다고 한다. 그런데 주변에서 선배 목사와 장로로부터 집사가 분병분잔 위원으로 봉사한 것에 대하여 지적이 많았다고 한다. 그래서 지금은 아예 장로를 세울 때까지 성례식을 보류하고 있다고 괴로운 심정을 말하고 있다.

이 경우에는 두 가지 중요한 문제가 내포되어 있다. 하나는 안수집사는 성찬 성례전에서 분병분잔 위원으로 봉사할 수 없는가? 또 하나는 성찬 성례전은 언제나 분병분잔 위원이 꼭 있어야 하는가? 여기에 대하여 당회가 구성되어 있는 교회는 문제가 없겠으나 그렇지 못한 교회에는 약간의 혼돈이 일게 된다.

예배는 언제나 성찬 성례전과 설교가 두 축을 형성하고 있다. 기독교 예배의 역사에서는 성찬 성례전이 설교보다 더 중요한 위치를 오랫동안 차지하였다. 지금도 종교개혁자들의 영향을 받지 않은 교회에서는 그 전통은 여전하다. 개혁교회를 앞세운 많은 개신교에서는 말씀을 더욱 중요시하는 현실이지만 역시 성찬 성례전은 예배의 한 축임에 틀림이 없다.

이러한 역사적인 배경은 주님이 제정하신 성찬 성례전의 중요성이 강조되었고 아무나 집례하거나 분병분잔을 할 수 없는 예배 예전으로서 그 존엄성이 인정되어 왔다. 그러한 까닭에 집사는 봉사와 구제가 본래의 사명이기에 성례전을 돕는 신성한 일은 장로에게 맡기고 있다. 이러한 전통은 많은 교단에서 지금도 지키고 있다. 그렇다고 해서 장로가 없는 교회는 성찬 예식을 갖지 못한다는 말은 전혀 아니다. 여기서 알아야 할 것은 성찬 예식에 반드시 분병분잔 위원이 필수적으로 있어야 하는 것이 아님을 알아야 한다.

성찬 성례전은 목사인 집례자와 참여해야 할 회중이 있으면 성립된다. 분병분잔 위원이 없는 경우는 교인들이 직접 앞으로 나와서 집례자인 목사에게서 성물을 받으면 문제가 전혀 없다. 그러므로 구제와 봉사를 주임무로 하는 제직을 활용하는 문제나 장로가 없어 성례전을 못 한다는 문제는 성립되지 않는다.

한국 교회는 초기 선교사들이 장로를 동반하고 봄 가을로 순회를 하면서 성례전을 베풀어 왔었다. 그러기에 많은 교인들은 분병분잔 위원인 장로가 없으면 성례전을 거행할 수 없는 것처럼 생각하는 고정관념이 아직도 살아 있는 듯하다.

5부
그것은
아닙니다

내 뜻 아니라 **하나님 뜻대로**

한국 교회는 기도하는 교회라는 말을 종종 듣는다. 사실 우리 한국 교회의 기도에 대한 열심은 외국의 어느 나라 교회에서도 볼 수 없는 특유한 부분이다. 이러한 기도의 함성이 우리 교회와 민족을 지키는 데 큰 힘이 되었다는 사실을 부정할 사람이 없다.

그러나 우리 기도의 심성과 내용과 형태에 조금이라도 관심을 가지고 분석해 볼 적마다 문제점을 발견하게 된다. 그것은 우리 한반도는 오랜 역사와 함께 무속 신앙의 바탕 위에 불교와 유교가 뿌리를 내린 나라이다. 이러한 바탕에 상륙한 우리 그리스도교는 독자적인 신앙의 내용을 가지고 있으면서도 이 땅의 종교적 심성과 그 토양의 영향의 지배를 심하게 받고 있다. 그 중에서도 우리의 기도 내용과 형태가 타종교와 너무 비슷하다. 기도의 대상과 예수님의 이름으로 기도한다는 것만이 차이가 있을 뿐이다.

초대교회의 목회 지침서인 『디다케-열두 사도의 교훈』에서는 매일 아침 정오 저녁으로 세 번씩 정기적으로 기도할 것을 가르치면서 기도의 내용은 주님이 가르쳐 주신 기도를 드리도록 하였다. 초대교회가 그리스도교의 기도의 본질을 지키려고 갖은 노력을 기울였다는 증거이기도 하다.

오늘날 우리가 드리는 기도의 내용과 형태는 나의 모든 요구를 하나님이 수용하고 응답하셔야 한다는 무례한 요구를 펼치고 있는 것을 많이 본다. 그러나 우리 그리스도인이 눈여겨보아야 할 예수님의 기도 내용과 모습을 복음서에서 읽게 된다. 그것은 십자가의 수난을 목전에 두고 땀방울을 핏방울처럼 뚝뚝 떨치면서 견디기 힘든 고통의 멍에를 멀리해 달라고 애원하던 기도의 모습이다. 견딜 수 없는 치욕과 채찍과 십자가의 고통을 익히 아신 주님의 기도는 어느 누구 어느 사연보다 가장 절박한 기도였다. 그러나 주님은 그러한 긴박한 기도를 드리신 다음에 "하오나 내 뜻대로 마옵시고 아버지의 뜻대로 하옵소서" 이 한 마디를 하시고 기도를 끝맺으셨다.

주님의 이러한 기도는 바로 우리가 따라야 할 기도의 중요한 모형이다. 우리 역시 원하는 사연을 다 아뢸 수 있다. 애절하게 울부짖을 수 있다. 함성을 지르며 절박한 응답을 요구할 수 있다. 그러나 우리 주님이 겟세마네 동산에서 보여 주셨던 기도를 생각하면서 우리도 기도를 드릴 때마다 다음의 한 마디는 꼭 있어야 한다고 본다.

"오늘만을 보고 사는 모자란 인간입니다. 비록 이 죄인이 원하는 바는 간절하오나 내 뜻과 욕구대로 마옵시고 지존하신 하나님의 뜻대로 하시옵소서."

예배드릴 때 **청바지**는 안 되나요?

어느 교회 목사가 보내 온 질문이 있었다. 그것은 자신이 섬기고 있는 교회 청년부의 여대생이 예배와 복장에 대하여 깊은 관심을 보이면서 자신이 즐겨 입는 청바지를 착용하는 것에 문제가 있는지를 물어 왔다고 한다. 그런데 그 청바지를 쳐다보는 목사는 매우 괴로웠다는 말이다. 이유인즉 무릎을 비롯하여 허벅지 부분까지 구멍이 나서 속살이 이곳 저곳에 보이고 있었기에 매우 난처한 시간이었다고 한다.

미국에서 필자가 보았던 한 실례가 있다. 주중에 주유소에서 본 한 대학생의 하의는 팬티보다 더 짧아 참으로 놀랄 정도였다. 그런데 주일에 정장을 하고 예배당에 나타난 그 젊은이를 만나게 되었다. 나는 그에게 다가가서 어제 주유소에서 본 그 대학생인지를 확인하였다. 그리고 난 서슴없이 어제의 옷과 오늘의 정장에 대한 이야기를 나누었다. 그는 그가 정장을 가지고 있는 이유는 오직 예배와 파티를 위함이라는 사실을 들려 주었다. 그 때 다시 한 번 그의 예배와 관계된 단정한 복장에 새롭게 감탄을 한 적이 있다.

　물론 예배는 우리의 외형적인 것보다 내적인 마음가짐이 무엇보다 중요함을 다시 강조한다. 외적인 것에 치중하느라고 하나님을 예배하는 데 그 본질을 상실하는 일은 절대 엄금이다. 그러나 흐트러진 마음 또는 예배의 존엄성을 모르고 자신의 외형적인 모습에 무관심한 채 예배를 드린다는 것은 한 번쯤 깊이 생각할 필요가 있다. 그렇다고 지나친 화려한 복장을 말하는 것은 물론 아니다.

　청바지는 미국 서부 개척 시대의 카우보이나 개척자들이 착용했던 복장으로, 활동미와 야성적 이미지를 표현하는 패션이다. 젊은이들이 이러한 복장을 하고서 예배에 찾아오는 문제에 거부감을 가질 필요는 없다. 문제는 그들의 마음 바탕에 옷이란 때와 장소를 가려서 입어야 한다는 기본 자세를 갖추어야 한다. 잠옷은 잠잘 때를 위하고 체육복은 운동 시간에 즐겨 입는다는 기본 상식을 갖추어야 한다. 대통령의 부름을 받고 청와대를 찾을 때 어떤 복장을 할 것인가를 생각해 보면 그 대답은 자명하다. 지존자이신 하나님께 드리는 예배의 현장에 자신이 입고 나서야 할 의복에 모두가 기본적인 상식을 가지고 있어야 한다.

　사실 이러한 상식은 청소년에 국한된 문제가 결코 아니다. 예배하는 그리스도인들 모두에게 해당된 문제이다. 나의 제일 좋은 마음과 준비와 정신 그리고 외형적인 모습을 갖추고 하나님을 찾아 예배하려는 것은 당연한 상식이다. 이 상식을 갖추고 예배하는 공동체가 하나님을 기쁘시게 하고 하나님의 영광을 위한 정성이 깃들어 있는 교회이다.

　우리 문화는 제삿날에 가족이 새 옷을 착용하고 제사를 지냈으며 명절에 새 옷을 자녀들에게 입히려고 어머니가 애를 쓰셨던 모습을 회상해 본다.

5부
그것은
아닙니다

이것이 우리의 종교 문화이다. 서구와는 비교도 안 될 만큼 예배하는 마음과 자세와 외형의 가꿈이 우리에게는 반만년의 역사 속에 생성되어 왔다. 이 땅에 사정없이 밀려든 서구 물결이라는 거센 해일에 모두를 다 빼앗겨도 하나님을 예배하는 특별한 준비에 정성을 다했던 이 부분만은 빼앗기고 싶지 않다. 이유는 모두가 하나님을 향한 아름다운 예배를 생각하기 때문이다.

세례 받기 전
성찬에 **참여**할 수 있나요?

1980년대까지만 해도 좀처럼 듣기 어려웠던 질문이 종종 들려 온다. 그 내용은 주일 예배에서 성찬 성례전을 하는데 그 성례전에 참여할 수 있는 사람들의 자격에 대한 문제이다. 그 자격을 세례 교인으로 제한하고 있는 기존 교회의 규정에 대하여 반론을 제기하는가 하면, 그 제도를 완전히 외면하고 성찬 성례전의 참여 자격 자체를 무시해 버리는 경향이 있다. 여기서 교회의 기존 질서 속에서 살아온 교인들과 그것을 모르고 살아온 교인들 사이에 상충된 이해가 생기는 것이 문제이다.

우리 기독교는 하나님의 말씀인 성경과 그 성경을 바탕으로 하는 바른 신학을 가지고 있다. 이것은 어느 시대에 등장된 것보다 초대교회로부터 이어지는 전통이다. 비록 기독교가 정교회와 로마 가톨릭 교회와 개신교로 분리되어 있다 하더라도 하나님의 말씀인 성경의 진리를 지키고 예배의 축인 말씀과 성례전을 존엄하게 여기는 것에는 큰 차이를 보이지 않고 있다. 특별히 한국 교회 신학 사상에 큰 영향을 주고 있는 칼뱅과 같은 개혁자는 예배에 말씀과 성찬 성례전을 축으로 했던 초대교회로 돌아가야 한다는 주장을 굽히지 않았었다.

초대교회에서는 예배를 말씀의 예전과 다락방 예전으로 분류하여 드렸다. 예배의 전반부 말씀의 예전에서는 누구나 그 자리에 와서 설교 말씀을 들을 수 있었다. 그러나 후반부의 성찬 성례전에서는 세례를 받지 않는 초신자는 모두 돌아가게 하고 세례 교인만 남아 기독교 예배의 핵심인 성찬 성례전에 참여하게 하였다. 초대교회의 목회지침서로 불리는 『디다케-열두 사도의 교훈』에 의하면 세례는 주님을 위하여 생명까지도 다 바칠 각오를 하는 사람들에게 주어졌고 그 준비도 매우 철저하였다. 공식적으로 그리스도인이 된다는 것은 세례를 받아야 했고 이들이 주님의 몸과 보혈을 받을 때는 남다른 감회와 감격이 서려 있었다. 이러한 말씀과 성례전은 교회가 지켜야 할 예배의 핵심이며 소중한 전통으로 이어져 왔다. 이것은 단순한 신학적 차원이 아니라 주님의 명령으로서 예배의 필수적인 사항으로 삼고 있다.

이러한 전통은 기독교의 매우 중요한 교리로서 정착되었고 우리 한국 교회에도 철저하게 시행되고 있었다. 그래서 세례는 매우 소중한 성례로 이해되었다. 그래서 한국의 오랜 종교 문화 속에서 물든 이방 종교의 오염을 벗어나야 세례를 받을 수 있기에 학습이라는 중간 과정을 거쳐 6개월이 지나야 세례를 받도록 한 바 있다.

그러나 최근에 1900년 초기에 발생한 오순절 계열의 교회에서 이러한 과정이 없이 아무나 성찬 성례전에 참여하게 하는 모습이 확산되면서 거기에 호감을 갖는 목회자가 종종 보인다. 이것은 분명히 기존 교회의 역사와 전통이 손상을 입은 현상이다. 비록 성경에 세례 교인만이 이 성례전에 참여할 수 있다는 성구가 없더라도 주님을 위하여 목숨까지도 바칠 결의를 하고 세례를 받은 사람만이 참여했던 성찬 성례전이 그 역사성을 상실하면, 기독교의 전통적인 교리가 무너지는 무서운 손실을 입게 된다는 사실을 우리는 좀더 진지하게 마음에 두어야 한다.

5부
그것은
아닙니다

회중은 **이런 설교**를 싫어한다

어느 날 작은 규모의 교회에서 설교를 하게 되었다. 그 교회에는 두 분의 장로님이 교회를 개척할 때부터 희생적으로 봉사해 오고 있었다. 그런데 불행하게도 목사와 장로 사이에 심각한 갈등이 빚어지게 되었다. 설교가 끝나고 그 교회 목회자와 두 분 장로님과 함께 하루를 보내면서 많은 대화를 나누며 기도하던 중에 서로 화해를 하게 되는 놀라운 결실을 거두게 되었다. 그런데 나이 많은 장로님이 마지막으로 목사님께 한 마디 하고 싶다면서 다음과 같은 말을 하였다.

"목사님! 제가 목사님을 제 자식처럼 사랑하고 진심으로 아끼고 있습니다. 그래서 이 한 마디를 합니다. 목사님! 제발 당회나 제직회에서 있었던 일을 설교에서는 삼가해 주세요. 뿐만 아니라 교인들에게 섭섭했던 일도 설교에서는 언급하지 말아 주세요."

이렇게 충고를 한 장로님은 목사님의 손을 꼭 쥐면서 "목사님! 죄송해요. 목사님을 정말로 사랑합니다."라고 말하며 두 눈에 눈물을 흘리고 있었다.

설교와 성례는 목사에게 맡겨진 고유한 임무이며 책임이다. 그래서 교회에서는 설교는 하나님의 말씀을 전하는 사역이라 하여 신성불가침의 영역처럼 여기고 있다. 그래서 아무도 설교 시간에 손을 들어 질문을 하거나 비판을 할 수 없다. 좋든 싫든 예배를 마칠 때까지 거기에 앉아 있어야 한다. 목사는 이 때 자신의 설교 앞에 모두가 수긍하고 하나님의 말씀으로 받아들일 것이라는 착각을 한다.

그렇다. 설교가 순수한 하나님의 말씀을 선포하고 그 말씀을 해석해 주고 삶의 자리에서 그 말씀을 현장화시켜 주는 상식선에 도달했을 때, 교인들은 그것을 하나님이 설교자를 통하여 주시는 말씀으로 받아들인다. 그러나 설교를 목회의 수단으로 활용할 때는 심한 거부감을 갖는다.

여기서 설교자의 가슴에 깊이 새겨야 할 몇 마디가 있다. 설교는 목회의 현장에서 뺨 맞고 화풀이하는 무대가 아니다. 설교자가 어딘가에서 혹독한 모멸과 수모와 억울함을 당했더라도 설교에서는 그러한 내색을 해서는 안 된다. 당회나 제직회에서 자신의 주장을 관철하지 못한 좌절을 경험했더라도 설교에서는 그러한 사연이 언급될 수 없다. 설교자가 철없는 교인들로부터 극심한 창피를 당했더라도 그러한 흔적을 설교에서 드러내서는 안 된다. 다시 말하면 설교는 목회의 수단이 될 수 없다. 이것은 설교학의 제1원칙이다. 설교를 통해서 자신의 주장을 합리화하고 교인들이 자신을 따르도록 교육을 시키겠다는 발상 자체를 배제해야 한다. 지금까지 설교를 목회의 방편으로 삼은 설교자가 목회에서 성공한 사례가 없다. 이러한 설교자는 갈등과 불협화음을 더 강화시키다가 결국 결별이라는 슬픈 종말을 가져올 뿐이다.

고마우신 하나님? 감사하신 하나님?

일상 생활에서 사용하는 언어마다 주의를 기울인다는 것은 매우 피곤한 일이다. 그래서 아무런 제재를 받지 않고 나눌 수 있는 대화의 파트너를 좋아한다. 그러나 특수한 환경이나 정중한 순간에는 누구나 자신의 언어 사용에 주의를 기울이기 마련이다. 외국인들이 우리 언어를 배울 때 가장 어려움을 겪는 것은 언어의 계층이 많다는 점이다. 예삿말을 비롯하여 낮춤말과 높임말이 각각 다르기 때문에 많은 혼돈을 일으킨다.

그리스도인들이 기도를 할 때 그 대상이 지존하신 하나님이시기에 자신이 아는 높임말을 최대한 사용하려는 노력을 기울인다. 하나님을 경배하는 기도자로서 하나님을 향하여 적절한 높임말을 사용하는 것은 매우 당연한 일이다. 그런데 깊이 주의를 기울이지 않고 높임말을 사용하면 자칫 실수를 범하기 쉽다.

한국 교회의 그리스도인들이 흔히 기도를 시작하면서 하나님을 부를 때 '감사하신 하나님!' 이라는 표현을 종종 쓰는 경우를 본다. 기도하는 이의 의도는 알고 있지만 그 표현은 적절하지 않다. 우리말에 '감사'와 '고마움'은 동일한 뜻을 가지고 있다. '고마움'은 순수 우리말이며 '감사'는 그 고마운 마음을 나타내는 인사를 한자로 표기하여 사용되는 말이다. 그런데 '감사'는 주로 명사와 동사로 사용하게 된다. 예를 들어 '감사의 생활'이나 '감사하다'라는 표현은 매우 자연스럽다. 그러나 다음의 경우에는 매우 어색하다. 예를 들면 '그분은 지극히 고마우신 분이다.'라는 말은 자연스럽지만, '그분은 감사하신 분이다.'라는 표현은 매우 부자연스럽다. 만일 기도하는 이가 주체라면 '감사하신'은 자신의 말에 대한 존대를 나타내는 모순이 발생한다. 만일 하나님을 수식하는 말일 경우에도 그 또한 문제가 된다. 하나님이 누구에게 감사하신다는 뜻이 되기 때문이다. 그래서 차라리 '고마우신 하나님'이 적절한 표현이다. 이와 같이 높임말을 사용하다가 실수를 범하는 예가 많이 있다. 그러나 하나님께 드리는 기도에는 이러한 실수가 반복되어서는 안 된다.

    어릴 적부터 익혀 온 언어를 수정하거나 보완하는 일은 철저한 교육을 통해 이뤄진다. 그리고 훈련을 통해서 바른 언어는 생활화된다. 그러나 최근 우리 주변에서는 언어 사용에 실수를 범하는 사람을 보고서도 바로잡아 주고자 하는 노력이나 충고가 사라지고 있는 것이 현실이다. 옛 어른들은 잘못된 언어나 인격의 모순을 볼 때마다 거침없이 지적하여 바른 말과 바른 인격을 형성시키는 데 힘을 기울였다. 그러나 개인주의가 만연해 있는 오늘의 현실은 그렇지 못하다.

    그리스도교의 진리는 언어라는 매개체를 통하여 우리에게 다가온다. 그러한 까닭에 그리스도인들은 설교나 기도나 대화 속에서 바른 언어 구사에 남다른 노력을 기울여야 한다.

5부
그것은
아닙니다

설교 전에 꼭 **기도**해야 하나요?

어느 날이었다. 남달리 설교 사역에 성실성을 보여 많은 교인들이 좋아하는 어느 목사의 설교를 필자는 경청하고 있었다. 그런데 찬양대의 찬양이 끝난 다음, 설교단에 선 목사가 기도를 드리지 않고 바로 설교를 시작하였다. 예배 후에 그의 목양실에 들어가 대화를 나누면서 설교 전에 기도를 하지 않은 이유를 물었다. 대답은 간단하였다. "제가 알기로는 설교 전의 기도는 타교단에서는 하지만 우리 교단에서는 하지 않는 것으로 알고 있습니다."라는 깜짝 놀랄 대답이었다.

설교 전 기도는 어느 특정 교단에서만 강조되는 일이 아니다. 설교 전에 설교자가 드리는 기도는 성령님의 조명을 구하는 기도이다. 설교단에 서기까지 설교자는 성령님의 손에 붙잡힌 도구이다. 설교자는 순수한 도구로서 본문의 선택부터 석의와 구체적인 적용의 단계, 그리고 모든 설교의 자료까지 수집하였기에 성령님께서 이 단에 친히 오셔서 말씀의 밝은 빛을 발하여 달라는 기도이다. 설교자 자신을 순수한 도구로 삼으시사 하나님의 말씀으로 무장시켜 주시고 회중들의 가슴에 필요한 말씀을 성령님이 친히 심어 달라는 기도이다. 그래서 이 기도를 '설교 전 기도'(Prayer of Illumination)이라고 한다.

칼뱅은 이 기도를 매우 비중 있게 생각하였다. 그 이유는 말씀 중심의 신학을 소유한 그였기에 이 말씀이 선포되는 순간부터 성령님의 강한 손길에 그 과정과 결과를 맡겨야 한다는 깊은 신앙 때문이었다. 이러한 사상을 이어받은 많은 설교자들은 이 기도의 필요성에 동감한다. 실질적으로 준비한 설교의 모든 것을 성령님의 손에 맡기고 말씀을 전할 때 설교자는 안도의 숨을 쉬면서 설교를 할 수 있다. 여기 미국 장로교 예식서에 나타난 설교 전 기도문을 그대로 옮겨 본다.

> 오 하나님!
> 주님의 말씀을 받아들이도록 우리의 마음을 준비해 주시옵소서.
> 우리를 잠잠케 하옵시고 주님의 말씀만이 들리게 하시옵소서.
> 그리고 주님의 뜻에 순종케 해 주시옵소서.
> 예수님의 이름으로 기도하옵나이다. 아멘.

설교는 아무나 마음대로 할 수 없는 특별한 사역이다. 설교자는 하나님께 부름을 받고, 공인된 기관에서 일정한 기간 동안 하나님의 말씀을 해석하고 전달하는 훈련을 받아야 하며, 그리고 세속의 직업을 일체 갖지 않고 헌신하는 사람이어야 한다. 그러나 여기서 유의해야 할 것은 설교자는 성령님의 손에 붙잡힌 순수한 도구여야 한다는 사실이다. 그러기에 말씀을 전할 때마다 성령님의 역사를 구함은 절대적인 요건이다.

자녀 이름으로 **헌금**드려도 되나요?

어느 교회의 목회자로부터 한 통의 편지를 받았다. 그 편지는 매우 짧은 것이었지만 우리의 종교 문화가 한국 교회의 예배에 미치고 있는 영향에 대해서 생각할 수 있는 좋은 사례였다. 내용인즉 어느 집사가 예배 시간에 예물(헌금)을 드리는데 본인의 이름이 아닌 자녀의 이름으로 종종 드린다는 사실이었다. 문제는 그 자녀들은 전혀 교회에 나오지 않는데 봉헌자의 명단에는 그 이름이 등장하게 된다는 지적이었다.

우리의 종교 문화는 수천 년의 역사를 가지고 있다. 이 역사 속에서 발생한 종교 생활은 우리의 생활에 깊숙이 자리잡고 있다. 한국 사회에 가장 깊이 뿌리를 내리고 있는 불교에서는 자식의 이름으로 부모들이 시주를 하고 복을 비는 것은 평범한 하나의 절차이다. 오히려 이러한 예전 행위는 날이 갈수록 심하게 권장되고 있는 현실로 보인다. 입시 때마다 몰려든 학부모들의 손길에는 이러한 시주가 가득함을 종종 보게 된다.

사실은 우리 그리스도교에서도 이러한 사상은 있었다. 특별히 종교개혁기에는 이러한 현상이 극치에 달했던 것을 우리는 안다. 면죄부라는 것이 바로 그것이다. 죽은 사람들까지도 그 이름으로 돈을 바치면서 면죄를 요청할 수 있었던 제도가 종교개혁자들의 심한 도전을 받게 된 것 중의 하나였다. 종교개혁자들은 교회의 올바른 진리의 수호를 위해 이러한 제도를 철저히 배격하였다. 교회는 예수님의 대속의 진리를 제외하고는 어떤 경우도 인간을 통한 대리 행위는 있을 수 없다. 부모를 위한 자식의 희생이나 자식을 위한 부모의 어떤 희생도 효과가 발생할 수 없다. 그래서 우리 개신교는 죽은 자를 위한 기도까지도 금할 정도였다.

  이러한 교리적인 배경을 갖고 있는 우리 한국 교회이기에 교회에 전혀 출석하지 않는 자녀의 이름으로 예물을 드리는 것은 합당치 않다. 예배 안에서 드리는 예물은 예배하는 하나님의 백성들이 마음과 뜻과 정성을 드리는 감사와 희생의 봉헌이다. 어떤 경우에도 불교로부터 스며든 종교 행위를 합리화할 수는 없다. 물론 자식의 구원과 보호를 위한 부모의 심정은 이해가 된다. 그러나 그것으로 예배 가운데서 타종교의 모습을 모방할 수는 없다. 자식이나 부모를 비롯하여 나 아닌 타인의 구원이나 그들이 필요한 것을 하나님께 구할 수는 있으나 예배의 현장에서 그들의 이름으로 예물을 드리는 것은 이해하기 힘든 부분이다.

  성숙한 교회로 세계 무대에 당당하게 서 있는 우리 한국 교회인데 눈을 뜨고 깊숙이 살펴보면 아직도 불교의 냄새가 짙은 사연을 종종 엿볼 수 있다. 하나님을 예배하는 바른 정신과 내용을 터득하지 못하는 경우에는 누구나 쉽게 범할 수 있는 오류가 종종 발생된다. 신령과 진리 안에서(in spirit and in truth) 바르게 드려야 할 예배이기에 우리는 어떠한 경우에도 이방 종교의 관습을 결코 따를 수는 없다.

5부
그것은
아닙니다

축도가 좀 다르네요

최근 들어 가장 빈번하게 받는 질문은 축도에 관한 문제이다. 내용인즉 지금까지 고린도후서 13장 13절의 바울의 축도에다가 설교자의 수식어가 실린 축도만이 있었는데 최근에는 민수기 6장 24-26절의 문장을 사용하는 축도가 등장했다는 것이다. 그 내용은 매우 좋으나 처음으로 듣는 축도라서 생소함이 있는가 하면 혹시나 목사가 잘못을 저지르는 일은 아닌지 염려가 된다는 말이다.

바로 여기서 우리 한국 교회의 예배학 교육이 얼마나 빈약하고 폐쇄적이었는지를 다시 느끼게 된다. 민수기 6장 24-26절에 나타난 아론의 축도는 개신교 예배의 가장 오랜 역사와 전통 속에 이어진 축도이다. 이 축도는 하나님이 모세를 불러서 아론 곧 제사장이 회중에게 축도 할 때 사용할 수 있는 내용을 직접 가르쳐 주신 매우 소중한 축도의 형태이다. 그래서 종교개혁의 주역인 루터나 칼뱅은 로마 가톨릭이 사용해 온 바울의 축도보다 하나님이 직접 주신 이 아론의 축도를 사용함이 타당하다고 판단하였다. 그래서 개혁자들이 남긴 예배 순서에는 예배의 맨 마지막 순서로서 이 축도를 사용하였음을 보게 된다. 그 결과 소수의 교회와 특정 지역을 제외하고는 유럽의 거의 모든 교회들이 이 축도를 사용하고 있다. 그래서 유럽 여행을 하면서 그들의 교회에 참석하고 돌아온 사람들이 종종 묻는 질문은 왜 그들의 축도는 우리의 축도와 다른지를 묻는 일이 지금도 많다. 유럽에 있는 루터교를 비롯하여 많은 개혁교회들이 아론의 축도를 일체의 수식어를 담지 않고 하나님이 주신 문장 그대로 지금도 사용하고 있다.

한국에서는 대한예수교 장로회(통합)가 맨 먼저 이 축도를 공식화한 바 있다. 우리 총회에서는 칼뱅을 비롯한 개혁자들이 사용했고 지금도 전세계의 개신교회에 널리 사용되고 있는 이 아론의 축도를 사용하도록 한 바 있다. 바로 그 내용이 1997년 제82회 총회에서 통과한 표준예식서에 실려 있다. 좀더 깊이 우리가 행한 축도를 살펴보면 성경대로 이행하지 않고 있는 것을 볼 수 있다. 바울의 축도 역시 주어는 "예수 그리스도의 은혜와 하나님의 사랑과 성령의 교통하심"이다. 그러나 축도하는 목사가 주어가 되어 있는 문장을 사용하는 것이 우리의 실정이다. 아론의 축도 역시 인간의 빌고 원하는 축원의 내용이 아니라 순수하게 하나님이 명실공히 주어가 되어 인간들에게 복을 주시는 말씀이다. 그 본문을 여기에 다시 옮겨 본다.

> 여호와께서 모세에게 말씀하여 이르시되 아론과 그의 아들들에게 말하여 이르기를 너희는 이스라엘 자손을 위하여 이렇게 축복하여 이르되 여호와는 네게 복을 주시고 너를 지키시기를 원하며 여호와는 그의 얼굴을 네게 비추사 은혜 베푸시기를 원하며 여호와는 그 얼굴을 네게로 향하여 드사 평강 주시기를 원하노라 할지니라 하라

그 기도는 무효인데요!

　　　　　　　　　어느 주일이었다. 교단은 다르지만 성공적인 목회를 하고 있는 목사님의 교회에서 주일 낮 예배를 드리게 되었다. 그 목사님과는 일찍부터 호형호제하는 사이인지라 반가운 마음으로 그분의 설교와 기도에 깊은 관심을 기울이고 있었다. 그런데 그분이 축도 전에 목회 기도를 간절하게 드리는데 매우 감동적이었다. 질병을 앓고 있는 사람들이나 삶의 현장에서 상처를 입은 사람들을 비롯하여 외롭게 사는 사람들이나 역경을 딛고 살아가는 사람들에게 큰 위로가 되는 기도였다. 그분은 일찍부터 유명한 부흥사이기에 그 억양이나 영력의 표현 등은 그 누구도 따를 수 없을 정도였다.

　　예배를 마치고 문 앞에 서서 교인들에게 인사를 하고 있는 목사님 앞에 나타나 "형님! 저 왔습니다." 인사를 하자 그분은 뜻밖의 반가운 손님이라면서 나의 손을 붙잡고 놓지를 않았다. 교인들이 아직도 다 나가지 않았는데도 나를 이끌고 목양실로 가서 점심을 가져오게 하였다. 식사를 마치자 우리 사이에는 다음과 같은 대화가 있었다.

"형님! 축도 전에 드리는 그 기도는 참으로 좋았습니다. 영력이 차고 넘치는 기도였습니다."
"아우! 우리 교인들이 가장 좋아하는 기도 순서일세. 어떤 교인들은 설교보다 그 기도를 받기 위해 열심히 교회에 나온다는 이야기를 한다네."
"저도 그렇게 생각됩니다. 그런데 형님! 죄송하지만 그 기도는 무효라고 말씀드리고 싶습니다."
"아우! 그게 무슨 소리인가? 농담치고는 너무 지나친 듯하네."
"농담이 아니고 사실입니다. 모든 기도는 '예수님의 이름으로' 끝을 맺어 드려야 합니다."
"아우! 그 기도 다음에 바로 축도를 하였는데…. 그러면 안 되는가?"
"아닙니다. 축도는 기도의 끝말로 장식될 수 없습니다. 축도는 기도가 아닙니다. 하나님이 복 내려 주심을 선포하는 강복 선언입니다. 축도를 그렇게 사용하심은 잘못되었습니다."
"그럼 어떻게 해야 한다는 말씀인가?"
"간단합니다. 그 기도 끝을 '예수님의 이름으로 기도하오며 이제는 우리 주 예수 그리스도의 은혜와…' 하면서 순수하게 성경대로 축도를 하시면 됩니다. 아주 쉽고 간단합니다."
그 때 그분은 나의 손을 덥석 잡고 이런 말씀을 하셨다.
"아우! 방문을 하실 바에는 1년 전에 오시어 나의 잘못을 고쳐 주시지 않고 왜 이제야 오시었는가? 나 다음 주일에 은퇴한다네. 참으로 아쉽네."

5부
그것은
아닙니다

축도 전에 목회 기도를 간절하게 드리는 목회자는 한 번쯤 생각해 볼 대화이다. 기도는 예수님의 이름으로 끝을 맺고 축도는 순수하게 삽입된 수식어가 없이 성경대로 할 수 있어야 한다.

예수? 예수님?

　　　　　　　　각각 다른 종교들이 싸움 없이 더불어 사는 나라는 흔치 않다. 세계 도처에서 발생하는 전쟁과 폭력의 현장을 들여다보면 반드시 종교 간의 갈등이 숨겨져 있다. 이 갈등은 언제나 생명을 앗아 가는 극한적인 대립을 수반한다. 그래서 타종교에 대한 부정적인 언급은 가급적 피하면서 자신의 종교에만 성실하게 살아가는 것이 지혜롭다고 흔히들 말한다. 그 대표적인 사례가 바로 우리 나라의 경우다. 종교학자들이 이 땅의 민족과 종교를 살펴본 뒤에 "어떻게 이렇게 많은 종교가 이 좁은 공간에서 이토록 평화롭게 공존할 수 있는지?"를 묻는다. 혹자는 남을 공격할 줄 모르는 우리 민족의 고운 심성 때문이라고 답한다.

　그런데 5월에 접어들어 길거리에 나부끼는 현수막을 볼 때마다 왠지 심기가 불편하다. 이 땅에 사는 그리스도인으로서 석가탄일을 알리는 현수막과 청사초롱을 보면서 느끼는 점이 있다. 이 땅의 불교인들과 사회에서 거의 모두가 석가탄일을 최근에 와서는 '부처님 오신 날'로 부르고 있다. 그 석가의 탄

5부
그것은
아닙니다

일을 부르는 이름에는 최선의 존대어가 표시되어 있기에 깊은 관심이 간다.

이에 반해 우리 한국의 그리스도인들은 신앙의 대상인 성자 하나님을 '예수님'이라 부르지 않고 '예수'라고만 흔히 부르고 있다. 이 습관은 '예수님 탄생'이 아니라 '예수 탄생'이라고 표기하는 오류를 범하게 된다. 우리의 언어 문화는 신앙의 대상을 부를 때 '님'자를 언제나 수반한다. 그럼에도 불구하고 왜 우리는 예수님 오신 날에는 '님'자를 철저히 떼고 불러야 하는지 어딘가 잘못되었다는 생각이 든다. 이제는 우리도 '예수'를 예수님이라 부르면서 그의 오심도 '예수님 탄생'이라 불러야 하지 않을까 생각해 본다. 거기에 대하여 같은 성직자를 부르는데도 불교와 기독교는 차이가 있다. 우리의 모든 언론 매체들은 불교의 성직자에게는 '님'자를 붙여 '스님'이라고 부른다. 그러나 기독교의 성직자에게는 '님'자를 전혀 사용하지 않는다. '목사', '신부'로 통한다. 참으로 이해할 수 없는 일이다. 불교의 성직자는 '중' 또는 '승려'가 객관적으로 불러 주어야 할 호칭으로 알고 있다. 우리말 사전에 '스님'은 중이 그 스승을 일컫는 말로서 사승(師僧)을 의미한다고 밝히고 있다. 그런데도 우리 사회는 불교의 승려는 '스님'이라 불러야 타당한 것처럼 일반화되어 있다. 더욱이 신문이나 방송이 이러한 오류를 범할 때는 참으로 난감한 느낌을 갖게 된다.

혹시 불교의 승려가 도덕적인 차원이 높거나 그들의 종교가 기독교보다 우월하다면 수긍할 수 있을지 모른다. 그러나 단순한 이해의 부족 때문에 이러한 표현이 자리를 잡아 가고 있다면 우리 그리스도인들이 먼저 언어를 바르게 사용하는 일에 관심을 두어야 하겠다. 우리 한국의 그리스도인들은 이러한 표현이 어느 특정 집단에서 발생된 것이라 보지 말고 우리 스스로 언어 정화에 깊은 관심을 기울여야 하겠다.

사도신경은
눈 감고 드려야 할 **기도문**인가요?

주일 예배 순서에 신앙고백의 시간이 있다. 이 신앙 고백은 주로 사도신경을 가지고 신앙을 고백한다. 그런데 이것에 대하여 두 가지 질문을 자주 받는다. 질문의 내용은 사도신경이 역사적으로 어디서부터 형성되어 유래되었는지의 문제와 주님이 가르쳐 주신 기도처럼 사도신경도 눈을 감고 외워야 하는지에 대한 질문이다.

사도신경은 하나님을 예배하는 공동체의 구성원들이 동일한 신앙을 가지고 있음을 확인하는 기도라기보다는 순수한 신앙고백이다. 여기에 대한 상세한 기록은 『사도 전승』에서 찾아보게 된다. 『사도 전승』은 3세기 초에 기록된 문헌으로서 기독교의 예배와 성례전에 대한 중요한 기록을 남기고 있다. 그 기록에 의하면 지금의 사도신경은 수세자가 세례를 받기 전에 동의해야 했던 신앙의 내용으로서 다음과 같은 형태로 형성되었다.

집례자: 전능하사 천지를 만드신 하나님 아버지를 믿습니까?

5부
그것은
아닙니다

수세자: 예, 믿습니다.

집례자: 하나님의 외아들 예수 그리스도, 그분은 성령으로 말미암아 동정녀 마리아에게서 나시고, 본디오 빌라도에게 고난을 받으사, 십자가에 못 박혀 죽으시고, 장사한 지 사흘 만에 죽은 자 가운데서 다시 살아나시며, 하늘에 오르사 전능하신 하나님 우편에 앉아 계시다가, 산 자와 죽은 자를 심판하러 오실 것을 믿습니까?

수세자: 예, 믿습니다.

집례자: 성령과 성 교회와 육신의 부활을 믿습니까?

수세자: 예, 믿습니다.

사도신경은 위와 같이 세례를 받기 직전에 신앙을 확인하는 절차에 나타난 신앙고백이었다. 사도 전승에 나타난 이러한 신앙고백이나 이를 좀더 자세하게 명문화시킨 니케아 신경은 분명히 기도와는 차이가 있다. 그래서 지금도 루터교나 성공회를 비롯하여 많은 외국의 교회에서는 이러한 신앙고백을 할 때 눈을 뜨고 외우거나 읽는다.

그러나 한국에 19세기 복음을 전한 퓨리턴의 후예들은 이러한 신앙고백도 기도처럼 눈을 감고 고백하도록 한국 교회에 훈련을 시켰다. 기도와 동일한 어감과 문맥으로 번역된 사도신경은 그 동안 기도처럼 여겨 왔던 것을 부정할 수 없다. 그래서 눈을 감고 사도신경을 외우는 데 아무런 부담을 느끼지 않게 되었다. 그러나 외국 교회를 마음대로 방문할 수 있는 시대가 열림과 동시에 한국의 많은 그리스도인들이 눈을 감고 고백하는 사도신경에 이의를 제기하고 있다.

여기서 우리의 눈을 감는 행위에 대하여 부정적인 평가만을 할 수 없다고 본다. 먼저 우리가 사도신경을 가지고 신앙을 고백할 때 어느 인간 앞에서 진행된 단순한 의식에 끝나지 아니하고 하나님 앞에 나의 신앙을 새롭게 고백하고 다짐하는 기도의 심성을 갖춘 의식으로 생각하면 문제는 해결된다. 눈을 뜨고 허공을 향한 고백보다는 하나님 앞과 사람 앞에서 눈을 감고 엄숙히 고백하는 신앙의 내용으로 간주한다면 눈을 감고 경건히 고백하는 데 아무런 지장이나 어려움이 없으리라 본다.

빌립 집사가 세례를 주었는데
나는 안 되나요?

어느 목회자가 고민이 담긴 질문을 해 온 적이 있다. 내용인즉 교인들 가운데 사도행전에 등장하는 빌립이 세례 베푸는 행위를 근거로 평신도도 세례를 줄 수 있어야 한다고 주장하는 교인이 있다는 이야기였다. 그 때마다 고민하는 것은 현재 성직자만이 베풀 수 있는 세례는 전통적인 교회법이기에 존중하지만, 성경에서 명확하게 빌립 집사가 세례를 베풀었다는 것은 초대교회에서 있었던 하나의 실제 사건이기에 답변에 어려움을 느낀다고 한다.

이러한 이야기는 오래 전부터 교회 내에서 있어 왔다. 한때는 이러한 주장이 성직에 대한 도전이라는 오해를 받기도 하였다. 표면적으로 보면 평신도들의 이러한 주장이 타당성을 가진 듯하다. 그러나 다음의 두 가지를 생각해 보면 이러한 주장에 문제가 있음을 발견하게 된다.

첫째는 당시의 집사와 오늘의 집사는 이름은 같으나 그 임무와 내용이 많이 다르다는 점이다. 당시의 사도들이 구제와 봉사까지 맡아 진행하다가 자신들의 정체성을 말씀을 전하는 일과 기도하는 일을 전담하는 사역의 주역으로 분류하였다. 그리고 교회를 섬기고 이웃을 보살피는 일은 신앙의 본이 되는 사람들을 선별하여 집사라는 직분을 맡겼다.

둘째는 스데반은 설교자로 빌립은 전도자로 세운 것처럼 일곱 집사는 사도들이 안수하여 세운 성직의 수임자였다. 이들은 한결같이 사도들을 따르면서 충분히 훈련을 받은 사람들이었다. 지금의 신학교와 같은 제도적인 교육 기관이 없었던 때 사도들을 수행하면서 복음의 진수를 깨닫고 그들이 필요한 훈련을 철저히 받았던 준사도와 같은 존재였다. 이들은 사도들처럼 믿음과 성령이 충만한 사람들로서 인정을 받았고 사도들이 맡긴 임무를 수행할 수 있는 실력의 사람들이었다.

종교개혁기에는 만인 제사장을 부르짖던 개혁자들도 교회는 말씀이 바르게 선포되고 성례전이 바르게 집례되는 곳이라는 정의를 내리면서 이 임무는 목사에게만 국한시키게 되었다. 이것은 사도 시대부터 이어진 교회의 전통이 되었다.

최근에는 교회 안에 셀이라는 핵분열과 같은 교회의 구조 개편을 시도하는 교회에서 셀마다 평신도 지도자를 목자로 두고 그들이 성례전까지 진행할 수 있도록 하는 일이 발생하고 있다. 전통적인 성직자의 임무를 대행하는 기현상까지 보인다.

혹자는 성직자가 부족한 외국의 천주교회에서는 신부가 평신도를 임명하여 성례를 위탁하여 일정 지역에 보내는 일이 있음을 보면서 평신도의 성례전 집행을 합리화시키려는 경향이 있다. 그러나 이러한 현상은 특수한 상황에서 천주교회에서 있었던 일일 뿐 우리 개신교에서는 아직 발생하지 않은 일이다.

5부
그것은
아닙니다

교회마다 가지고 있는 헌법에서는 평신도가 성례전을 행하는 일을 허락하지 않고 있다. 자신이 속한 교단이 성경과 신학에 입각하여 세운 헌법은 교회의 질서를 유지하는 데 절대적인 권위를 가지고 있다. 이를 무시할 때 교회는 질서를 잃게 되고 혼돈의 세계에 진입하게 됨을 유념해야 한다.

이러한 **축하 행사**도 **예배**인가요?

많은 목회자들이 갈등을 겪다 못해 질문을 보내 온다. 예배 행위가 될 수 없는 것들이 가득한 각종 행사도 예배라고 이름하는데 과연 이러한 것이 적절한 것인지를 묻고 있다. 예를 들어 창립 기념 예배를 비롯하여 회갑 예배에 이르기까지 많은 행사가 교회에서 있게 되는데 이럴 때 목회자는 늘 갈등을 느끼게 된다고 한다. 예배라는 이름으로 행해지는 이런 행사에서는 주로 사람을 위한 순서가 많은데 이것이 과연 예배가 될 수 있는지를 묻는다.

매우 중요한 문제이다. 학위 취득 축하나 창립 예배에서 수고한 사람들을 위한 축사나 표창이나 꽃다발 증정과 같은 순서 등이 가득 채워져 있는 것을 본다. 지난 역사를 밝히는 경과 보고를 비롯하여 땀 흘려 노력한 사람들의 칭찬받을 사연을 소개하는 것은 결코 부정적인 시각으로만 볼 수는 없다. 필요한 순서다. 그러나 문제는 이러한 순서가 예배라는 이름 아래 진행될 수 있는지 조금만 진지하게 생각해 본다면 누구나 혼돈을 일으키게 된다. 이러한 갈등은 매우 당연한 일이다.

　예배란 기본적으로 하나님이 받으셔야 할 영광으로 채워져야 한다. 오직 하나님의 영광이 빛나는 예배만이 최상의 예배이다. 그럼에도 불구하고 현 교회의 각종 행사 현장에서는 인간이 영광을 받는 행위로 가득한 순서를 가지고 예배라는 이름으로 진행하는 경우가 많다. 그리고 맨 마지막에 축도를 함으로 그 예배를 마치는 것을 당연하게 생각한다.

　여기에 대한 문제의 해결은 이미 본 교단의 표준예식서에서 밝힌 바 있다. 그 대안은 간단하다. 교회의 각종 행사는 1부와 2부로 분류된다. 1부에서는 예배를 드린다. 여기서는 비예전적인 어떤 순서도 가미하지 않고 축도까지 순수한 감사의 예배로 드린다. 그리고 2부에서는 예식이라는 이름으로 그 행사에 관계된 모든 순서를 갖는다. 예를 들어 축사나 공로패 증정이나 경과 보고 등의 모든 순서를 2부에서 진행한다. 이렇게 함으로써 1부의 감사 예배는 순수하게 하나님을 향하여 드리는 정중함이 있고, 2부에서는 인간들이 필요로 하는 모든 순서를 자유롭게 가지며 부담없이 그 행사를 진행하게 된다. 생각해 보면 우리 한국 교회는 예배라는 말을 아주 많이 남발하고 있다. 주일 낮 예배를 비롯하여 아기 돌 행사까지 모두 예배라는 이름을 붙이고 있다. 생각없이 지금껏 진행해 온 우리 예배는 그 열심은 대단하지만 내용의 구성에는 문제가 많다. 이제부터라도 각종 행사 때마다 먼저 하나님 앞에 감사하는 순수한 예배를 드리자. 그리고 나서 예배하는 무리들이 함께 기쁨과 감사를 표현하는 잔치의 분위기를 갖추고 뜨거운 박수와 노래를 부르자. 이럴 때 우리 교회는 예배하는 공동체의 정체성을 지키면서 성도의 교제를 즐겁게 나눌 수 있으리라 본다. 이것이 바로 성숙한 우리 한국 교회의 모습이 될 것이라고 확신한다.

예배와 집회의 차이점

어느 분의 질문이다. 자신은 1970년대에 세례를 받은 그리스도인으로서 최근에 이르러 신앙 생활에 많은 혼돈을 일으키고 있다고 한다. 그 내용은 예전에는 예배는 예배답게 드리고 신앙의 질적 향상을 위하여 배움을 목적으로 하는 집회가 따로 있었는데 지금은 모든 게 집회처럼 여겨지는 것이 몹시 괴롭다는 것이다. 그래서 집회와 예배의 확실한 정의를 내려 달라는 부탁이다.

매우 유익한 질문이다. 사실 최근에 이르러 교회마다 예배와 집회라는 이름은 구분되어 있으나 그 내용은 거의 획을 긋지 못할 정도로 혼돈 상태에 빠져 있다. 먼저 예배와 집회의 의미를 살펴본다. 사전에서는 예배란 신과 같은 초월적 존재 앞에 경배하는 의식이라고 밝히고 있다. 그리고 집회는 여러 사람이 어떤 목적을 위하여 일시적으로 모이는 것을 의미한다고 되어 있다. 우리 한국 교회의 집회의 대표적인 경우는 때를 따라 교회마다 교인들의 신앙과 지적인 향상을 위하여 개최했던 부흥사경회 등이었다. 그 집회가 일시적인 것이었기에 수요 기도회나 철야 기도회 등을 통하여 집회에서 받은 은혜의 지속적인 효과를 시도하기도 하였다. 그리고 주일 예배는 이러한 집회적인 성격을 벗어나 순수하게 하나님을 예배하는 의식이 있어야 함을 당연시하였다. 실질적으로 예배학적인 측면에서 집회와 예배를 구분한다면 그 차이는 명확하게 구분된다. 먼저 집회는 사람 중심이다. 모이는 사람들을 위하여 그들이 알아야 할 것과 믿어야 할 것을 가르치는 데 주안점을 둔다. 그리고 그들의 변화를 시도하는 설교가 그 중심이 되어 있다. 이때의 설교는 성경에 기록된 하나님 말씀을 중심으로 함이 당연하나 인간 삶의 현장에서 발생된 각종 간증과 예화도 가미된다.

그러나 예배는 다르다. 사람들이 일정한 목적을 위하여 모인다는 사실에는 동질성이 있지만 그 모임의 성격은 확연히 다르다. 교회가 드리는 예배는 사전적인 의미대로 하나님만을 향한 의식의 행위이다. 이 예배는 그리스도 안에서 구원받은 무리들이 하나님만을 향하여 경배하고 찬양하며 감사하는 의식이 전부여야 한다. 예배 가운데서 주시는 말씀과 성례전을 통하여 하나님을 뵙고 불순종의 죄를 참회하고 예배자의 모든 것을 드리는 봉헌의 행위가 있게 된다. 예배에서는 오직 하나님만이 영광을 받으시도록 최선을 다한다. 바로 이것이 예배이다.

이렇게 예배와 집회는 성격과 목적과 형태가 다르다. 그럼에도 많은 교회가 주일 예배를 집회의 형태로 탈바꿈하는 것은 무엇인가 생각해 볼 필요가 있다. 사람들을 많이 모이게 하고 그들의 흥미를 유발시키면서 내 교회에 머물게 하는 것도 중요하지만 그것보다 더 중요한 것은 우리 교회가 진정 하나님을 영화롭게 하는 예배를 얼마나 진지하게 드리고 있는지를 살피는 것이다.

지금도 살아 계신 하나님?

우리 총회는 21세기의 문전에 들어서면서 미래 지향적인 일을 많이 하고 있다. 헌법의 예배 모범을 비롯하여 기독교 용어 바로잡기에 이르기까지 타교단이 하지 못한 일을 대담하게 진행하고 있다. 특별히 한국 교회에서 사용하는 용어의 재정비는 그 동안 생각 없이 사용하던 교회생활의 용어를 바로잡는 데 큰 몫을 감당하였다. 이러한 기독교 용어 연구 위원회의 결정 사항은 일반 언론에서도 지대한 관심을 나타낸 바 있다.

바로잡은 용어 가운데 하나가 '지금도 살아 계신 하나님' 이었다. 그런데 여기에 대한 이의를 제기하는 이들을 종종 본다. 그 내용은 신약성경만 하더라도 베드로의 신앙고백을 비롯하여 계시록에 천사의 행위를 서술한 곳까지 10회나 '살아 계신 하나님' 이라는 표현이 있다는 지적이다.

이상의 이의를 제기하는 이들은 '살아 계신' 이라는 표현에만 관심을 두고 있다. 여기서 초점을 둔 문제는 '살아 계신' 이 아니고 '지금도' 라는 표현이다. 많은 그리스도인들이 기도할 때 '지금도 살아 계셔서', '지금도 살아 계신'이라는 표현을 사용하고 있다. 이 말을 조금만 음미해 보면 실로 모순이 많은 말이다. 예를 들어 본다. 집안의 어른을 찾아가 그분에게 "지금도 살아 계신가요?" "지금도 살아 계셔서 가사를 돌보시는가요?" 또는 "지금까지 살아 계셔서 참 좋습니다."라고 말했다고 가정해 보자. 이 얼마나 큰 결례를 범하는 일인가? 이러한 말의 내면에는 "돌아가신 줄로 알았는데 살아 계시군요."의 의미를 내포하고 있다. 아니면 이제 '죽을 날이 멀지 않으신 분'의 뜻을 담고 있음이 분명하다.

물론 기도하는 사람의 뜻은 그러한 것이 아니고 타종교처럼 인간으로 와서 죽음으로 끝나 버리는 다른 신과는 달리 영원한 생명의 원천임을 강조하고자 하는 뜻인 줄로 안다. 그러나 그 뜻을 표현하는 언어는 정확해야 한다. 부정적으로 해석할 수 있는 언어를 하나님 앞에 수식하는 것은 삼가야 할 일임에 틀림이 없다.

그리스도교의 하나님은 시한부 인격체가 아님을 우리는 잘 알고 있다. 한시적인 인간이기에 영원하신 하나님을 표기하는 데 모자람이 있을 수 있다. 그러나 우리가 조금만 주의를 기울이면 더욱 아름답고 정확한 언어를 구사할 수 있다. 다음은 본 교단 기독교 용어 연구 위원회에서 결의한 내용으로 한 번쯤 새겨 볼 필요가 있는 말이다.

> "'지금도 살아 계신 하나님'에 대한 표현은 영원히 존재하신 하나님에 대한 표현이 아니다. 지금도 살아 있다는 표현은 '언젠가는 살아 있지 못할지 모른다' 또는 '아직도 살아 계시는 하나님' 등 무한하신 하나님의 존재와 능력을 극히 제한하는 표현이 된다."

요즘은 재림에 대한 설교를 들을 수 없는데요

어느 목회자가 보내 온 사연이다. 내용이 매우 이채롭다. 1960년대까지만 해도 교회에서 설교를 통하여 자주 듣던 예수님의 재림에 대한 메시지가 최근에는 거의 사라지고 있다는 지적이다. 그리고 더욱 놀라운 것은 자신도 거기에 함께 하고 있는 현실을 발견하고 고민 중이라고 한다. 그분은 그 때의 메시지가 자신의 신앙을 깨우는 참 좋은 메시지였음을 회고하면서 그러한 메시지를 회복하고 싶다고 한다. 그러면서 이러한 메시지는 어느 절기에 선포해야 가장 적절한지를 질문하였다.

이 질문은 간단히 넘길 수 없는 깊은 의미가 담겨 있다. 우리 한국 교회는 복음이 이 땅에 들어온 이후로 언제나 수난의 연속이었다. 일본의 식민지로 바로 이어지던 우리 교회의 초창기는 그들의 압제와 핍박 속에서 하나님의 도우심을 긴박하게 호소해야 했다. 그리고 이어진 6·25 전쟁과 기형적인 정권의 변화 그리고 기근과 가난 속에서 우리 국민의 이 땅 위의 삶이 실로 고단하였다. 이 때마다 교회에서는 영원한 평안이 약속되어 있는 주님의 세계를 추구하는 삶을 갈망하였다. 거기에는 자연적으로 주님의 재림을 고대하게 되었고 그 재림을 위한 준비된 신앙을 강조하는 것이 설교의 중요한 메시지였다.

여기에는 현실 세계의 외면이라는 부정적인 측면도 있으나 주님을 언제나 맞이할 수 있는 그리스도인의 자세를 갖춘다는 것은 참으로 훌륭한 신앙의 형태임에 틀림이 없다. 이 종말론적인 신앙은 그리스도인들의 열심이나 깨끗한 삶을 지속하는 데 큰 몫을 담당하기도 하였다. 그러나 물질 문명이 초고속으로 달리고 있는 최근에는 우리 한국 교회에서는 "주님! 어서 오십시오."의 마라나타 신앙보다는 "주님! 다시 오실 것을 믿습니다. 그러나 이제 안정을 취하고 살 만한데 지금 오시는 것보다는 조금 있다 오시면 합니다."의 심정으로 주님의 재림을 연기해 주기를 바라는 마음들인 듯하다. 그리고 주님 맞이할 준비를 망각하는 신앙 형태가 나타나고 있다.

이러한 시대 풍조에 설교 메시지가 편승해서는 안 된다고 본다. 불현듯이 다시 오실 주님을 맞이할 준비를 강조하지 않은 것은 설교자의 본분을 망각하는 일이다. 교인들의 흥미 유무를 가리지 않고 설교자는 재림의 메시지도 선포해야 한다. 그 시기는 어느 주일도 좋다. 그러나 교회력을 활용하는 목회자는 주님의 오심을 기다리는 대림절이 가장 적절한 시기이다. 지금의 대림절은 아기 예수님을 기다리는 절기이기보다 다시 오실 주님을 기다리면서 갖추어야 할 그리스도인의 본분을 강조하는 절기이기 때문이다. 그러나 시기를 가리지 않고 모든 그리스도인들이 "내가 도둑같이 이르리니 어느 때에 네게 이를는지 네가 알지 못하리라"는 말씀을 가슴에 품고 마음과 삶의 준비를 갖추도록 하는 것은 설교자의 필수적인 소임이다.

예배 인도자는
마이크를 멀리하고 **찬송을!**

예배하는 하나님의 백성들이 한마음 한뜻이 되어 기쁨과 감사로 가득한 마음으로 예배를 드리기 위하여 교회마다 최선을 다한다. 조금이라도 마음에 불편을 끼치는 일이나 언어는 서로가 조심하여 하나님께 예배드리는 데 지장을 남기지 않으려고 노력하는 모습을 쉽게 발견한다.

그런데 예배 인도자의 작은 부주의로 회중들에게 부담을 안겨 주는 일이 종종 발생한다. 그 중의 하나가 예배 인도자가 성단에서 마이크에 바짝 다가서서 큰 소리로 찬송을 하는 문제이다. 이 문제는 성악을 전공한 목사일지라도 회중과 함께 부르는 찬송의 경우 인도자의 노래 소리가 회중의 소리를 제압하면서 찬송의 시간을 독점하는 것은 유익하지 못하다. 그 이유는 찬송은 함께 부르는 것이지 한 사람의 독주로 이어진 것이 결코 아니기 때문이다.

더욱 심각한 문제는 예배 인도자가 정확한 음정을 내지 못하면서 마이크에 입을 대고 큰 소리로 찬송을 하는 경우이다. 오르간이나 피아노의 반주

5부
그것은
아닙니다

가 있음에도 불구하고 음정을 달리하면서 힘차게 노래를 부르는 예배 인도자들이 많다. 음악에 자신이 없는 목사는 스스로의 약점을 알고 자신의 소리가 나지 않도록 특별히 유의를 한다. 그러나 개중에 어떤 목사는 막무가내로 틀린 음정과 박자를 가지고 온 회중의 찬송 소리보다 자기 소리를 앞세운다. 이것이야말로 참으로 딱한 일이다.

어느 교회에서의 일이다. 목사님이 설교는 잘 하시는데 마이크에 입을 가까이 대고 큰 소리로 예배 때마다 틀린 음정과 박자로 찬송을 불렀다. 견디다 못한 교인들은 목사님께 조심스럽게 충고를 드렸다. 그러나 전혀 시정이 되지 않기에 당회에서 정식으로 의제로 취급하였지만 목사님은 전혀 변화가 없었다. 교인들은 예배 때마다 고문을 당한 듯 큰 고통을 느끼면서 목사님에게 변화가 일기를 기다렸다. 목사님의 무감각과 고집을 어찌할 길이 없다고 판단한 교회는 드디어 목사 불신임을 가결하기에 이르렀다. 그분의 인격과 설교와 삶은 훌륭함을 인정하면서도 견딜 수 없는 그들의 고통은 이렇게 표출되기에 이르렀다. 예배 음악을 강의하던 어느 교수의 다음과 같은 가르침이 생각난다.

"찬양대원으로 예배에 임한 사람들은 자신의 목소리만 내세우지 말고 남의 소리를 들으면서 노래를 부르라. 그럴 때 성공적인 화음이 이어진다."

생각해 보면 이 말은 평범한 상식이다. 이러한 상식이 예배를 인도하는 목사에게서 통하지 않게 된다면 회중은 실로 괴롭다. 만약 그 교회가 아주 작은 개척 교회라면 예외가 될 수 있다. 그러나 악보를 읽고 찬송을 부를 수 있는 교인들이 가득히 모인 교회라면, 예배 인도자는 음향 기기에서 나오는 자신의 우렁찬 찬송에 도취될 것이 아니라 교인들 속에 합류된 찬송을 부르는 지혜가 있어야 할 것이다.

경건회나 기도회 집회에서
축도를 꼭 해야 하나요?

어느 날 목회 현장으로부터 질문이 왔다. 내용은 자신이 섬기는 교인 15명 정도가 친교 모임을 야외에서 가졌다고 한다. 목회자가 그 그룹으로부터 초청을 받아 설교와 축도를 해 달라는 요청을 받은 적이 있었는데 그러한 모임에서마저 축도를 해야 하는지에 대해 무척 망설였다고 한다. 자신의 개인적인 생각으로는 경건회나 기도회와 같은 경우에는 주님이 가르쳐 주신 기도나 또는 마침 기도로 마치고 싶었다고 한다. 그러나 경건회 성격의 기도회 또는 야유회 모임에서 부탁받은 축도를 안 했을 경우 교인들의 마음에 상처를 안겨 줄까 우려가 되어 몹시 고민했다는 이야기이다.

한 번쯤 생각해 볼 문제이다. 재래 종교의 기복 사상에 깊은 영향을 받은 한국 그리스도인들은 일찍이 타종교의 사제들이 복을 빌어 주는 행위에 매우 익숙해 있다. 그 결과 목사에게서도 동일한 행동이 자신들에게 주어지기를 기대한다. 그래서 축도권이 없는 전도사가 교회를 개척하여 교회를 아무리 부흥을 시켰더라도 언젠가는 눈물로 함께 교회를 섬기던 전도사를 마다 하고 목사를 청빙한다. 그 때 흔히들 앞세우는 이유 중의 하나는 축도를 할 수 있는 목사가 필요하기 때문이라는 말을 종종 듣는다.

그래서 한국 교회에서는 거의 모든 모임에서 그것이 회의를 위한 경건회이든지 또는 단순한 가정 기도회이든지 관계없이 목사의 축도를 원한다. 이것이 결코 나쁠 것은 전혀 없다. 목사가 찬송과 기도를 함께 드리고 하나님의 말씀을 전한 후에 하나님이 그 무리들에게 복 주심을 선언하는 축도(降福宣言)의 행위는 오히려 자연스럽다. 하나님의 종으로부터 성삼위일체 되신 하나님이 복 주신다는 사실을 반복하여 듣고 또 듣고 싶어하는 것을 아무도 탓할 수는 없다. 그래서 목사가 축도를 해야 할 장소나 예배의 구분을 제한하는 경우는 매우 드물다.

문제는 그러한 축도의 행위가 너무 남발되어 기계적이고 형식적인 의례로 변해 버릴 가능성이 있다는 것이다. 다시 말하면 목사에게 부여된 고유한 축도의 행위가 목회의 수단으로 변질될 우려를 낳게 된다. 거기에 더하여 그 축도를 받은 교인들이 목사의 축도를 통하여 쉽게 복을 받게 될 것이라는 상습적인 기대가 정착된다면 이는 참으로 무서운 결과를 초래하게 된다.

여기서 예배학적인 견해를 굳이 밝힌다면 모든 경건회나 기도회와 같은 비예전적인 모임에서는 목사의 축도 또는 마침 기도로 그 모임을 끝맺을 수 있다. 문제는 모든 모임을 통해서 하나님이 주신 복을 받겠다는 기대 심리보다 하나님이 기뻐하시고 영광을 받으시는 경건회나 기도회 또는 예식이 되도록 우리의 신앙의 방향을 돌릴 필요가 있다. 참고로 기독교의 오랜 역사를 가지고 있는 외국 교회의 경우 목사는 우리처럼 축도를 여기저기서 남발하지 않고 있음을 덧붙이고 싶다.

교회에서 행하는 **성인식**에 대해

우리 개신교에서 성년식을 할 수 있는지? 성년식의 의미는 무엇인지? 그리고 그러한 성년식은 주일 예배 가운데서 행할 수 있는지에 관한 질문이 왔다.

성인식이란 성년식(成年式)과 같은 말로 역사적으로 이 의식은 성년이 되는 것을 기념하는 통과 의례이다. 우리 문화권에서도 조선 시대 사대부 집안에서는 15-20세의 남자에게는 어른이 되었다는 표시로 상투를 틀어 갓을 씌우는 예식을 행하였고, 여자의 경우에는 쪽을 쪄서 올리고 비녀를 꽂는 의식을 행했다. 현재 우리 나라는 1985년 이후 5월 셋째 월요일을 '성년의 날'로 정해 만 19세 이상의 청소년들을 성년으로 규정하고 행사를 진행하고 있다.

이스라엘에서는 회당에서 아버지 또는 랍비들이 성년에 이른 남아에게 하나님의 선민인 이스라엘 민족의 태동과 역사를 들려 주면 아들은 몇 시간 동안 눈을 감고 이를 회상하고 암기하면서 하나님의 선민으로서의 긍지와 사명을 다짐한다.

　이와 비슷한 전통은 동·서방 교회에서 말하는 7성례 중의 하나인 견진성사가 있다. 비록 종교개혁자들에 의하여 이 견진성사는 성례로 여기지 아니하나 천주교에서는 세례와 성찬 성례전과 함께 매우 중요한 성례로 여기고 있다. 이 성례는 '분별력을 가질 나이'에 이르는 남녀에게 베푸는데 그 기본 의미는 세례의 은총을 증가시키고 심화시키는 데 의미를 둔다고 밝히고 있다. 즉 하나님의 자녀의 신분 확인, 그리스도와의 결합, 성령님의 역사 아래서 사는 그리스도인의 용기와 행동과 신앙, 교회의 일원으로서의 굳은 결합 등이 강조된다. 이 성사는 매우 중요한 과정으로 여겨 주교(主敎)가 베푸는 것이 보통이며, 주교가 안수하고 십자가의 표지를 그으며, 성유(聖油)를 이마에 바른다.

　개신교에서 이와 비슷한 의례는 유아 세례를 받은 사람이 15세가 되었을 때 신앙고백을 새롭게 받고 교리문답을 하는 입교식과 같은 경우이다. 그러나 그 내용과 중요성의 강조는 천주교와는 비교할 수 없을 정도로 빈약하다.

　그런데 여기서 유의해야 할 것은 우리 교단의 예식서에 있는 성인식은 위에서 본 견진성사나 입교식과는 달리 우리의 문화권과 맥을 함께 하는 성년(표준예식서 280쪽)이라는 예식이 있다. 여기서 내놓은 지침은 만 20세의 남녀에게 신앙으로 마음의 결단을 새롭게 하고 독립된 성인으로 출발할 각오를 하도록 하는 데 주안점을 두고 있다. 특별히 성인이 된 자신의 삶을 주께 맡기면서 소망의 설계를 하도록 강조하면서 그 순서를 제시하고 있다. 그 순서는 특별한 것이 없고 오직 적절한 찬송과 기도 그리고 앞의 의미를 담은 설교를 강조하는 것이 전부이다.

여기서 유의할 것은 이러한 경축례는 예배의 행위로 진행될 수 없고 오직 특정한 시간에 하나의 예식으로 진행함이 타당하다고 본다. 그리고 그 예식도 의미가 함축된 순서를 갖춤으로 본인의 생애에 오래 간직할 수 있도록 해야 할 것이다.

성찬 성례전도 **약식**으로?

어느 평신도로부터 받은 질문이다. 자신이 다니는 교회는 초창기에는 성례전 주일이 되면 모두가 떡과 잔을 받으면서 주님의 몸과 보혈을 받은 감격에 젖었다고 한다. 또한 성례전 주일에는 많은 교인들이 몸과 마음가짐을 새롭게 하여 주일 예배에 참석함으로써 많은 은혜를 받았다고 한다. 그런데 최근에 이르러 교회에 이상한 기류가 흐르고 있다는 이야기이다.

그들이 이상하게 느끼는 문제는 바로 성찬 성례전의 참여자를 제한하는 문제였다. 교인들이 천 명 선에 이르기 전까지는 이러한 문제가 전혀 없었는데 출석 교인이 천 명을 넘어서자 제직들만 앞에 앉게 하여 성찬 성례전을 진행하고 있다고 한다. 이러한 현장을 보면서 많은 교인들이 한 교회 안에서 함께 예배를 드리는 중에 선별된 사람들만 성찬 성례전에 나아가 성물(聖物)을 받는다는 것이 타당한 것인지 문제를 제기했다고 한다. 그 때 목사님의 대답은 모두가 참여하게 되면 예배를 한 시간 내에 마칠 수 없기 때문에 부득이하게 취한 방안이리는 내용이었다고 한다.

이러한 일들이 요즘 들어 여기저기서 보이고 있다. 매우 충격적인 문제이다. 성찬 성례전은 그리스도를 구원의 주님으로 영접하고 그리스도의 사람으로 세례를 받은 사람은 누구나 마땅히 참여하여야 할 매우 소중한 예전이다. 여기에는 빈부귀천이나 남녀노소나 직급의 차이가 존재할 수 없다. 진정 모두가 예수님의 한 피를 받아 한 몸을 이룬 형제와 자매가 모여 하나님을 예배하는 이 곳에서는 어떤 경우에도 차별을 둘 수가 없다.

그런데 문제는 집례자가 다음 세 가지 사실만 마음에 두었어도 이러한 실수를 범하지 않았을 것이다. 하나는 성찬의 초대이다. 성찬 성례전의 맨 첫 순서는 주님의 몸과 보혈을 받게 되는 이 신성한 상에 세례 교인들을 초청하는 선언의 순서이다. 이 초청은 목사의 판단으로 진행되는 것이 아니라 집례자로서 의무적으로 선언해야 하는 중요한 순서이다. 둘째는 각 교단마다 가지고 있는 예식서의 내용을 따르는 일이다. 그 내용에는 바로 위와 같은 문제를 허용하지 않은 질문이 있다. 예를 들어 본 교단의 예식서(1987)에는 집례자가 떡과 잔을 나누어 준 후에 반드시 "다 받았는지 확인할 것"을 밝히고 있다. 셋째는 세례 교인의 의무와 권리를 이해하는 문제이다. 본 교단 헌법 정치편의 제3장 16조에는 "입교인 된 교인은 성찬 참례권과 공동의회 회원권이 있다."고 명시하고 있다.

집례자가 이상의 세 가지 사실만 마음에 둔다면 이러한 기형적인 성찬 성례전의 현장은 발생되지 않게 된다. 여기에 부언하고 싶은 것은 성례전을 함께 하는 예배 때의 설교 길이를 조금만 조절하면 예배 시간은 지루함이 없이 오히려 더 큰 은혜를 받게 된다는 점을 집례자들은 마음에 새길 필요가 있다.

하나의 예배하는 공동체에서 제직만 성찬 성례전에 초청을 받고 남은 세례교인들은 구경만 하고 있는 예는 세계의 어느 교회에서도 구경할 수 없는 진풍경이 될 것이다.

설교단에서 보인 **설교자의 손**

하나님이 인간을 만드신 그 정교한 솜씨는 놀랍다. 의학도들이 시체를 해부하면서 발하는 탄성이 굳이 아니더라도 보통 사람들이 생활하면서 자신의 육체를 조금이라도 관심을 두고 관찰하면 모든 지체가 그렇게도 정교하고 때로는 오묘함을 느낀다. 여기서 신앙이 있는 인간은 창조주의 경이로운 섬세함에 다시 머리를 숙인다.

특별히 인간의 두 손을 쳐다볼 때 그 용도의 다양함은 놀라울 정도이다. 이 두 손이 인류의 발달에 얼마나 큰 몫을 담당하고 있는지 이루 다 헤아릴 수 없다. 그런데 이 두 손의 위치를 보노라면 그 나타나는 현상이 매우 흥미롭다. 특별히 설교하는 사람이 회중들 앞에서 손을 사용하는 경우와 사용하지 않을 때의 경우를 주목하고 있노라면 그것이 때로는 설교자의 감정을 표현하고 메시지의 위치를 밝히는 데 매우 중요한 몫을 감당하는 것을 볼 수 있다. 그러나 두 손을 사용하지 않을 때 그 손을 어디에 어떻게 두어야 할지 몰라 약간 당황할 때가 있다.

5부
그것은
아닙니다

이러한 순간은 일상 생활에서는 별로 느끼지 못한다. 하지만 대중 앞에 나타나서 말을 해야 하는 직종에 있는 사람들 특히 설교자에게는 이러한 순간을 많이 접하게 된다. 그 두 손이 적절한 위치를 찾지 못하여 다음의 두 가지 형태를 취하고 있을 때 회중은 석연치 않은 반응을 보인다. 하나는 설교자가 설교를 할 때나 서서 회의를 진행하거나 사람들을 대할 때 두 손을 호주머니에 넣고 있는 경우이다. 또 하나는 두 손을 뒤로 보내어 허리에 올려놓는 경우이다. 이러한 자세를 계속하는 사람들은 그것이 습관화되어 있기에 매우 자연스럽게 느껴진다. 그래서 본인은 이러한 몸가짐에 아무런 문제점을 발견하지 못한 채 이어간다. 지난 주일에도 한 설교자는 아주 자연스럽게 자신의 두 손을 뒷짐을 지거나 호주머니에 넣어 두고 설교를 하고 있었다. 이러한 사람은 일상 생활에서도 이러한 자세를 매우 자연스럽게 취하면서 살아간다.

냉정하게 말하면 내 손을 내가 어디에 두고 말하든지 상대가 그것을 문제시하거나 시시비비할 수는 없다. 그것이 모순일 수도 없다. 그러나 그러한 작은 행위가 사회적인 관습과 이해를 벗어났을 경우에는 부정적인 인상을 주게 된다. 그리고 그러한 자세가 때로는 상대에게 불쾌감을 안겨 주게 된다.

우리 문화권에서는 이 두 가지의 자세는 모두가 상대를 존경하지 않은 자세로 이해되고 있다. 대중 앞에서 또는 윗사람 앞에서 말하는 사람이 손을 호주머니에 깊숙이 넣고 말을 하거나 또는 뒷짐지고 말을 하게 되면 불경스러운 자세로 지탄받을 수 있다. 이러한 손가짐은 주인이 하인들에게 나타나 지시를 할 때 흔히 볼 수 있는 장면이다. 우리 나라의 전통적인 문화를 잘 나타내는 영화나 연속극을 보면 쉽게 이러한 문제의 해답을 얻게 된다.

다시 말하면 수하의 사람들에게는 이러한 손의 위치가 용납이 되지만 상대를 높이고 자신을 낮추는 자세에서는 용납될 수 없는 우리의 예의 문화이다. 나이가 들어 허리가 굽어지고 두 팔을 밑으로 내려뜨리고 걷는 것이 불편할 때 두 손을 허리 뒤쪽에 올리고 걷는 경우는 이해가 된다. 그러나 건강한 설교자가 두 손의 위치를 호주머니나 허리에 올려 둔다면 그것은 설교자를 거만한 태도의 소유자나 때로는 이 땅의 예의 문화와 거리가 먼 인물로 오인하게 된다. 뿐만 아니라 관망과 태만의 성품을 소유한 인물로 오해를 하게 된다.

5부
그것은
아닙니다

6부
그리스도인은 다음의 상식을 갖추어야 합니다

'축제'란 그리스도인이 도저히 사용할 수 없는 말입니다	248
'당회장'이라는 이름은 회의 조정자를 말합니다	251
자신의 직함은 필요 시만 이름 앞에 사용합니다	254
목사의 가운은 동복과 하복이 없습니다	258
성직자 셔츠는 신부만의 것이 아닙니다	261
목사를 모셔 와 선을 본다는 것은	264
임직자의 부인까지 서약에 동참시키나요?	267
인간을 향한 각종 예배가 난무합니다	270
통계의 허구성이 너무 심합니다	273
해외 선교지에 우리 교회 이름을?	276
주일이 안식일은 아니지만	279
바친 예물의 사용처는 특별합니다	282
솔로몬 왕의 통치가 가장 빛났을 때는?	285
재택 예배라는 새 용어는?	289
'축복'이라는 용어를 가려서 사용하시지요	292
생각해 보고 '아멘'을 하시죠	296
'주여 삼창'이라는 것은?	299
하나님을 '당신'이라고 부를 수 있나요?	302
'성령'을 '성령님'으로 부릅시다	305
언어는 인격입니다	308
그리스도인은 '서기'라는 말보다 '주후'라는 말을	311
식탁에서는 나이 순입니다	314
고향을 묻지 맙시다	317
교인이 적을 옮길 때는 법을 지킵시다	320
'소천'이라는 말을 바르게 사용해야 합니다	323
'고인의 명복, 미망인'이라는 말은?	327

'축제'란 그리스도인이 도저히 **사용할 수 없는 말**입니다

- 요즈음 '축제'라는 말이 성행하는데 이 말을 우리 예배나 행사에 사용할 수 있는지요?
- 축제란 말의 본래 뜻이 무엇이며 어디서 유래하였는지요?
- 축제란 말이 우리 교회가 사용할 수 없는 말이라면 그 대용으로 사용할 말은 어떤 것이 있나요?

우리 대학가에서 1970년대 초반부터 젊은 학생들의 행사에서 등장하기 시작한 '축제'(祝祭)라는 단어가 서서히 우리 사회와 교회 안에 들어와 이제는 당연한 어휘로서 자리를 잡아 가고 있습니다. 당시의 대학생들이 이제는 50대가 되고, 교회의 중견이 되어 자신이 사용했던 언어를 보편화시키고 있습니다. 예를 들면 '성탄절 감사 축제', '부활절 기념 축제', '감사절 축제', '성탄 축제', '축제적 총회', '축제 같은 예배', '한국 기독교 축제' 등 헤아릴 수 없을 정도로 보편화되어 가고 있습니다.

이를 바로잡는 글이 한글학회 회원이며 교회의 바른말 사용을 주창한 김계원에 의하여 1992년 『한글 새소식』에 실린 바 있었습니다. 그러나 이 단어는 독소처럼 사회와 교회에 번져 지금은 위험 수위를 넘고 있습니다. 참으로 시급하고 딱한 일이기에 다시 여기에 정리해 봅니다. 이 단어는 1961년 이희승의 『국어 대사전』에 처음으로 실린 단어입니다. 그 이전까지는 우리 사전에 존재하지 않던 단어입니다. 그 후에도 양주동의 『정통 국어 대사전-1981년』, 이숭녕의 『현대 국어 대사전-1982년』, 북한의 『현대 조선말 사전-1969』 등에서도 실리지 않던 단어입니다. 그러나 1992년의 『우리말 큰 사전』에서 새 말로서 이 단어를 싣게 됨으로 마치 우리의 언어처럼 정착되었습니다. 그러나 사실 이 말은 우리말이 아닙니다. 일본인들이 영어의 'Celebration'과 'Festival' 같은 축하 행사를 보면서 자신들이 마을 제사에서 마음놓고 떠들고 소리지르면서 춤추는 고유한 행사와 모양새가 비슷함을 알고 1928년에 나온 『和英倂用新式辭典』에서 '축제'로 최초로 번역한 바 있습니다. 일본인들이 가지고 있는 마을 제사는 종교와 민속이 합쳐진 행사이기에 그들의 감각에서는 그러한 번역이 가능하였습니다. 그러나 제사라는 어휘에 담긴 우리의 문화와 감각과는 매우 거리가 먼 것이었습니다.

사실 이 축제(祝祭)의 뜻은 이가원과 임창순이 펴낸 『東亞한漢韓中辭典』에서 정확히 풀이하고 있습니다. "축제란 제사 이름이니, 묘문(墓門) 안과 밖에서 이틀에 걸쳐서 드리는 묘문제로서 조상을 사당 안에서 제사 지내고, 그 다음 날 사당 밖에서 지내는 제사이다." 이 풀이에 의하면 축제라는 말 가운데 축하의 감각은 전혀 없습니다. 그런데도 우리 사전에서는 축제를 '축하고 제사 지냄'이라고 풀이하여 놓았습니다. 여기서 우리의 사전이 일본 사전을 깊이 연구함이 없이 그대로 복사해 왔음을 확인하게 됩니다. 우리 문화에서 제사란 조상의 죽음과 연결지은 것입니다. 어떤 경우에도

6부
그리스도인은
다음의 상식을
갖추어야 합니다

제사에서는 엄숙한 분위기에서 '애도' 또는 '회상'이 있을 뿐이지 떠들고 춤추고 소리지르는 축하의 행사는 있을 수 없습니다. 이상과 같은 내용을 가진 축제라는 말의 진정한 뜻을 알면 이제는 "총회를 축제로 해야 합니다." "축제 같은 예배를 가져야 합니다." "부활절은 기독교의 대축제입니다." 등의 표현은 삼가야 합니다. 교회가 큰 행사만 있으면 무조건 '대축제'라고 이름하였던 것도 이제는 정정할 필요가 있습니다.

우리의 개역성경에서는 축제라는 단어가 전혀 없습니다. 우리말이 아니었기에 어떤 경우도 이 어휘를 사용할 수 없었습니다. 공동번역이 진지한 연구가 없이 무분별하게 번역한 '축제'라는 단어는 개역성경에서 '명절', '희락의 날', '절기의 날', '잔치'로 번역되었고, 표준새번역에서는 '경축일', '거룩한 모임', '절기 행사'로 번역되었습니다. 다시 말하면 축제라는 말이 우리말이 아니었기에 개역성경에서 도입하지 아니했고, 표준새번역에서는 이 말이 중국이나 한국의 문화권에서 갖는 제사에 국한된 뜻이기에 도입할 수가 없었다는 것을 알게 됩니다. 그리고 관심을 두어야 할 것은 일본어 성경에서도 축제라는 단어를 전혀 사용하지 않고 있다는 점입니다. 이제 축제의 원뜻이 분명하고 그 도입 과정이 일본인의 사전을 그대로 옮겨 왔다는 사실을 알게 된 이상 이 어휘의 사용은 삼가야 합니다. 우리 한국 교회는 축제라는 단어를 교회 안에 정착되지 못하게 해야 합니다. 이제는 개역성경이나 최근의 표준새번역에서 나타난 대로 '명절', '잔치', '경축일', '축하 행사', '절기 행사', '거룩한 모임', '희락의 날' 등으로 원상복귀해야 합니다. '축제적 총회', '축제 같은 예배', '성탄절 축제'와 같은 말을 조금만 음미해 보면 참으로 어이가 없을 뿐만 아니라 망측한 표현임을 느끼게 됩니다. 생각없이 남발하는 언어가 때로는 엄청난 피해를 가져온다는 것은 하나의 상식입니다.

'당회장'이라는 이름은
회의 조정자를 말합니다

- 목사님을 당회장님으로 부르지 않았더니 약간 서운해하십니다. 반드시 당회장님으로 불러야 하는지요?
- 당회장이란 이름이 가지고 있는 뜻이 무엇인지요?
- 외국에 있는 교회에서도 담임 목사님을 당회장이라고 부르며 교회 주보에도 '당회장 ○○○목사'로 하는지요?

우리의 문화에서 윗사람의 이름을 직접 부르는 것은 금기 사항입니다. 그러나 미국이나 유럽의 문화권에서는 오히려 윗사람의 이름을 그대로 불러 주는 것이 친절을 나타내는 일이라고 하여 원만한 사이라면 상하 구분 없이 이름을 부르면서 지냅니다. 목사와 교인 사이에서도 첫 이름을 부르면서 친구처럼 지내는 것을 볼 수 있습니다.

우리 사회는 서구와는 다른 문화적 배경을 갖고 있습니다. 우리는 서로가 직책을 붙이고 그 이름 밑에 '님' 자를 사용하여 상대를 부르는 것을 전통적인 호칭 문화로 간직해 왔습니다. 이러한 관습은 우리 교회에서도 예

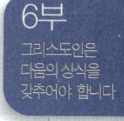
6부
그리스도인은
다음의 상식을
갖추어야 합니다

외가 아닙니다. 그것은 목사를 부를 때 반드시 '목사님' 이라고 하고 집사를 부를 때도 '집사님' 이라고 부르는 데서 나타납니다. 이러한 호칭의 사용은 전혀 문제가 없이 오히려 자연스럽습니다.

그런데 요즈음 교회마다 목사님을 '당회장님' 이라고 부르는 경우가 많아지고 있습니다. 목사님을 더욱 높여서 부르고 싶은 마음에서인지 아니면 부목사와 구분하기 위한 동기에서인지 그렇게 부르는 일이 보편화되었습니다. 그리고 목사 자신도 어느 새 당회장으로 불러 주는 것을 즐기는 현상이 요즈음 예사로운 일로 나타나고 있습니다. 심지어 예배 순서를 실은 주보나 게시판에 교회 이름 밑에 목사의 이름을 쓸 때 '당회장 ○○○ 목사' 라고 합니다. 그리고 명함을 비롯한 모든 명함에 '당회장' 으로 통하려 합니다.

이러한 현상은 세계의 어느 교회에서도 발견할 수 없는 기이한 일입니다. 그것은 당회장이라는 이름의 뜻이 목회의 장에서 목사를 부를 수 있는 호칭이 전혀 아니기 때문입니다. 원래 당회장이란 영어의 'Moderator' 로서 토론이나 회의의 사회자 또는 중재자를 가리키는 명칭입니다. 이 이름은 교황이나 감독 제도를 갖고 있는 교회들의 체제를 거부하고 일어선 우리의 개혁교회에서 가장 많이 사용해 왔습니다. 개혁교회는 일찍이 교황, 추기경, 대주교, 주교, 감독 등의 항존직을 고수하던 교회 체제를 거부하고 나온 교회입니다. 그래서 개혁교회는 순수하게 교회 조직의 회무를 주관하는 사람을 '회장-모더레이터' 라고 부릅니다. 이러한 것은 계급화된 교회의 직제를 민주화시키려는 의지의 실현이었습니다. 그래서 총회장이나 노회장도 회무를 주관하는 그 한 해에 한하여 '모더레이터' 라고 부릅니다. 지교회에서는 목사가 당회를 소집하여 회무를 주관하는 그 순간에 '당회장'

이라는 호칭을 사용할 수 있습니다. 그 밖에 회무와 무관한 현장에서는 담임 목사로서 당회를 주관하는 당회장의 신분과 임무와 권리는 인정되지만 계속 '당회장'으로 호칭받는 것은 상식을 벗어난 일입니다.

  우리의 개혁교회는 교황이 그리스도의 대리자로 군림하고 성직자가 높은 벼슬의 자리로 탈바꿈하는 데 대해 철저한 저항 정신을 갖고 일어선 교회입니다. 오직 그리스도의 명령에 따라 섬기는 종의 사명만을 추구하는 것이 우리 개혁교회 목회 정신입니다. 이러한 현장에서는 당회장과 당회원이 권리를 누리는 회장이나 위원으로서가 아니라 철저히 섬기는 목사요 장로로서 불려야 하고 인식되어야 함이 마땅합니다. '장'(長)이라는 글자가 붙은 직함이 난무하는 곳에서는 언제나 십자가의 기본 의미가 흔들린다는 사실을 우리는 어제와 오늘의 현장에서 수없이 보아 온 터입니다.

  이제 우리는 당회를 주관하는 회의 석상에서 불러야 할 호칭은 회의 때만 사용하게 하고 평소에는 나의 목자로 가까이 모실 수 있는 '목사님'이라고 부를 수 있어야 합니다. 그리고 교회를 대표하여 보내는 공문이나 게시판이나 명함도 이제는 '담임 목사'로 통일해야 합니다. 이것은 너무나 평범한 상식입니다. 상식이 살아야 지도자의 모습이 바르게 갖추어지게 됩니다. 오늘의 교인들은 '당회장'이라는 권위자보다 목사라는 따뜻한 목회자를 늘 가까이하고 싶어합니다.

6부
그리스도인은
다음의 상식을
갖추어야 합니다

자신의 **직함**은 필요 시만
이름 앞에 **사용**합니다

- "아버지! 어머니! 안녕하셨어요. 저 ○○○ 국회의원입니다." 이런 인사를 아들이 부모님께 드릴 수 있을까요?
- 저는 ○○○교회 ○○○ 목사입니다.
- 저는 ○○○교회 ○○○ 장로(집사, 권사)입니다.
- 저는 ○○○ 대학교 ○○○교수입니다. 이처럼 자신의 이름 밑에 직함을 첨가하여 회중 앞에서 또는 윗사람에게 자신을 밝힐 수 있는지요?

우리 민족이 비록 조그마한 반도에 위치하여 반만년을 살아왔으나 그 생각과 행동과 삶의 양식만은 거대한 땅의 사람들 앞에 본을 보이고 있습니다. 그토록 이 강토를 탐낸 강대국들의 침략이 잦았어도 우리는 칼날을 가는 데 전념하지 않고 학문을 소중히 여기고 삶의 질을 가꾸는 데 노력하였습니다. 그 가운데서도 예의 범절을 곧게 세워 유난스럽게 가정을 다스리고 교육을 게을리 하지 않았습니다. 이러한 결과는 수십 배의 면적과 인구를 가지고 있는 이웃 중국마저도 우리를 가리켜 동방예의지국(東方禮義之國)이라고 부르지 않을 수 없게 했습니다.

이처럼 우리의 선조들이 남겨 준 가장 소중한 예의 범절(禮儀凡節)이 최근에 와서는 무서운 속도로 추락을 하고 있습니다. 교회 밖의 사람들보다 더욱 바른 예의를 강조했던 우리 교회마저도 이러한 예의 범절의 유산이 서서히 자취를 감추고 있어 긴장감이 듭니다. 특별히 언어의 사용에서 많은 탈선의 징조가 심하게 보이는 현실입니다. 그 중의 하나가 목사와 장로들이 모여서 회의를 하는 현장을 비롯하여 교회와 사회 안에서 자신을 알릴 때마다 무심히 사용하는 다음과 같은 언어의 표현입니다.

"저는 ○○○노회 총대 ○○○ 목사입니다."
"저는 ○○○노회 총대 ○○○ 장로입니다."
"저는 ○○○교회 ○○○ 목사입니다."
"안녕하세요? 목사님! ○○○ 집사입니다."
"목사님(장로님)! 반갑습니다. ○○○ 전도사입니다."

이처럼 언제부턴가 우리 교회 안에서는 자신의 이름 밑에 직함을 덧붙이는 경우가 심화되어 가고 있습니다. 어딘가 어색한 표현이라는 느낌을 평소에 갖고 있던 필자는 어느 날 국문학 교수들과의 대화 속에서 이런 표현이 그릇된 것이라는 사실을 확인하게 되었습니다. 그리고 다음과 같은 표현으로 우리 교회 안에서부터 바꾸어야 한다는 충고를 받은 바 있습니다.

회의석상에서는 "저는 서울노회 목사(장로) 총대 김바울입니다."로 자신을 밝히는 것이 정상이며, 자신이 목사인 줄 잘 아는 윗분들에게는 "김바울입니다."로 이름만 밝혀야지 자신의 직함을 붙일 필요가 없습니다. 그러나 이름만 가지고서 알아볼 수 없는 윗분이라면 다음과 같이 직함을 자신의 이름 앞에 두는 것이 정상적입니다.

"안녕하세요. 다메섹교회 목사 김바울입니다."
"안녕하세요. 목사님! 집사 이빌립입니다."
"장로님! 반갑습니다. 저는 전도사 박디모데입니다."

그러나 자신보다 젊은이들이나 가까운 사람들에게는 자신의 성 밑에 이름 대신 직함만을 사용하여 "나 김 목사(장로)일세."라고 말할 수 있습니다.

'나를 낮추고 남을 높이라'는 교육과 설교를 쉬지 않고 우리 지도자들이 모이는 성총회나 노회나 교회에서부터 이러한 부분을 고쳐 나갈 수 있다면 그 교육의 효과는 무섭게 파급되어 가리라고 봅니다. 그리고 일상 생활에서 자신의 이름 밑에 직함을 사용하지 않는 예의바른 행동을 우리 그리스도인부터 우선적으로 실행해 보기를 권합니다.

우리 한국 교회는 처음부터 이 민족의 자랑거리인 예의 범절을 무척이나 소중하게 여겨 왔습니다. 특별히 우리 교회는 예절 교육을 최우선에 두었던 유교의 문화권에서 무시를 당하지 않으려는 부단한 노력을 기울여 왔습니다. 먼저 사람이 되고 그리고 그리스도인이 되어야 한다는 교육의 뜨거운 열기는 오늘 우리 교회의 소중한 주춧돌이 되었습니다. 그래서 이 나라를 현대화시키는 데 우리 그리스도인이 주역이 되어 지도력을 발휘할 수 있었습니다.

우리 교회는 언어를 가지고 사는 공동체입니다. 이 언어가 한시라도 바삐 순화되어야 합니다. 그리고 교회의 주역들이 사용하는 언어가 이 땅의 소중한 예절 문화와 성공적으로 접목되어야만이 우리 교회가 이 땅의 진정한 빛이 될 수 있습니다. 우리 사회는 그리스도인들에게 '예수쟁이'라는 이름을 붙였는데 그 명칭의 이면에는 말을 많이 하는 부류의 사람들이라는 뜻이 함축되어 있습니다. 말이 많으면 실수가 따르기 마련입니다. 그러나 어느 사회의 집단보다 교육 수준이 높은 그리스도인들이기에 자신을 소개하는 한 마디라도 빗나가는 일이 없어야 합니다.

6부
그리스도인은
다음의 상식을
갖추어야 합니다

목사의 가운은 동복과 하복이 없습니다

- 우리 목회자는 부활절부터 흰 가운을 입기 시작하여 늦가을에 찬 바람이 불 때 검정 가운으로 바꾸어 입습니다. 예배 시에 입는 가운도 동복과 하복의 개념이 있는지요?
- 대한예수교장로회(통합)와 감리교는 예배 시의 가운을 통일하였다고 하는데 그 내용을 알고 싶습니다.

주님의 날 예배를 인도하는 성직자의 복장이 차이가 심한 것을 볼 때 이해가 안 되는 부분이 많습니다. 정교회나 천주교회나 성공회나 루터 교회에서는 성직자들이 예복을 철저히 입고 예배를 드리는데, 개신교는 예배를 인도하는 목사에 따라 복장의 차이가 많이 발생합니다. 개신교 중에서도 오순절 계열의 교회에서는 거의가 일상복을 입고 예배를 인도하는가 하면 감리교나 장로교에서는 대부분 목사가 가운을 입고 예배를 정중히 인도합니다. 그런데 진기한 현상은 많은 목사들이 여름과 겨울에 가운의 색깔이 달라집니다. 그 이유를 물으면 대체적으로 더우니까 흰 것을, 싸늘하니까 검정색을 입는다는 웃지 못할 대답을 듣습니다. 즉 동복(冬服)과 하복(夏

服)의 개념으로 가운을 입고 있음을 봅니다. 그러나 이것은 참으로 부끄러운 대답입니다. 성직자의 복장은 단순한 계절복이 아닙니다. 여기에는 역사적인 유래와 전통이 담겨 있습니다.

종교개혁이 일어난 후 개혁자들에 따라 예배는 크게 네 줄기를 형성하게 되었습니다. 하나는 예배 의식을 존엄하게 보존하려는 루터 계열입니다. 말씀과 성찬 성례전을 매주일 지키는 예배의 지속이었습니다. 둘째는 설교만을 예배에서 존속시키고 모든 예전 의식을 경시했던 츠빙글리 계열이었습니다. 그는 예배당 안의 어떤 성상도 인정하지 않고 모두 철거시켰고 심지어 예배용 악기도 없애 버릴 정도였습니다. 셋째는 초대교회의 모습을 찾아 말씀을 강조하면서도 성찬 성례전을 매주일 거행할 것을 주창하면서 예배의 존엄성을 그대로 살려 나가려고 했던 칼뱅과 부처의 계열이 있습니다. 그리고 마지막으로 오직 말씀만을 중심하고 회심과 죄씻음을 강조하면서 성인 세례만을 고집했던 재세례파입니다.

한국의 장로교는 분명히 칼뱅 계열로서 그 신학과 예배와 기타의 교회 생활을 이어받고 있습니다. 칼뱅은 예배 때마다 당시 제네바의 법관들이 입던 검정 가운을 입고 예배를 정중히 집례하고 설교를 하였습니다. 그 후 스코틀랜드 교회를 비롯하여 세계의 장로교는 나라마다 자신들의 고유한 성직자 복장을 만들어 입거나 제네바 가운을 입는 것을 하나의 전통으로 삼았습니다. 그리고 부활절과 성탄절만은 흰 가운을 입고 예배를 인도하였습니다. 나머지 주일은 여전히 검정색 가운을 입었습니다.

그러나 각 나라의 교회는 검정색에 대한 국민적 정서가 맞지 아니하여 색깔을 달리하는 경우가 발생하였습니다. 그래서 우리 나라도 대한예수교장로회(통합측)는 1993년 78회 총회에서 우리의 목사와 장로 가운에 대하여 연구를 거듭하게 한 후 중요한 결정을 내린 바 있습니다. 그 내용은 가운의 형태는 칼뱅의 전통을 이어받고, 색깔은 성령님을 뜻하는 비둘기색과 같은 밝은 색의 가운을 입되, 셔츠도 성직자 셔츠를 입도록 결정하였습니다. 그리고 장로와 목사는 동일한 가운을 입되 목사만이 멍에를 멘 성직 수행을 표시한 스톨(드림천)을 사용하도록 하였습니다. 감리교도 성직자들이 입어야 할 예전복을 제정한 바 있습니다. 외국 교회 예배신학자들은 한국 교회의 이러한 결정에 대단한 평가를 하면서 한국 교회의 성숙성을 치하한 바 있습니다.

장로교는 비록 엄연한 총회의 결정이 있더라도 시행은 개교회 중심으로 이루어집니다. 그러하기에 이러한 결정도 강제 규정이 아닌 권장 사항으로 정한 바 있습니다. 많은 목회자들이 밝아진 가운의 색깔을 선호하는 경향이 두드러지게 나타나고 있습니다. 언제인가 한국 교회의 이러한 결정은 자랑스러운 결정이 되고 우리 교회 성직자들의 고유한 복장이 되리라고 봅니다.

그런데 이러한 자랑스러운 결정이 있음에도 불구하고 아직도 성직자의 가운이 동복과 하복의 개념에서 벗어나지 못하고 있다면, 이것은 실로 부끄러운 현실입니다. 목사가 예배 인도 시에 입는 예전복은 교회력에 따라 변화를 줄 수 있습니다. 어떤 개신교 목사들은 가운 자체를 교회력에 따라 정해진 예전 색깔로 맞추어 입는 것을 봅니다. 그러나 어느 경우도 목사의 예전복인 가운을 동복과 하복의 개념으로 색을 달리하면서 입는 경우는 없습니다. 여름철이기에 흰 가운을 입는 것이 아니라 1999년의 경우 4월 4일 주일이 부활주일이기에 흰 가운을 입기 시작하여 그 기간이 끝나는 부활절 마지막 주일(5월 16일)까지 흰 가운을 입게 됩니다. 다시 말하면 교회력에 따른 예전 색깔의 변화는 가능하나 계절에 따라 변하는 예전 색깔이나 하복과 동복이 없다는 것을 명심할 필요가 있습니다.

성직자 셔츠는 신부만의 것이 아닙니다

- 성직자 셔츠는 천주교 신부들의 전용물인가요?
- 그 복장이 가지고 있는 의미를 알고 싶습니다.
- 성직자 셔츠를 입어야 할 당위성이 있나요?

어느 목사가 목회자들의 모임에 성직자 셔츠를 입고 간 적이 있었습니다. 그 곳에 미리 와 있던 선배 목사가 인사를 받기가 무섭게 그 복장을 보면서 개신교의 목사가 신부의 복장을 하고 왔다면서 크게 노를 발하였다는 이야기입니다. 이분이 입은 복장은 단지 셔츠의 목에 넥타이 대신 빳빳한 흰 깃을 한 성직자 칼라(Clerical Collar)였습니다. 그리고 셔츠의 색깔은 교회력에 따라서 녹두색이었습니다. 그 선배 목사의 마음에는 성직자 의상이란 천주교 신부만의 것이라는 고정된 생각이 굳어 있었나 봅니다.

최근의 어느 신문 독자란에는 천주교 신부의 글이 실려 있었습니다. 내용인즉 성직자 셔츠는 독신자인 신부의 신분을 나타내는 복장인데 개신교 목사들이 입는 것은 잘못된 것이라는 의견이었습니다.

이상의 두 가지 의견은 바르지 못한 이해라는 평을 받게 됩니다. 성직자 셔츠는 독신의 표시가 아닙니다. 이것은 노예들이 목에 두르고 끌려다니는 목줄과 같은 것입니다. 즉 하나님의 일만을 충실히 행하는 종의 신분을 뜻합니다. 그러하기에 외국의 많은 개신교 성직자들이 성직 임무를 수행할 때나 평상 생활 속에서도 흔히 이 셔츠를 입는 것을 볼 수 있습니다.

지금까지 한국의 장로교는 탈예전적인 교회에서 출발하였기에 예배의 내용과 형태를 비롯하여 예복이나 기타의 성구(聖句)에 관한 깊은 이해를 외면해 온 것이 사실입니다. 우리에게 복음을 전해 준 선교국들의 교회는 예배 복원 운동을 펼치면서 개혁자들이 고수했던 많은 것들을 복원한 지가 벌써 오래인데, 우리 한국 개신교는 여기에 대하여 정보나 교류를 거의 갖지 못하고 있었습니다. 특별히 신학 교육에서 예배학이라는 과목마저 없이 한 세기를 넘긴 바 있는 부끄러운 기록을 남긴 교회가 되었습니다. 이러한 결과로 성직자 셔츠에 대한 이해가 전무한 상태에 이르게 된 것입니다.

성경에서는 예배를 집례하는 성직자가 일상의 복장을 입은 그대로 성단에 오르는 것을 금한 바 있습니다(출 28:3). 이러한 가르침은 기독교의 오랜 전통이 되어 예배를 위한 예복뿐만 아니라 일상복까지 성직자 셔츠를 입게 하였습니다. 성직자들은 그러한 외형적인 복장과 함께 성별된 생활을 지키도록 하여 지금에 이르고 있습니다. 루터를 비롯한 개혁자들도 이러한 성직자의 복장에 대하여 일부 형태의 변화는 주었으나 그 본질적인 면은 조금도 변함없이 지켜 왔습니다. 장로교의 창시자인 존 낙스 역시 성직자는 성별된 복장을 입을 것을 제도화한 바 있습니다. 스코틀랜드 교회를 방문하여 확인한 바로는 보수적인 목사일수록 성직자 셔츠를 철저히 입고 지내는 모습을 보게 됩니다.

넥타이를 대신하게 되는 **빳빳한 흰 깃**은 그 근본 뜻이 노예의 상징입니다. 영예롭고 화려한 의미는 전혀 없습니다. 실질적으로 목사가 성직자 셔츠를 입고 바깥 출입을 하고 교인들을 만난다는 것은 참으로 고된 사역입니다. 모든 사람들에게 자신이 성직자임을 복장을 통하여 스스로 밝힌다는 것은 그의 언어와 행동과 몸가짐 전체를 함부로 할 수 없도록 하는 철저한 제어 장치입니다. 그러나 성직자 셔츠를 입은 목사는 그 근처도 갈 수 없다는 사실만으로도 그 효과성은 대단한 것입니다. 그래서 대한예수교장로회(통합) 78회 총회는 '목사의 가운과 스톨 연구 위원회'의 보고를 받고 모든 목사들에게 이를 권장하도록 결의하였습니다. 그 중에서 성직자의 평상복에 대한 부분만을 여기 옮깁니다.

"스코틀랜드 장로교회의 목사들을 비롯하여 많은 개신교 목사들과 같이 본 교단 목사들도 성직자 셔츠(Clerical Collar)를 일상적인 교회 생활과 주일의 예복 가운 밑에 입도록 권장함이 좋다고 여겨집니다. 그 이유는 이 성직자 복장의 기본 뜻이 '노예의 상징'을 의미한 대로 하나님의 종으로서 사명의 수행과 자신의 언행심사에 대한 책임을 항상 지키는 데 도움을 주기 때문입니다. 단 색깔은 검정색 일변도가 아닌 교회력의 색깔에 맞추어 자연스럽게 함이 가하다고 여겨집니다."

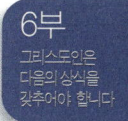

263

목사를 모셔와 **선을 본다는 것**은

- 우리 교회는 목사님을 찾는 중에 있습니다. 모셔와 선을 보이는 설교를 합니다. 모두가 설교를 잘 하시는데요. 어떻게 해야 우리와 평생을 함께 할 목사님의 설교를 비롯한 모든 면의 진면목을 알 수 있을까요?
- 신문에 광고를 내면 백여 통에 가까운 지원서가 오는데 어떻게 해야 할지 당황스럽습니다.

어느 교회는 요즈음 신임 목사를 찾는 데 대단한 어려움을 겪고 있습니다. 여러 해를 거듭하여 수많은 목사를 모셔와 교인들 앞에 설교를 시키면서 선택하려고 몸부림쳤지만 모두의 동의를 받을 수 있는 목사가 없다는 이야기입니다. 그래서 물건을 가져와서 선을 보이듯이 오늘도 그 교회에 뜻이 있는 목사들을 불러다가 설교단에 세우는 일을 지금도 계속하고 있다는 이야기입니다. 생각하면 참으로 안타까운 일입니다.

그 교회를 다녀온 후 응답을 기다리던 목사는 자신이 합격선에 이르지 못하였다는 것을 아는 순간부터 그 교회에 대한 부정적인 언어를 발산합니다. 자신이 하나의 상품으로 취급받게 된 것이 그렇게도 못마땅하다는 말입니다. 그리고 이러한 관행이 언제까지 계속될 것인지 한숨을 내쉽니다.

아마도 이러한 현상은 날이 가면 갈수록 더욱 많아질 것으로 여겨집니다. 그 이유는 목사의 생산과 공급이 균형을 이루지 못하기 때문입니다. 목회지를 찾지 못하는 목사는 계속 적체되고 교회는 한정되어 있기에 이러한 문제는 수그러들지 않을 것이 예상됩니다.

어느 때부터 우리 한국 교회가 선을 보기 위하여 목사를 모셔와 설교를 하게 했는지는 추적할 길이 없습니다. 그러나 그 이유는 헤아릴 수 있습니다. 그것은 소수의 동의보다는 다수로부터 동의를 받은 목사를 청빙하겠다는 좋은 뜻으로부터 출발했으리라는 해석을 해 봅니다.

그러나 그러한 관행은 위험한 함정을 스스로 파고 있다는 사실을 다음의 표현에서 알게 됩니다. "그분의 첫 인상이 너무나 인자하고 좋기에 모셨는데…." "선을 보이는 그 설교 때는 참으로 훌륭한 설교가로 보이던데…." 등의 후회 섞인 말을 하면서 모셔온 지 일년도 지나기 전에 등을 돌리는 교인들을 봅니다.

사람이란 누구나 남을 의식하고 있을 때는 얼마든지 인자하고 거룩한 인상을 지을 수 있습니다. 어느 정도의 한정된 기한에는 성자의 모습으로 거룩한 성직자의 냄새를 풍길 수 있습니다. 언어를 비롯한 모든 행동거지도 경건한 목사로서의 손색없는 연출을 할 수 있습니다. 그러나 무대의 연출은 순간이지 영원할 수 없습니다. 자신이 가지고 있는 본래의 모습과 능력을 완벽하게 감출 수 없습니다. 드디어 한 인간의 모습이 사실 그대로 보일 때 사람들은 실망하고 자신의 선택 과정이 잘못되었음을 후회합니다.

이러한 실수는 목사를 모셔와서 선을 보는 것을 즐겼던 교회의 잘못입니다. 더군다나 뭇 성도들의 신앙을 이끌고 나아가야 할 목회자의 기준을 설

6부
그리스도인은
다음의 상식을
갖추어야 합니다

교단 위의 30분간으로 판단하겠다는 발상 자체가 잘못된 것입니다. 이것은 참으로 불가능한 일을 저지르는 관행입니다. 목사란 누구나 한 편의 설교는 훌륭하게 할 수 있습니다. 그리고 몇 시간의 만남이라는 무대에서의 연출은 성공적으로 수행할 수 있습니다.

그러한 까닭에 목회자를 찾고 싶거든 교인들이 찾아 나서야 합니다. 그분이 수년 동안 사역하고 있는 목회의 장을 조용히 찾아가 아무 말없이 관찰하고 그가 먹이는 양들로부터 그가 어떤 분이고 설교의 수준이 어떤지를 살피는 것이 가장 이상적입니다. 시간과 정성을 바쳐 자신의 목회자를 찾아 헤매일 때 거기서는 보다 효과적인 선택이 있게 됩니다. 자기에서는 위장된 모습이 아니라 있는 그대로의 모든 것을 볼 수 있을 것입니다. 순간의 시각과 청각으로 선택하는 것보다 훨씬 효과적인 판단을 할 수 있을 것입니다.

목회자를 잘 만나 하나님이 기뻐하시는 예배를 드리고 행복한 신앙 생활을 이어간다는 것은 매우 중요한 일입니다. 그것은 우리 그리스도인들이 이 땅에 머무는 동안 갖게 되는 행복의 중요한 조건 중에 하나입니다. 내가 좋아하고 존경하는 목사의 사랑과 보호를 받으면서 기쁨과 감사를 하나님께 드릴 수 있다면 그것은 바로 나의 조그마한 천국이 될 것입니다. 부디 목회자를 모실 때 상품의 개념을 도입하지 말아야 합니다. 목회자가 필요한 사람들이 기도하면서 찾아 나서는 것이 도리입니다.

임직자의 **부인**까지 **서약에 동참**시키나요?

- 남편이 장로로 피택되어 안수를 받는 순간에 부인도 그 서약에 '예' 라고 대답하면서 서 있어야 하나요?
- 앞으로 부인을 장로로 피택하여 안수할 때 남편도 함께 일어서서 그 서약에 대답을 해야 하나요?
- 임직은 개인에게 주어진 것인가요? 가족에게 주어진 것인가요?

오순절의 역사가 발생된 후 사도들이 복음을 전파하면서 교회는 활기가 넘쳤습니다. 모여든 교인들을 사도들이 보살피기에는 그 수효나 분야가 너무 벅찼습니다. 사도들은 자신들의 임무를 기도하고 말씀을 전하는 데 국한시키면서 대신 집사들을 세우고 교회의 봉사와 구제와 기타의 임무를 분담하게 하였습니다. 이러한 구조적인 형태는 교회의 형성과 성장에 절대적인 영향을 끼치면서 제도적 정착을 이루게 되었습니다. 구교에서는 성직자에게 절대 권위가 부여되어 교회의 모든 구조가 성직자 중심으로 지속되고 있지만, 개혁교회는 각 교단마다 그 구조를 달리하고 있습니다. 특별히 장로교의 경우 목사에게는 말씀과 성례전을 전담하는 권위를

6부
그리스도인은
다음의 상식을
갖추어야 합니다

부여하고 교회의 행정적인 분야는 목사와 장로로 구성되는 당회라는 의결 기구를 거치도록 하는 정치 형태를 취하고 있습니다. 요즈음 한국에서는 이러한 교회 행정 구조가 장로교 이외의 교단에까지 파급되어 시행 중입니다. 장로 제도가 전혀 없던 교단들도 지금은 이 제도를 도입하고 있는 실정입니다.

여기서부터 한국 교회의 장로는 교회의 행정과 봉사와 구제와 각종 행사에 의견을 제시하고 책임과 의무를 수행하는 중요한 사역의 일부를 맡게 되었습니다. 따라서 장로의 선출과 장립을 위한 서약 및 안수의 절차는 존엄하게 이루어집니다. 장로의 직분이야말로 평신도로서 가장 소중하고 성스러운 것이기에 이 직분을 부여받은 성도는 자신의 삶에 있어서 가정보다 교회를 먼저 생각하고 누구보다 앞서서 하나님의 영광을 위한 삶에 초점을 맞추면서 살아가야 합니다.

그러한 까닭에 직분을 받게 되는 장로 장립 때의 서약은 그 내용이 정중하고 매우 의미가 깊어 평생을 통하여 삭제하거나 수정할 수 없는 중요한 것입니다.

그런데 요즈음 한국 교회에서는 장로 장립을 위한 예식에서 과거에 볼 수 없던 새로운 형식이 출현하고 있습니다. 그것이 바로 장로와 그 배우자를 함께 세워서 서약하도록 하는 일입니다. 분명히 부부는 별개의 인격체인데 이 시간만은 부부를 일체로 하여 동일한 질문을 하고 동일한 대답을 요구합니다. 분명히 부부 중에 한 사람만이 장로로 피택되는데 서약은 부부를 향하여 동시에 요청합니다. 그 숨은 뜻은 부부가 장로의 직을 받은 것은 아니로되 안수를 받게 되는 장로의 배우자로서 성스러운 직분에 함께 힘을 기울이라는 뜻이 있다는 것은 쉽게 이해할 수 있습니다. 그러나 서약이란 안수를 받게 되는 엄숙한 사실 앞에서 그에 해당된 개인과 묻고 대답하는 것이지 결코 그 가족을 대상으로 하는 것은 아닙니다.

예배의 역사를 아무리 읽어 보고 외국 교회의 장로 장립 현장을 살펴보아도 부부를 장로로 세운 기록은 있지만 남편이 장로로서 서약을 하는데 그 부인이 함께 일어서서 서약에 동참한 기록은 찾을 길이 없습니다. 이는 최근에 한국 교회에서 아무런 규례도 없이 돌출된 현상입니다

부인은 장로 된 남편에게 종속된 인격체가 아니라 집사 또는 권사, 장로, 목사로서 자신의 직책을 가지고 있는 엄연한 독립된 인격체입니다. 그리고 그 스스로가 장로의 임직을 받을 수 있도록 교회의 제도가 확립되어 있습니다. 이제는 한 인격체를 향하여 정중하게 책임과 의무를 물어야 합니다. 가족 전체에게 부담을 안겨 주는 일에는 신중을 기해야 합니다.

아무리 지교회를 중심한 것이 개혁교회의 제도라 할지라도 예배와 교리와 교회 정치는 자신이 소속된 교단에서 제정하여 지키고 있는 규칙을 따라야 합니다. 그럴 때 교회는 질서와 평화와 일치를 이루게 됩니다. 목회자 자신이 나아간다면 그것이 바로 이단을 형성하는 요소가 되기 쉽습니다. 그리고 그러한 행위가 무질서와 혼돈을 가져오는 출발이 된다는 사실에 깊은 주의를 기울여야 합니다.

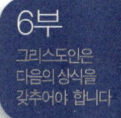

6부
그리스도인은
다음의 상식을
갖추어야 합니다

인간을 향한 각종 **예배가 난무**합니다

- 우리들은 수많은 이름의 예배에 접합니다. 그런데 그 이름이 석연치 아니합니다.
  ○○○ 목사 박사 학위 취득 축하 예배
  ○○○ 장로 국회의원 당선 축하 예배
  ○○○ 장로 회갑 예배
- 개업 예배, 입학 예배 등의 이름이 정당한 것인가요?

하나님의 존재와 그 은총을 깨달은 우리 교회는 그 하나님만을 예배하는 데 남다른 경외심과 열심을 가지고 오늘에 이르고 있습니다. 그러나 요즈음에 이르러 한국 교회에서는 예배라는 이름이 너무 혼잡하게 사용되고 있습니다. 단순한 기도회를 비롯하여 개인의 병석을 심방하는 경우까지도 예배라는 이름을 사용합니다. 심지어 돌 예배, 생일 예배 등 마구 예배라는 이름을 붙여 예배의 진정한 의미와 형태에 적지 않은 손실을 가져오고 있습니다. 특별히 '졸업 예배', '입학 예배', '출판 기념 예배', '○○○ 목사 학위 취득 축하 예배', '○○○ 회장 취임 예배' 등은 예배학적인 측면에서는 참으로 납득하기 힘든 이름입니다.

우리 교회가 모든 행사의 시작과 끝에 그 일이 하나님의 영광을 위한 일이 되기를 바라는 기도를 드리고 거기에 맞는 하나님의 말씀을 찾아 경청하는 것은 참으로 아름다운 일입니다. 그러나 이러한 순간마다 '예배'라는 이름을 사용하기에는 무리가 따릅니다. 모든 예배가 성격을 분명히 할 필요가 있습니다. 예를 들어 졸업이나 입학의 경우에 드리는 예배는 그 진정한 뜻이 졸업이나 입학을 시켜 주신 하나님의 존전에 감사를 드리고 그분에게 영광을 돌려 드리는 데 있습니다. 그러므로 이러한 경우는 '입학 감사 예배', '졸업 감사 예배'라는 구체적인 표현을 사용함으로써 성도들에게 그 예배의 성격과 내용을 정확히 전달할 수 있습니다.

특별히 한국 교회에 예배의 이름이 남발되고 혼돈을 가져온 것은 '출판 기념 예배', '학위 취득 예배', 'ㅇㅇㅇ 회장 취임 예배', '생일 예배', '회갑 예배', '개업 예배'와 같은 경우는 예배의 근본 의미마저 흔들리게 하고 말았습니다.

이러한 경우 아무리 적절한 해석을 하려 해도 그 현장에서는 하나님을 섬기는 예배라기보다 그 날의 주역인 인간을 찬미하고 그들의 노고를 치하하고 그들에게 영광을 돌리는 의미가 너무나 짙게 나타날 수밖에 없습니다. 그러기에 이러한 행사는 예배라는 이름과 거리가 매우 멉니다. 한때는 'ㅇㅇㅇ 의원 ㅇㅇㅇ 당 ㅇㅇㅇ 지구당 위원장 취임 예배'라는 참으로 어색한 이름의 예배까지 등장했던 시절이 있었습니다. 이러한 현상은 우리 한국 교회에서만 경험하게 되는 부끄러운 현실입니다. 이런 예배는 모두가 "내가 존경하기에" 또는 "그분이 섭섭하게 생각할 것 같아서"라는 인간의 감정을 풀고 달래기 위하여 만드는 작품입니다.

이런 경우에는 'ㅇㅇㅇ 기념식', 'ㅇㅇㅇ 축하식'과 같은 명칭을 쓰는 것이

6부
그리스도인은
다음의 상식을
갖추어야 합니다

가장 적절합니다. 그러나 예배라는 이름을 기어코 사용해야 한다면 비록 어색한 표현이기는 하지만 '생일 감사 예배', '회갑 감사 예배', '출판 감사 예배', '학위 취득 감사 예배', '입당 감사 예배', 'OOO 취임 감사 예배' 등으로 표기할 것을 권합니다. 그리고 그 내용은 순수하게 하나님께 드리는 감사의 예배로 일관해야 합니다. 특별히 예배라는 이름을 사용하는 경우 거기에 해당된 당사자는 성단 밑에 자리를 잡아 함께 감사의 예배를 드리는 일원이 되었으면 합니다. 솔직히 그 모임의 주역인 사람이 성단 중앙에 꽃을 달고 회중을 바라보며 회중들의 예배를 받는 자세로 앉아 있는 모습은 대단히 어색합니다. 그럴 때마다 회중들이 그분에게 예배를 드리고 있는 것 같은 착각을 일으킬 정도입니다.

언제 어디서나 인간이 예배의 대상이 되는 곳에는 하나님의 영광이 가려집니다. 그리고 하나님의 영광을 가리는 망령된 행위를 삼가도록 성경은 규정하고 있습니다. 그 때마다 하나님은 진노의 손길을 들어 인간의 그릇된 길을 바로잡아 주셨음을 모든 그리스도인들이 새롭게 기억해야 합니다.

예배라는 이름이 너무 남발되어 그 고귀한 의미와 내용이 상실된 교회는 예배 그 자체를 상실하고 살아가는 결과를 낳게 됩니다. 그러므로 '기도회' 또는 '예식'의 이름을 활용함이 대체로 합당합니다. 그럴 때 비로소 교회가 예배하는 공동체로서 하나님께 고결하고 존엄한 드림을 오래오래 지속할 수 있을 것입니다. 이제는 우리 교회도 예배와 예식과 기도회의 이름을 구분하여 사용하여야 합니다. 예배란 언제나 하나님을 향한 인간의 진지한 응답의 행위임을 명심해야 합니다. 그래서 예배 현장에서는 인간이 영광을 받는 행위가 결코 발생하지 않도록 각별한 주의가 필요합니다.

통계의 허구성이 너무 심합니다

- ⊙ 각 교단마다 발표한 통계를 집합하면 기독교인이 대한민국의 전체 인구보다 더 많게 되는데요?
- ⊙ 우리 교단 통계는 한 해에 죽은 사람이나 교회를 떠난 사람의 수효가 발표되고 있나요?
- ⊙ 교단 통계를 통하여 소속 교회의 실상을 알 수 있도록 좀더 상세한 통계는 불가능한가요?

한국 개신교회에 참이라고 믿기 어려운 일들이 흔히 발생하여 많은 사람들을 당혹하게 만들고 있습니다. 그 중에 하나가 바로 교단마다 제출한 통계입니다. 정부에 제출된 개신교의 교인 수를 그대로 집계하면 그 수효가 남한 인구의 100%를 넘게 된다는 말을 실무자로부터 들은 적이 있습니다. 그래서 종교를 담당한 부서는 어느 교단의 통계도 믿을 수 없어 호구 조사에 의한 통계를 사용하게 된다고 합니다.

인간이 집단을 이루고 사는 세계에서 그 내면을 보다 더 정확히 살펴 누구나 쉽게 그 세계를 이해하려는 방편으로 생긴 것이 바로 통계입니다. 이 통계는 한 집단의 현상과 체제를 정확하게 알 수 있는 도구일 뿐만 아니라 이것에 의하여 많은 정책과 방향 등이 결정됩니다. 그러나 이 통계가 자신의 집단을 사실보다 크게 나타내려는 의도를 내포하고 있다면 그것은 우선적으로 전시 효과는 있을지 모르나 다른 면에서는 막대한 손실을 초래합니다. 그러나 허다한 집단들이 눈앞에 보이는 이익만을 위하여 자신들에게 유리하도록 하는 인위적인 통계를 작성하는 일이 적지 아니합니다. 그리고 자신의 업적을 과대 평가하는 도구로 통계를 사용하기도 합니다. 그래서 신뢰가 두텁지 못한 세계의 통계는 허구로 보고 신용 사회의 것은 사실로 보게 됩니다.

우선 우리 한국 교회가 총회 때마다 내놓은 통계의 항목에서부터 어디인가 석연치 못한 점을 느낍니다. 교세 통계의 교회 수 난에는 학습 교인과 세례 교인이라는 이름 밑에 중고등부 청장년이라는 두 항목이 있을 뿐입니다. 즉 우리 통계에서는 그 머릿수만 있을 뿐 그 이상의 상세한 것을 알 길이 없습니다. 일 년 동안 노회별로 증가된 숫자만 있을 뿐 교회를 떠난 숫자를 비롯하여 사망, 전출, 전입의 상세한 통계를 볼 길이 없습니다. 그래서 가끔 이러한 통계를 읽다 보면 우리 교단에 들어온 교인들은 영생불멸을 하는가 하는 착각을 하게 됩니다. 세상을 떠난 교인도 이민을 떠난 교인도 그대로 교적에 남아 있는 것을 볼 때마다 통계의 허구성이 얼마나 심각한가를 느끼지 아니할 수 없습니다.

오랜 역사를 가지고 통계의 정확성을 성실히 이행한 외국의 교회들이 내놓은 통계는 확실히 우리의 것과는 너무나 대조적입니다. 자신들의 교회가 하강 길을 걷는 것을 감추지 않고 솔직하고 적나라하게 보여 준 그들의 통계는 최소한 다음의 항목을 가지고 있습니다. 우선 출석 교인을 남녀로 구분하여 밝힙니다. 그리고 새로 등록된 교인 난에는 이명해 온 교인과 새 신자의 교인 수를 밝혀 노회별 이동 사항과 전도의 실적을 알게 합니다. 그리고 교회를 떠난 교인을 분석하여 실종 교인, 이명해 간 교인, 전입해 온 교인, 사망한 교인의 수효를 분명하게 밝힙니다. 세례 교인의 분석도 유아 세례와 장년 세례를 구분하여 밝히고 있습니다.

이제 우리 교회는 선진 사회의 본을 보여야 할 책임이 있습니다. 교단은 한국 개신교의 양심의 실천 장으로서 그 정확성을 통계에서 보여 줄 때가 되었습니다. 이중 삼중으로 등록된 교인을 정리할 필요가 있습니다. 이미 교회를 떠난 사람들을 각 교회마다 그 사연을 정확히 밝혀야 하고 총회는 거기에 근거한 정확한 통계를 가지고 있어야 합니다. 교회마다 등록 교인의 수는 날로 불어나는데 출석 교인의 수는 줄어든 교회가 되었다는 사실을 주시할 필요가 있습니다. 비록 교인 수가 줄어든 교회가 되었다는 지적을 받더라도 통계만큼은 정확해야 합니다. 정확한 통계를 앞에 두고 그 원인을 분석하고 진단하면서 새로운 대책을 수립해야 합니다. 사실과 다르게 부풀어 있는 통계를 가지고서는 정확한 분석이나 방향을 세울 수가 없습니다.

이러한 문제는 총회의 차원은 물론이려니와 지교회부터 앞장을 서야 합니다. 이제는 등록 교인 수를 가지고 교회의 규모를 이야기할 때가 아닙니다. 하나님 앞에 나아와 예배를 성실히 드리고 있는 성도들을 헤아리면서 교회의 실태를 신중하게 살펴야 합니다. 이런 실례를 눈여겨볼 필요가 있습니다. 농어촌에서 세례를 받고 등록이 되어 있는 교인이 중소 도시에 이사를 갑니다. 가서 어느 한 교회에 등록을 합니다. 그러다가 일터가 서울이 되어 다시 옮깁니다. 서울에서 한 교회에 등록을 했습니다. 이러한 경우 이 사람은 동일한 교단 소속의 교회에 3번이나 등록을 한 결과를 가져옵니다. 이명 증서의 발급이나 접수가 거의 사라진 지금, 교인들은 이중 삼중으로 등록을 하면서 그 모순을 전혀 생각하지 아니합니다. 시급히 정리해야 할 문제입니다.

6부
그리스도인은
다음의 상식을
갖추어야 합니다

해외 선교지에 우리 교회 이름을?

- ⊙ 우리 땅에 교회를 세웠던 선교국은 우리 교회 이름을 어떻게 했나요?
- ⊙ 한국 교회가 이국 땅에 세운 교회 이름 중에 한국의 동네 이름이 많이 보입니다.
- ⊙ 선교사를 파송하고 지원한 교회 이름을 따를 때 부작용은 없는지요?

유럽의 어느 도시에서 반가운 사연이 발생했습니다. 그것은 너무나 뜻밖에 한국에서 가까이 아는 교회의 이름이 이 곳에 나타나 있기 때문입니다. 그 이름은 이 곳 나라 이름 다음에 이어지는 한국 교회 이름이었습니다. 알고 본즉 이 교회를 창립하여 선교하는 한국 교회의 이름을 그대로 사용하고 있었습니다. 한국의 회사 이름 외에는 전혀 들어 볼 수 없는 이 지역에서 귀에 익은 교회 이름을 보게 됨은 한국 교회의 위력을 다시 입증하는 듯하여 한국 교회 목사로서 우쭐한 생각이 들었습니다. 우리 한국 교회가 이렇게 선교의 열이 강하고 그 많은 선교 헌금으로 목사가 파송되고 복음을 전하게 되었다는 사실에 긍지를 갖게 되었습니다.

그러나 그 곳을 지난 지 며칠이 된 지금 그 멀고 먼 나라에서 불린 한국 교회 이름에 대하여 무엇인가 이상한 생각이 자꾸 앞섭니다. 그리고 다음의 질문이 며칠 전에 가졌던 긍지에 대한 새로운 평가를 하게 합니다. 첫째 질문은 어느 때까지 그 교회의 이름이 그대로 사용될 것인가? 지금은 가난하고 어려워서 주는 대로 받고 시키는 대로 따르면서 선교사 앞에 고개를 숙이지만 이들이 어느 때인가 경제적으로 신앙적으로 정상적인 궤도에 올랐을 때 과연 그들은 자신들의 교회 이름에 대하여 행복하게 생각할 것인가? 두 번째의 질문은 100년 전에 한국에 들어와 미국의 선교비로 세운 교회가 적지 아니했을 터인데 한국의 어느 교회가 미국 교회 이름을 가지고 있는가? 예를 들면 '한국 샌프란시스코 중앙 장로교회' 또는 '서울 할리우드 장로교회' 라는 이름이 우리 땅에 있는가? 전혀 찾아볼 수 없는 일입니다. 그런데 어찌하여 우리들은 '멕시코 한라산교회' 처럼 우리 이름을 기어이 해외에서까지 사용해야 하는지 그 대답이 시원하지 못합니다.

생각하면 우리의 선교 정신이 위험한 요소를 안고 있습니다. 자칫 우리의 선교가 개교회의 이름을 길이 이 땅에 빛내기 위하여 있는 인상을 풍기기 쉽습니다. 마치 자신들의 지배권 행사를 지키고야 말겠다고 이름이며 언어까지 심어 가면서 식민지를 개척하던 나라들을 답습하는 듯한 인상도 적지 아니합니다. 특별히 의식이 있는 피선교국의 목사들로부터 이러한 사실에 적극 반대하는 의견을 들을 때마다 문제의 심각성은 대단한 수준임을 직감하게 됩니다. 나라 안에서도 개척 교회마다 자신들의 교회 이름을 사용함에도 이견이 대두되는데 하물며 언어도 인종도 문화도 다른 해외에서는 그 문제가 더욱 심각하지 않을 수 없습니다.

인간이란 어려울 때는 아무런 조건을 제시하지 않고 도움을 받아 우선

생존하기를 원합니다. 그렇다고 해서 그 속마음에 최소한의 자존심마저 포기한 것은 아닙니다. 우선 주는 존재가 받는 사람의 주체성을 무시할 때 선택의 여지가 없이 그대로 따를 뿐입니다. 그러나 그들의 가난과 자존심의 상처는 한시적인 것이지 영원히 지속된 것이 아닙니다. 어느 때인가 발음도 제대로 못하고 한국 어느 지역 이름을 가져온 자신들의 교회 간판을 보면서 반드시 그들은 고마움보다는 수치심을 느낄 것입니다. 그리고 그 이름을 자자손손 지키려 하지 않을 것입니다. 낳아 준 부모가 지어 준 이름도 성숙한 후에 마음에 맞지 않으면 개명을 하는데 자존심을 상하게 하는 교회 이름이라고 생각되면 어찌 그것을 지속할 것입니까?

미국의 교회들과 선교사들이 한국에서 교회를 세우면서 순수하게 우리 지역과 기타의 이름을 가지고 우리말로 교회 이름을 남겨 준 것에 유의해 봅시다. 지금이라도 그들이 원하는 이름을 지어서 그들의 눈앞에 간판을 걸어 주도록 함이 타당합니다. 출입할 때마다 생소한 외국의 이름과 마주치게 하고 부담을 안겨 주고 거부감을 일으키지 않도록 함이 좋을 것입니다. 발음도 제대로 하지 못하는 그들에게 개척한 교회 이름을 익히게 하여 무엇이 유익할 것입니까? 개척한 교인들의 자부심과 성취욕을 위해 필요할지 모르지만 선교를 받은 그들에게는 아무런 유익이 없습니다. 그리고 하나님의 교회를 세우는 것이 아니라 자신들의 기록을 남기는 작업에 불과합니다. 선교는 하나님의 명령대로 순수하게 필요한 세계에 복음을 전하고 필요한 것을 돕는 것으로 끝나야 할 것입니다.

주일이 안식일은 아니지만

- 주일을 안식일로 부르면서 지내 온 것이 정상인가요?
- 이스라엘에서는 주일이 없고 토요일에 개신교에서도 예배를 드린다는데 그 이유는 무엇인가요?
- 주일 성수에 대하여 교회가 규정한 내용이 있는지요?

한국의 개신교 가운데 특별히 장로교회가 처음부터 받은 신앙의 유산 중에 서서히 그 모습을 잃어 가는 것들이 적지 아니합니다. 그 중에서도 주일 성수에 관한 교육이 점차적으로 퇴색해 가고 있습니다. 초기 한국 교회는 주일을 성스럽게 지켜야 한다는 교육을 시킬 때 단순한 예배만을 의미하지 아니하였습니다. 그 날에 지켜야 할 항목들이 많았습니다. 그래서 유대교의 안식일은 토요일이고 우리의 안식일은 주일이라는 인식이 뿌리를 내렸습니다.

이러한 인식에 따라 지금도 우리들은 주일을 '즐겁게 안식할 날' 이라고 부릅니다. 그리고 한국 교회 장로교 헌법의 교리편에 있는 '웨스트민스터 신앙고백' 에서는 주일을 안식일이라고 부르면서 그 날에 지켜야 할 항목이

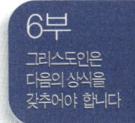

6부
그리스도인은
다음의 상식을
갖추어야 합니다

나열되어 있습니다. 뿐만 아니라 기도 가운데서도 흔히 "오늘 거룩한 안식일을 주시어서 우리를 쉬게 하시니 감사합니다."라는 표현도 종종 듣게 됩니다. 이렇게 된 이유는 한국에 온 선교사들이 주일을 안식일로 이름하면서 교육을 시킨 경우가 있었기 때문입니다.

초대교회 초창기에는 한 주간의 마지막 날인 안식일 곧 토요일에 예배를 드린 바 있었습니다. 지금도 이스라엘은 구약에 따라 일요일은 일하는 날이고 토요일은 안식일로서 휴무하는 국가적인 제도를 가지고 있습니다. 그 결과 그 나라의 기독교는 주일에 예배를 드리고 싶어도 모든 성도들이 직장에 가야 하기에 편의상 주일 대신 토요일을 예배하는 날로 지키는 교회가 많습니다. 그러나 사도들이 유대 영향권을 벗어나면서 안식일 후 첫날에 주님이 부활하셨기에 이 날을 주님의 날로 정하고 예배드리는 새로운 예배 전통을 수립하였습니다(행 2:1, 계 1:10). 그 결과 주일을 준수해야 하는 내용에는 안식일에 지켜야 할 항목이 있었으나 그 명칭은 더 이상 안식일로 부르지 않는 것이 기독교의 경향입니다.

문제는 주일의 명칭보다 내용의 실천이 현대 교회에서 보이지 않는 데 더 심각한 문제가 있습니다. 비록 안식일의 이름이 사라지고 내용이 달라졌다 하더라도 주님의 날에 지켜야 할 규범은 시대가 아무리 변해도 준수하도록 노력해야 할 것입니다. 예배만 드리고 마음껏 육신을 즐겁게 하는 날로서 주님의 날이 끝날 수 없기 때문입니다. 그래서 장로교의 신조인 '웨스트민스터 신앙고백'에서는 이 날에 그리스도인들이 준수해야 할 항목을 다음과 같이 정리해 놓았습니다.

"이 날을 신자는 마음으로 잘 준비하고 미리 모든 일을 정돈해서 주님께 거룩하게 지켜야 한다. 이 날에는 하루 종일 모든 일이나 말이나 생각에서 떠나 거룩하게 쉬며, 이 세상의 고용주나 오락에서도 떠나 쉬어야 할 뿐만 아니라 모든 시간을 공적으로나 사적으로 하나님을 예배하는 데 쓰며, 필요한 의무에나 자비를 베푸는 일에 바칠 것이다."

매우 소중한 가르침입니다. 이러한 신조를 근거로 해서 장로교 예배 모범에서는 그리스도인들은 주일 예배를 위하여 기도하되 설교와 성례전을 집례할 목사를 위하여 기도할 것을 권하고 있습니다. 그리고 예배를 마치고 남은 시간은 독서와 명상과 주신 말씀의 복습과 병자의 심방을 비롯한 자선의 손길을 펼치는 데 힘쓸 것을 권하고 있습니다.

생각하면 고단한 현대인들에게 매우 비현실적인 항목처럼 들립니다. 한 주간 동안 쌓인 피로를 풀어야 또 한 주간의 일을 활기차게 하기에 주일의 활용은 사실상 필요합니다. 그 때문에 위에서 언급한 사항은 현대와는 맞지 아니한 서술이라는 반응을 보일 만도 합니다.

그러나 자신이 불신자들과 성별된 그리스도인임을 인정한다면 한 번쯤 귀담아 듣고 생각해 볼 내용입니다. 주님의 날에 주님이 원하시는 일을 하는 가운데 피로의 회복도 가능합니다. 그리고 맑은 마음과 정신을 소유할 수도 있습니다. 주님의 날을 거룩하게 지키는 자는 예로부터 경건의 본이 되었고 하나님이 주신 복된 삶을 누렸습니다.

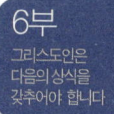

6부
그리스도인은
다음의 상식을
갖추어야 합니다

바친 예물의 사용처는 특별합니다

- ⊙ 하나님께 바친 봉헌된 예물은 어떻게 사용해야 합당한지요?
- ⊙ 외국 교회도 한국 교회처럼 접대비로 예물이 사용되는지요?
- ⊙ 교회의 각종 모임마저 고급 호텔에서 개최한다는 보도는 어딘가 어색합니다. 잘못된 생각인가요?

─────── 어느 친구의 이야기입니다. 그는 미국 유학 시절 한 달이면 평균 두세 번 정도는 여러 교회로부터 초청을 받아 설교 또는 특별 강연을 하면서 학창 생활을 이어갔었습니다. 그 때마다 그의 숙식은 교인이나 목사의 가정에서 제공되었고 간혹 호텔에 머무는 경우 식사는 교인 가정이 식당에서 초대 형식으로 제공하였습니다. 방문한 교회마다 그 접대의 형태가 너무 동일하기에 그 교회 목사에게 교회 손님 접대에 관한 미국 교회의 관습을 물었습니다. 그 대답은 간단하였습니다. 자신들은 하나님 앞에 바친 예물을 교회 손님 접대를 위해 사용하는 것에 매우 신중을 기한다는 설명이었습니다.

그런데 그가 학위 과정을 마치고 돌아와서 신학교 교수가 되어 이곳 저

곳의 교회로부터 초청을 받아 설교를 한 후에 전혀 다른 접대 형태를 발견하였습니다. 어느 날 그는 설교가 끝난 다음에 그 교회 목사와 여러 분의 장로들과 함께 비싼 갈비집에서 점심을 풍성하게 접대받았습니다. 그 가격을 달러로 환산해 보니 너무나 비싼 식사였습니다. 그는 감사의 인사를 하고 싶어서 누가 이 큰 잔치를 벌이고 있는지 물어 보았습니다. 그 대답은 "교회 예산으로 이렇게 합니다. 교회 예산이 여유가 있으니 마음껏 드십시다."였습니다. 물론 이 이야기는 어느 특정한 교회의 경우이지 모든 교회의 현상은 아닙니다.

　한국 교회의 그리스도인들이 하나님 앞에 드리는 봉헌의 생활은 진정 놀라울 정도입니다. 십일조와 감사 헌금을 비롯하여 각종 특별 헌금을 드리는 데는 세계의 어느 교회도 따라갈 수 없는 열심을 가지고 있습니다. 나의 필요를 채우기 전에 하나님을 기쁘시게 해 드리기 위한 봉헌의 실천은 참으로 갸륵한 수준입니다. 이러한 결과는 한국 교회로 하여금 선교 사업을 비롯하여 주님의 이름으로 펼치는 여러 사역을 활발하게 전개하는 데 원동력이 되고 있습니다. 그러나 여기서 유의해야 할 것은 바친 예물은 인간의 손을 통하여 쓰이기에 그 사용되는 현장에서 실수를 범하기 쉬운 일들이 간혹 발생됩니다. 사용하는 순간마다 이것이 하나님 앞에 드린 예물이라는 사실을 상기할 필요가 있습니다. 물론 예물을 드리는 자가 그 예물의 사용처까지 찾아다니면서 감독을 하고 시비를 한다면 그것은 교회의 본래 모습이 아닙니다. 그러나 그 바친 예물을 집행한 청지기들이 단 한 푼이라도 낭비하거나 또는 인간의 배를 즐겁게 하는 데 쓰이지 않도록 각별한 유의를 해야 합니다. 그렇지 않을 때 언제인가 그 결과는 심각하게 될 것입니다.

　원래 신약성경에 나온 헌금은 어려운 이웃이나 핍박 중에 시달리는 교회

6부
그리스도인은
다음의 상식을
갖추어야 합니다

를 돕기 위한 것이 일차적인 목적이었습니다. 그 헌금은 복음의 확산을 위한 선교 사업의 경비로 활용되기도 하였습니다. 그리고 교회가 점차적으로 발전하여 예배당을 소유하고 목회자를 두어야 할 정도로 성장함에 따라 거기에 대한 일차적인 경비를 연보로써 보충하는 것이 제도화된 교회의 관습이 되었습니다. 뿐만 아니라 그 교회가 주님의 이름으로 담당해야 할 교육과 기타 각종 프로그램을 펼쳐 나가는 데 선용되었습니다.

봉헌된 예물의 정신을 아는 개혁교회는 단 한 푼이라도 개인의 영욕을 위하거나 각종 회의에서 먹고 지내는 데 사용되는 것을 엄금하고 있습니다. 지금도 건실한 개혁교회는 이러한 정신을 이어받아 함께 공동 식사를 해야 할 경우는 각 가정에서 음식을 만들어 와 나누어 먹으면서 성도의 교제를 나눈 파트럭이라는 관습이 활발합니다. 헌금이 호텔이나 고급 식당에서 사용되는 일은 참으로 드뭅니다.

그런데도 교계의 중요한 인물들이 모이는 장소가 언제나 고급 호텔로 광고가 나가고 화려한 연회장이 회의 장소로 사용되는 보도를 볼 때마다 많은 그리스도인들은 아주 안타까운 마음을 갖게 됩니다. 보다 더 효과적인 임무 수행을 위하여 취한 부득이한 경우라 하더라도 교회의 지도자들이 세상의 사람들보다 더 화려한 모습을 보이는 것은 한 번쯤 재고해 볼 필요가 있습니다. 하나님의 사업이라는 이름 아래 하나님께 바친 예물이 한 푼이라도 인간의 육적인 조건을 충족시키는 데 낭비된다면 이것은 하나님으로부터 칭찬받을 수 없는 일입니다. 우리 교회가 하나님께 바친 예물만큼은 꼼꼼하고 조심스럽게 사용해야 합니다.

솔로몬 왕의 통치가 가장 빛났을 때는?

- 솔로몬이 위대한 통치를 할 수 있었던 직접적인 원인은 무엇인지요? 그 민족이 어느 때 최대의 전성기를 누렸는지요?
- 우리 대통령은 하나님이 자신의 생명을 구원하셨다고 늘 공언했습니다. 지금 그 하나님을 향한 예배 생활을 어떻게 하고 있는지요?
- 예배는 단수적인 개념과 복수적인 개념으로 드리는 두 형태가 있다고 하는데 어느 것이 바른 것인가요?

뜻이 있는 그리스도인들은 국가의 부도를 막겠다고 불철주야 애를 쓴 우리 대통령을 보면서 그에게 필요한 것이 무엇일까 생각해 봅니다. 최우선적인 것은 건강과 지혜일 것입니다. 그가 겪었던 과거의 고생이나 나이를 생각하면 김 대통령의 건강은 매우 우수한 편입니다. 또한 그만이 갖고 있는 남다른 경륜과 지혜가 있어 준비된 대통령이라는 말을 듣기에 충분하다고 생각하는 사람들이 많습니다.

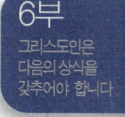

6부
그리스도인은
다음의 상식을
갖추어야 합니다

그러나 성경에서 지혜란 인간이 만든 지혜와 하나님이 주신 지혜로 분류됨을 가르치고 있습니다. 솔로몬이 가졌던 놀라운 지혜는 자신의 작품이 아니라 하나님께 간구하여 얻게 된 거대한 은총이었다는 것을 아무도 부정하지 아니합니다. 그러기에 인간의 상상을 벗어난 원대한 행적을 남긴 왕으로 치적을 쌓았습니다. 그런데 솔로몬이 이러한 지혜를 받게 되고 그것을 통치의 수단으로 삼고 있었던 것은 그의 기도가 상달되었기 때문이었다는 단순한 해석에는 문제가 있습니다. 그의 통치 기간 동안 이스라엘이 최대의 전성기를 누린 사연은 왕을 비롯하여 온 백성이 힘을 모아 성전을 짓고 하나님을 예배하는 데 온 정성을 기울였기에 받았던 은혜였다고 보는 것이 바른 해석입니다.

솔로몬의 전성기와 쇠퇴기를 고찰해 보면 이상과 같은 해석은 정확합니다. 그가 받은 지혜는 통치의 연륜이 쌓이면 쌓일수록 더욱 깊어질 수 있었습니다. 그러나 그가 자만과 나태에 빠질 때 모든 지혜는 사라지고 탈선과 파멸의 길을 걷게 되었습니다. 특별히 이방 나라 궁녀들의 치맛자락에 움키어 온 우상들을 위하여 산당을 지어 줄 정도로 탈선했을 때 그 나라의 운명은 분열을 겪는 지경에 이르렀습니다. 더 나아가 강대국들에 의하여 파멸에 가까운 수치와 포로의 신세를 경험하게 되었습니다. 이 모두는 하나님을 예배하는 바른 정신과 열심이 시들었기에 발생된 슬픈 사건들이었습니다.

김 대통령이 선거 기간 중 여러 곳에서 목회자들과의 만남을 가졌을 때 자신은 "하나님의 영광을 가리는 일은 결코 저지르지 않을 것"을 다짐했고 많은 목사들은 가슴이 찡함을 느끼면서 그를 위하여 기도하였습니다. 그분만은 청와대에 앉아서 매주일 이 신부 저 신부들을 불러다가 안방 미사를 드리지 않을 것 같기에 소망을 걸고 있습니다.

대통령 선거가 끝이 나고 대통령 당선자가 첫 주일을 자신이 소속되어 있는 교회에서 성도들과 함께 미사를 드린 그 모습은 너무나 아름다웠습니다. 그러나 주님 오신 인류 최대의 기쁜 날에 그가 '특정 종교'에 속한 냄새를 풍기지 않기 위하여 성탄 축하 예배에 참석하지 않았다는 보도는 참으로 충격적이었습니다. 그를 위하여 기도하였던 수많은 사람들의 가슴을 철렁거리게 하는 소식이었습니다.

우리는 대통령이 직무를 수행함에 있어서 종파를 초월함이 마땅하다고 생각합니다. 그렇다고 자신이 가지고 있는 신앙으로부터 나약해질 수는 없습니다. 자신의 신앙은 투철해야 합니다. 투철한 신앙인의 자세를 보임은 오히려 모든 사람에게 든든한 감정을 안겨 줍니다. 타종파의 눈과 경호의 부담 때문에 자신의 하나님을 예배하는 가장 중요한 생활에 변형을 가져온다면 이것은 참으로 위험한 발상입니다.

김 대통령은 죽음의 골짜기에서 수차례 하나님을 찾았고 하나님의 은혜를 남달리 입은 몸입니다. 그렇다면 예배의 정신 그대로 경배와 감사의 응답으로서 하나님을 향한 예배 생활이 정확해야 합니다. 지난 대통령처럼 재택 예배(在宅禮拜) 형태를 답습해서는 안 됩니다. 청와대의 안방에서 자기 식구들만이 모여 미사나 예배를 드리는 것은 예배 정신에 적절하지 못합니다.

하나님이 기뻐하시는 예배 생활을 우리 대통령이 지속한다는 것은 나라의 운명과 일치하는 일입니다. 하나님이 함께 하실 때만이 준비해 온 경륜과 지혜는 더욱 빛을 발하게 됩니다. 그리고 나라의 번영을 하나님이 허락하시어 후세에 길이 빛날 통치의 기록을 남기게 될 것입니다. 만에 하나 남다른 은혜를 입은 김 대통령이 하나님을 기쁘시게 해 드리는 예배를 게을리 하거나 자신의 편의를 위하여 변형시킨다면 그 종말을 보장받지 못합니다.

이러한 지적은 어느 개인의 예언이 아닙니다. 이것은 지혜의 왕 솔로몬을 통하여 보여 준 살아 있는 교훈입니다. 하나님은 지금도 그를 사랑하시기에 오늘의 이 어려운 난국을 헤쳐 나가도록 건강과 지혜를 주시고 계십니다. 그 하나님을 향한 감사의 마음과 눈길이 아침마다 있어야 할 것이며, 주일마다 예배로 이어져야 합니다. 19세기 영국의 유명한 경제학자 월트 베저트는 "강한 믿음은 강한 사람을 이기고, 강자를 보다 강하게 만든다."라는 말을 남긴 적이 있습니다.

재택 예배라는 새 용어는?

- 예배는 반드시 예배당에 나가서 드려야 하나요?
- 집에서 볼 수 있는 인터넷이나 기타의 매체를 통한 예배는 예배가 아닌가요?
- 집에 앉아 드리는 소위 재택(在宅) 예배가 가져올 부작용은 어떤 것이 있을까요?

　　　　언어는 시대의 흐름에 따라 생성되고 또 사라지는 것이 상례입니다. 거기에 더하여 삶의 양태도 과거에는 용납할 수 없던 것이 지금에 와서 보편화된 경우가 허다합니다. 그래서 세상은 변화무쌍한 실체입니다. 그러나 하나님과 인간 사이에 성립된 계약은 시대의 흐름에서 생성된 문화와 언어의 변화에 의한 지배를 받지 아니합니다. 주님이 심판주로 재림하실 그 날까지 이 계약은 영원불변합니다. 그러기에 이 계약을 가리켜 진리라고 이름하고 하나님의 백성은 그 진리를 따라야 합니다.

　　그 대표적인 것이 예배입니다. 이 예배는 시대가 몇만 년을 지나더라도 변할 수는 없는 것입니다. 언제나 하나님의 백성들이 그의 존전(尊前)에 나

6부
그리스도인은
다음의 상식을
갖추어야 합니다

아와 자신들의 마음과 뜻과 목숨을 다하여 하나님을 사랑하고 예배하는 것은 영원히 변할 수 없는 진리입니다. 그 이유는 이 예배가 인간의 창작에 의한 것이 아니라 하나님의 순수한 명령이기 때문입니다. 예배는 우리에게 선택의 자유가 있는 것이 아니라 의무 행위로서 수행되어야 할 항목입니다.

그런데 최근에 이르러 이해할 수 없는 어휘가 등장하여 예배의 질서를 혼돈시키고 있습니다. 더 나아가 예배의 깊이를 모르는 신세대들에게 갈피를 잡지 못하게 합니다. 그것이 바로 주님의 날 집 안에 앉아서 텔레비전이나 라디오 방송을 통하여 중계된 주일 예배를 시청함으로써 예배를 대신하려는 행위입니다. 자신의 건강과 시간이 충분한데도 인위적인 핑계를 대고 집안에서 예배를 드리는 소위 재택 예배(在宅禮拜)입니다. 재택 예배의 부당성을 지적받은 어떤 사람은 "우리의 장로 대통령도 목사들을 불러다가 재택 예배를 내내 드리고 있습니다."라고 말하면서 그 타당성을 청와대 안방에 두고 있습니다.

그 동안 장로 대통령이 보인 예배의 행위는 결코 정상이 아닐 뿐만 아니라 예배의 한 모델이 될 수 없습니다. 주일에 목사가 자신의 예배당에 모여 있는 성도들을 남에게 맡기고 대통령과 그 식구를 위하여 달려간 그 행위도 온당하지 아니합니다. 목사가 건강이 멀쩡한 장로를 주일이면 예배당으로 오게 하여 예배하는 공동체의 일원으로서 하나님을 예배하도록 강권함이 지당한 일이었습니다.

오늘날 기독교가 많이 변질된 듯합니다. 예배의 모습을 비롯하여 현대 그리스도인들의 신앙 생활에 이르기까지 많은 탈선이 보입니다. 어떻게 하면 편하게 예배를 드리고 부담을 줄이는 신앙 생활을 할 것인지에 눈을 뜨고 있을 뿐입니다. 나의 육체에 부담이 된다든가 내 물질에 손상이 온다면 가차 없이 교회를 옮기고 예배도 떠나 버리는 일들이 종종 보입니다. 그리고 최소한의 시간으로 예배라는 형식만 취할 수 있는 길을 찾고 있습니다. 이러한 결과가 집에 앉아 예배를 대치할 수 있는 방법을 찾는 현상으로 나타났습니다.

예배란 앉아 있는 자리에서 성경을 읽고 찬송을 부르고 기도를 드리는 것으로 그 의미와 예배의 행위를 다하는 것이 아닙니다. 진정한 예배를 드리는 자의 자세는 주님의 날에 하나님을 예배할 신성한 곳을 찾아가는 마음과 발길이 먼저 있어야 합니다. 그리고 하나님을 기쁘시게 해 드리는 예배를 신령과 진정으로 드리면서 그 날에 주시는 말씀을 경청하는 태도가 요구됩니다. 예배란 그리스도인들이 함께 복수의 개념으로 드리는 것이지 결코 나 홀로 단수의 개념으로 드리는 것이 아닙니다. 더욱이 예배의 첫 단계는 말씀이 선포되고 성례전이 거행되는 현장을 찾아가는 것에서부터 시작됩니다. 자신의 마음에 맞는 목사나 신부를 불러다가 자기의 거처에서 드리는 것은 결코 온전한 예배가 될 수 없습니다.

최근 들어 예배를 생각할 적마다 새로운 우려를 금할 길이 없습니다. 그것은 컴퓨터 앞에서 인터넷이라는 첨단 전자 문화를 통하여 예배를 해결하려는 무서운 시도 때문입니다. 바쁜 시대를 달리고 있는 현대의 그리스도인들이 예배당까지 찾아갈 필요 없이 편한 자세로 앉아서 컴퓨터를 켜고 예배 실황을 즐길 수 있는 인터넷 시스템이 아무래도 염려가 됩니다. 이러다 보면 번져가는 재택 예배의 물결이 거세질 것 같아 적지 않은 우려가 됩니다.

예배당을 찾아 예배드리는 의무를 한두 번 범하게 되면 편한 것을 추구하는 인간의 심성이 발동하여 예배당에 가지 않고도 드릴 수 있는 예배를 찾게 됩니다. 그럴 때 예배에 대한 열의는 식어지고 어느 때인가 그 믿음마저 사라지게 됩니다. 분명한 것은 사탄은 언제나 그리스도인들이 하나님을 예배하는 것을 방해하는 데 가장 뜨거운 열을 올리고 있다는 사실입니다.

6부
그리스도인은
다음의 상식을
갖추어야 합니다

'축복'이라는 용어를 가려서 사용하시지요

- 목사님에게도 '축복' 하여 달라, 하나님에게도 '축복' 하여 달라는 표현이 맞는가요?
- 하나님이 내리신 것도 '축복' 이고 사람이 하나님을 향하여 기원한 것도 '축복' 이 될 수 있는지요?
- 우리 교회가 '강복' 과 '축복' 을 구분하여 사용할 수 있는 방법은 없는가요?

1984년 2월 11일자 '기독공보'에는 실로 소중한 글 한 편이 실려 있었습니다. 이 글에서 한글학회 회원인 김계원 장로가 '축복' 이라는 용어에 대하여 섬세한 연구와 함께 잘못된 현실을 지적한 바 있습니다. 그분은 단 5분 동안의 메시지에서 어느 목사가 축복이라는 말을 14번, 행복이라는 말을 11번, 복이란 말을 8번이나 뒤섞어 쓰는 것을 보고 심한 충격을 받고서 '축복' 이라는 용어에 대해 섬세한 글을 쓴 바 있습니다. 필자는 그 글을 이 순간도 반복하여 읽으면서 그분의 완벽한 분석과 비평에 깊은 감사를 표합니다.

이 글은 하나님은 복의 근원이시기에 복을 빌(축복) 수 없음을 명백히 하고 있습니다. 오직 하나님은 복을 내리시고 베푸시고 주시고 허락하실 뿐임을 강조합니다. 그러면서 하나님을 망령되이 일컫는 말씨로 "저 사람은 축복받은 사람이다." "그 성공은 하나님 축복의 덕분이다." "하나님, 축복하여 주시옵소서." "주님, 축복으로 임하여 주시옵소서." "주님, 우리로 하여금 축복된 성도가 되게 하여 주옵소서." 등을 나열하고 있습니다.

그렇습니다. 하나님은 결코 복을 비는 분이 아니라 복의 근원으로서 인간에게 복을 주시는 분입니다. 그런데 우리들은 그 많은 시간 하나님에게 '복을 빌어 달라'(祈福)는 말을 생각 없이 남발하고 있습니다. 어느 새 이 용어는 하나의 관습적인 언어로 우리의 사회에 뿌리를 내려 가고 있습니다.

이 잘못된 용어에 대하여 '천주교 주교회의 용어위원회'에서는 공식적으로 이 용어를 바로잡은 바 있습니다. 그들은 축복이라는 용어를 비롯하여 많은 교회 용어를 검토하고 바로잡아 전교인들에게 인쇄물로 알려 준 바 있습니다. 그 가운데서도 하나님은 복을 내리(베푸)시는 분으로, 인간은 복을 비는 존재로 분명한 선을 그어서 용어를 확정하였습니다. 그래서 인간이 하나님에게 복을 구하는 행위는 축복(祝福)이라 하고, 하나님이 인간에게 복을 베푸시는 것은 강복(降福)이라고 규정하여 교인들을 훈련시키고 있습니다. 그래서 더 이상 "하나님이여! 축복하옵소서." 또는 "하나님의 축복" 등을 금하고 "하나님이여! 복을 내리시옵소서. 또는 강복하시옵소서. 하나님이 주신 복." 등으로 사용하도록 하였습니다.

사실 위와 같은 주장은 어느 개인이나 단체의 판단이 아니라 우리 한글 성경에 기록된 그대로입니다. 성경에서 최초로 나타난 '복'이라는 단어는 창세기 2장 3절의 "일곱째 날을 복 주사"로 번역하였습니다. 그리고 더욱 분명한 것은 창세기 12장 3절에 인간은 복을 비는 존재로, 하나님은 복을 내리는 분으로 아주 선명하게 선을 그었습니다. 창세기 14장 19절 "그(멜기세덱)가 아브람에게 축복하여 가로되 천지의 주재시요 지극히 높으신 하나님이여 아브람에게 복을 주옵소서"라는 번역은 축복이라는 말이 곧 인간이 하나님께 비는 행위임을 분명하게 밝혀 놓은 사례입니다.

사실 우리 한글 성경에서 "하나님이여 축복하옵소서." "하나님의 축복" 등의 표현은 찾을 길이 없습니다. 그런데도 하나님을 향하여 자신을 위하여 복을 빌어 달라는 어휘의 뜻을 남발하고 있는 현실입니다.

이제 다음과 같이 바로잡은 언어를 이 땅에 정착시켜야 하겠습니다.

하나님의 축복	▶ 하나님이 주신 복
저 사람은 축복 받은 사람이다.	▶ 저 사람은 복 받은 사람이다.
하나님! 축복하여 주시옵소서.	▶ 하나님! 복 주시옵소서.
	또는 복 내려(베풀어) 주시옵소서.
주님! 우리로 하여금 축복된 성도가 되게 하여 주옵소서	
	▶ 주님! 우리로 하여금 복 받은 성도가 되게 하여 주옵소서.

축복이라는 단어가 너무 많이 남발되고 우리 언어 깊이 뿌리를 내리고 있습니다. 축복이라는 단어가 나쁜 것은 아닙니다. 이 단어가 잘못 사용되는 것이 하나님을 망령되이 일컫는 행위가 된다는 사실입니다. 성경에는 어느 한 곳도 '하나님의 축복' 또는 '하나님이 축복하시다'의 표현이 없는데도 우리의 잘못된 언어 관습은 어느덧 하나님을 복을 비는 존재로 묘사

하는 우를 범하고 있습니다. 이러한 언어 분석을 해 보지도 않은 부흥사가 회중들의 심성을 즐겁게 해 주고 흐뭇하게 해 주려는 의도를 가지고 '축복'이라는 단어를 남발한다면 이것은 중대한 오류를 범하는 일입니다.

최근에 와서 많은 목회자와 그리스도인이 언어 사용에 주의를 기울이는 현상이 나타나고 있습니다. 말끝마다 축복으로 일관했던 언어 관습이 많이 순화되고 있는 실정입니다. 이러한 분들에 의하여 하나님을 향한 우리의 언어 사용에 새로운 서광이 비쳐 오고 있습니다.

6부
그리스도인은
다음의 상식을
갖추어야 합니다

생각해 보고 '아멘'을 하시죠

- 과거에 좀처럼 볼 수 없던 설교 현장의 풍경은 "아멘"의 함성입니다. 그것이 필요한 것인가요?
- 그 "아멘"은 마치 설교자의 기분을 북돋워 주는 것처럼 여겨질 때가 많습니다. 사실인가요?
- 우리 목사님은 회중들이 설교를 들으면서 큰 소리로 "아멘"을 하지 않는다고 호통을 칩니다. "아멘"이라는 응답은 자신의 마음에서 우러나올 때 하는 것이 아닌가요?

설교 시간에 보이는 한국 장로교는 우리에게 복음을 전해 준 장로교와는 전혀 다른 풍속도를 그리고 있습니다. 교리도 정치 구조도 같은데 예배 가운데서 전개된 설교의 순간에는 전혀 다른 모습을 드러내고 있습니다. 모든 교회가 다 그런 것은 아니지만 상당한 교회가 마치 미국 남부의 흑인 침례교회를 방불케 하는 현상을 보이고 있습니다. 심한 경우는 설교를 이어갈 수 없도록 회중들의 입이 쉬지 않고 "아멘"을 연발합니다. 심지어 어떤 설교자는 설교의 문장마다 회중들이 "아멘"을 크게 하지 않는다고 호통을 칩니다. 과연 이것이 설교학적으로 타당한 것인지 우리는 깊이 생각해야 합니다.

먼저 역사적으로 장로교는 하나님의 말씀을 선포하고 연구하는 것을 교회의 가장 소중한 사역으로 생각하였습니다. 그래서 말씀의 선포인 설교 시간이 되면 그 정숙도가 참으로 놀라울 정도입니다. 숨소리도 들리지 않고 정중한 자세로 경청을 해야 했고 졸음도 엄히 지적을 받을 정도로 설교의 순간은 존엄한 것이었습니다. 그래서 장로교에서의 설교 사역은 함부로 모방도 할 수 없었고 철저한 신학 교육을 받은 자들에 한하여 말씀의 선포를 허락하였습니다.

성경에서는 회중들이 "아멘"을 하는 경우는 40여 차례 기록되어 있습니다. 신명기 27장에서는 주로 하나님이 죄인들에게 저주를 선포할 때 "아멘"을 하도록 명령하고 있습니다. 그리고 시편에서는 하나님에게 경배와 찬미와 영광을 돌리는 말씀의 끝에 "아멘"을 하고 있습니다. 어느 한 곳도 성도들의 무병장수와 부귀영화와 소원성취를 축원할 때 "아멘"을 하는 기록이 없습니다. 설교자가 무엇이 어떻게 된 것을 "믿습니다"라고 할 때 "아멘"을 하는 곳도 전혀 없습니다.

정신을 차리고 우리 한국 교회 회중들이 "아멘"을 하는 현장에 서 있노라면 참으로 부끄러움을 금할 길이 없습니다. 어느 목사가 실토한 이야기가 우리 "아멘"의 실체를 잘 보여 주고 있습니다. 그는 어느 교회의 초청을 받아 설교를 하는 순간 너무나 "아멘"이라는 응답이 자주 나와서 설교를 진행할 수 없게 되자 의도적으로 시험을 해 보았다고 합니다. 문장의 끝마다 "믿습니까?"라고 하면 정확한 박자로 우렁차게 "아멘"이 울려 퍼졌다고 합니다. 마지막으로 "예수님은 인간으로 오셔서 인간으로 십자가에 못 박히셨습니다. 믿습니까? "아멘"의 함성은 여전했습니다. "예수님은 인간으로

6부
그리스도인은
다음의 상식을
갖추어야 합니다

오셔서 인간으로 죽으셨습니다. 이 땅에 어떤 인간도 무덤을 박차고 부활한 사람이 없습니다. 예수님도 인간이셨기에 다른 인간처럼 부활하지 못했습니다. 믿습니까?" 이 부분을 아주 열정적으로 말하면서 특별한 음정으로 힘있게 "믿습니까?" 하고 물었답니다. 이 때 그 회중들은 어느 때보다 더 크고도 감격적인 소리로 "아멘"을 부르짖었다는 이야기입니다. 웃음이 나오는 사례가 아니라 실로 겁이 나는 현장입니다. 만약 그 많은 성도들이 이렇게 생각 없이 설교자가 "믿습니다" "축원합니다" "바랍니다"의 끝말만 떨어지기를 기다려 "아멘"으로 화답을 한다면 이것은 설교의 종말을 고하는 징조입니다.

이러한 풍조는 1960년대 후반까지 한국 교회에 전혀 없었습니다. 설교자는 회중의 눈길에서 그 감동의 정도를 파악하였습니다. 그리고 감동을 받은 회중은 마음 속 깊이에서 "오, 주님! 감사합니다."를 부르짖으면서 눈물지었습니다. 오늘의 설교자가 자신의 말끝마다 회중들이 "아멘"으로 화답하기를 원하고, 회중은 기계적으로 "아멘"을 해야 하는 줄로 착각하고 있다면 이 땅의 교회는 어디로 가게 될 것인지를 생각해야 합니다. 이제 습관적인 "아멘"의 연발을 멈추어야 합니다. 진정 그토록 우렁찬 "아멘"이 하나님을 송축하고 경배하고 감사하는 말씀에 동의하는 것인지, 또는 설교자의 기분을 북돋우기 위한 것이지 분별해야 합니다. 아니면 자신의 욕구를 채우기 위한 "아멘"인지도 성찰해야 합니다. 진정으로 "아멘"이라는 응답은 정신을 차리고 해야 합니다. 그리고 설교자가 회중으로부터 들려 오는 "아멘"의 함성에 맛을 들이게 되면 그 다음 문제는 더욱 심각하게 됩니다. 그것은 설교자가 "아멘"만을 유발하기 위한 인위적인 노력을 하게 되는 무서운 함정에 빠질 수 있기 때문입니다.

'주여 삼창'이라는 것은?

- 요즈음 우리 교회는 주일 예배를 시작하기 전이나 통성 기도를 하는 시간에 최대의 음성을 사용하여 '주여!' 삼창을 합니다. 성경적인 근거가 있나요?
- 이러한 행위가 기독교 예배의 역사에 언제부터 있게 되었는지요?
- 이러한 '주여! 삼창'이 누구를 위한 것이며 예배 시간에 필요한 것인지요?

인간이란 고정된 틀을 깨고 좀더 신선하고 창의적인 세계를 추구하려는 심성을 가지고 있습니다. 그래서 인간이 무리를 지어 사는 곳마다 그들의 세계가 창출한 특유한 문화를 형성하게 됩니다. 교회도 정해진 규례 속에서 안주하고 그것을 최상의 것으로 알고 더 이상의 신선한 탐구를 계속하지 않는다면 발전을 찾기 어렵게 됩니다. 그래서 신학자나 목회자의 세계에서는 좀더 신선한 내용과 표현을 가져오려는 노력을 쉬지 아니합니다. 현실의 제도나 구조에 그대로 머물지 않고 더 나은 교회의 모습을 갖추려는 몸부림은 바로 우리 개혁교회의 특성입니다.

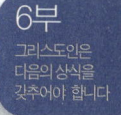
6부
그리스도인은
다음의 상식을
갖추어야 합니다

그러나 이러한 발전 또는 갱신의 행동과 내용이 때로는 비성경적이고 전혀 역사와 전통에 걸맞지 않은 경우를 종종 봅니다. 어느 목회자에게서 고안(考案)되어 응용해 보고 그것이 좋은 듯하면 성경에 의한 검증도 없이 적당한 이론을 첨가하여 정당화하는 경우가 적지 아니합니다. 우리 교회의 역사에서는 이러한 일들이 때로는 뿌리를 내려 교회의 본질과 신앙의 형태마저 변질시키는 위험한 결과를 초래하기도 합니다.

그 중에 하나가 최근에 이르러 기도원이나 부흥회의 현장에서 볼 수 있는 '주여! 삼창' 이라는 전혀 새로운 형태의 등장입니다. 통성 기도를 하기 전에 모두가 있는 목청을 돋우어 '주여! 주여! 주여!'를 부르짖는 문제입니다. 이러한 현상은 우리 교회나 세계의 교회에서 거의 찾아볼 수 없는 신종의 기도 형태입니다. 여기에 대한 성경적 근거는 예레미야 33장 3절의 "너는 내게 부르짖으라 내가 네게 응답하겠고 네가 알지 못하는 크고 비밀한 일을 네게 보이리라"는 말씀을 근거한 듯합니다. 기도하는 사람들이 한 마음이 되어 주님의 성호를 부르짖는 것은 기도원의 집회에서는 가능한 일입니다. 그러나 진지하고 엄숙한 주일 예배의 현장에까지 이러한 행위가 번져 오는 것은 매우 경계해야 할 문제입니다. 예배는 열광적인 특수층의 집단만이 갖는 행위가 아닙니다. 예배란 하나님의 은혜를 깨닫고 감격한 사람들은 누구나 방해를 받지 않고 경배와 감사와 찬양을 드릴 수 있어야 합니다.

우리 하나님이 소리질러 부르짖는 사람에게만 응답을 하시고 진지하고 간절한 마음으로 소리 없이 주님을 찾는 사람에게는 응답하지 않으신다고 생각하면 그것은 큰 잘못을 범하는 일입니다. 성경에서 소리를 지르는 경우는 시편에서 세 번 하나님을 향한 환호와 감격의 노래 현장에서 보이고 있습니다. 시편 30장 8절에서 "여호와여 내가 주께 부르짖고 여호와께 간구하기를"이라는 기록을 비롯하여 그 외에도 몇 차례 "주께 부르짖는 소리"라는 표현이 있으나 결코 인간의 답답한 감정을 발산하는 그러한 부르짖음은 전혀 아니었습니다. 이 때의 부르짖음은 멀리 있는 사람을 부르는 것보다는 울부짖는 것을 말합니다. 자신의 허물과 의지할 곳이 없는 몸을 긍휼히 여겨 달라는 애원의 울부짖음이 참뜻입니다.

신약에서는 예수님의 사역 현장에서 소리내어 주님을 찾는 경우로서 소경이었던 사람들이 접근이 용이하지 못하여 "다윗의 자손 예수여 나를 불쌍히 여기소서"를 외쳤던 경우가 있습니다. 그리고 귀신 들린 외아들을 두었던 아버지와 딸을 가졌던 가나안 여자가 주님의 관심을 끌기 위하여 소리를 질렀던 기록이 있습니다. 다시 구약의 다니엘이 기도 가운데서 민족의 구원을 하나님께 울부짖을 때 "주여 들으소서 주여 용서하소서 주여 들으시고 행하소서"(단 9:19) 하면서 연속으로 세 번 주님을 부른 적이 있습니다. 그러나 이 또한 오늘의 '주여! 삼창'과는 거리가 먼 것입니다. 아무리 찾아보아도 성경 어디에도 하나님의 존전에서 예배를 드리는 행위로 '주여! 삼창'을 부르짖는 기록은 찾을 길이 없습니다. 그리고 건전한 신학과 역사성을 가지고 있는 세계의 어느 교회도 이러한 행위를 하지 아니합니다. 오히려 하나님은 하박국 선지자를 통하여 거룩한 성전에서 여호와 하나님을 향하여 신령과 진정으로 예배드리는 우리에게 다음과 같이 말씀하십니다.

"오직 여호와는 그 성전에 계시니 온 천하는 그 앞에서 잠잠할지니라"
(합 2:20)

하나님을 '당신'이라고 부를 수 있나요?

- 기도 중에 흔히 하나님을 '당신'이라고 호칭하는 경우가 많습니다. 적당한 표현인지요?
- 우리의 어법에 당신이라는 호칭은 언제 사용하고 있는지요?
- 기도할 때 하나님은 분명히 2인칭입니다. 우리의 어법에 2인칭을 최대로 높여서 부를 수 있는 존대어가 있는지요?

"하나님! 당신의 고귀한 사랑을 이 아침도 실감합니다. 당신은 진정 위대한 사랑의 주인이십니다. 오늘도 당신이 나에게 내려 주신 은혜가 나의 잔에 가득합니다. 부족하오나 나의 모든 것을 이 시간 당신 앞에 드립니다."

한국 교회에서 흔히 들을 수 있는 이러한 기도는 하나님을 매우 다정스럽고 친근하게 섬기는 내용으로 들립니다. 그러나 네 번이나 하나님을 '당신'이라 칭하는 데 문제가 있습니다.

지금까지 많은 그리스도인들이 기도 중에 하나님을 '당신'이라고 부르면서 지내 온 것이 현실입니다. 여기에 대한 시비가 엇갈리면서 명확한 정리를 필요로 하고 있습니다. 이 문제에 정확한 답을 얻기 위하여 가진 국문학 교수들과의 대화에서 다음과 같은 공통된 결론을 얻게 되었습니다.

영어에서는 2인칭인 상대를 향하여 너, 당신, 그대를 모두 you라는 하나의 단어로 해결합니다. 하나님을 좀더 높여 부르기를 원하는 사람들은 고어(古語)인 thou라는 단어를 쓰고 거기에 따른 be동사는 art를, have 동사는 hast를 사용합니다. 하나님이나 어린이나 차별없이 모두 you라는 단어를 하나로 사용할 수 있어서 매우 편리합니다.

그러나 우리 예의 범절은 언어에서부터 윗분을 향한 언어와 아랫사람을 상대하는 언어가 철저히 구별되어 있습니다. 이것을 구분하지 못하면 경멸의 대상이 되고 정상적인 인간 활동을 할 수 없는 것이 우리 사회입니다. 그래서 언어의 사회적 현상은 하나의 계약이요 그 계약은 그 사회를 존속시키는 무서운 힘이 되고 있습니다.

우리 언어에서 '당신'이라는 말은 동등한 수준의 사람을 대상으로 하는 대명사입니다. 그래서 부부간에는 당신이라는 표현이 예사 존칭어로서 애정의 표현이 담겨 있습니다. 동료끼리도 당신이라는 칭호는 쉽게 사용됩니다. 어떤 때는 당신이라는 호칭은 상대를 비하시킨 경우도 있습니다. 그러나 3인칭으로 사용될 때는 '당신'은 극존대어가 됩니다.

그 실례를 들어 봅니다. 어머니 앞에서 다음과 같이 말할 수 있습니다. "어머니! 당신은 참 좋으신 분이시고 당신의 사랑은 너무나 진하십니다." 그러나 "여보! 당신이 너무 좋아서 당신만을 생각합니다."의 표현은 부부 사이에서는 아주 좋은 것입니다. 그리고 '당신'이 극존대어로 사용된 다음의 문장 역시 매우 좋은 표현입니다. "우리 아버지는 당신이 옳다고 생각하시는 일은 기어이 하신답니다." "우리 할머니는 당신의 손자들을 무척이나 사랑하신답니다." 이렇게 제삼자를 이야기 할 때는 '당신'이라는 표현이 3인칭 극존대어가 되어 좋은 대명사가 됩니다.

　이제 우리 기도 현장을 생각해 봅니다. 우리 기도자들은 하나님을 어떻게라도 좀더 높여 드리고 싶은 심정에서 마땅한 말을 찾고 있습니다. 특별히 하나님을 향한 호칭이 좀더 가깝고 존엄한 것이 무엇인지를 찾는 마음에서 '당신'이라는 표현을 사용합니다. 그러나 불행히도 우리의 언어에는 하나님을 향하여 부를 수 있는 적당한 2인칭 극존대어가 없습니다. 이러한 경우 영어에서는 you 대신 thou를 사용하여 그러한 필요를 메우고 있습니다. 그러나 우리의 경우는 특정한 지위를 의식하고 부르는 전하, 각하, 성하 정도가 있을 뿐입니다. 그러하기에 우리말에 없는 '하나님'을 향한 2인칭 극존대어를 찾지 말고 기도드리는 것이 실수를 줄이는 길이라고 하겠습니다. 하나님을 최대로 높여 드리는 호칭을 찾고 싶어한 심정은 우리 모두가 서로 이해를 하면서도 그러한 표현이 없는 우리의 언어 현실에서는 어떻게 할 길이 없습니다. 생각하면 참으로 안타까운 일입니다.

　우리 기도는 하나님의 존전에서 그분에게 자신의 언어로 직접 드릴 수밖에 없습니다. 이 때의 언어는 자신이 몸담고 있는 그 사회가 사용하고 인정하는 삶의 관습과 예의 범절이 담긴 언어를 사용해야 합니다. 그렇지 않을 경우 우리 언어 관습을 따르고 있는 사람들에게 많은 갈등을 안겨 줍니다. 개인의 감정 표현이 사회의 언어 관습을 따라 주지 못하게 된다면 그것은 또 하나의 혼돈을 유발하게 됩니다.

성령을 성령님으로 부릅시다

- 교회 학교 시절에는 '예수님'으로 부르다가 어른이 되면 '님' 자를 사용하지 않고 호칭하는 경향입니다. 그래도 좋은가요?
- 왜 하나님과 예수님만 '님' 자를 붙이고 성령은 '님' 자를 사용하지 않는지요? 그것이 바른 표현인가요?
- 우리 언어에서 신앙의 대상을 부를 때 가장 높은 존대어를 사용함이 타당하지 않은지요?

우리 사회는 어린아이 때부터 윗분들을 호칭할 때 '님' 자의 사용을 엄격히 가르치면서 언어 문화를 형성해 왔습니다. 그래서 자신이 섬기는 존재가 인간이든 신이든 그 이름 밑에 사용해야 하는 존칭어에 대하여 대단한 관심을 두어야 합니다. 이러한 관행을 잘 지키지 못하는 사람들은 그 가문의 교육이나 교양에 의심을 받게 됩니다.

우리 기독교는 하나님은 한 분이시되 그 위(位)는 성부·성자·성령으로 구분하게 되어 있습니다. 성삼위가 동격이 될 수 있는가의 문제를 가지고 한동안 논쟁이 활발히 전개된 바 있습니다. 그러나 325년 니케아 공의회에서는 제2위격이신 예수님의 신성 문제가 확정되었고, 381년의 콘스탄틴노플

공의회에서는 제3위격이신 성령님의 신성 문제에 대해 확실한 결정을 내린 바 있습니다. 이로써 삼위일체 교리는 기독교에 정착되어 오늘에 이르고 있습니다. 이러한 신앙은 일찍이 사도들의 신앙의 내용이었던 사도신경에서부터 변함없는 진리로 우리와 함께 하고 있습니다.

그런데 우리 언어에서 위격을 밝히는 성부·성자·성령을 이를 때는 그 밑에 '님' 자를 사용할 필요를 느끼지 않습니다. 그러나 호칭의 경우는 반드시 '님' 자를 붙여서 사용함이 우리 그리스도인들의 신앙과 경외심을 표현하는 데 적절합니다. 특별히 우리 언어에 일찍부터 자리잡고 있는 '하느님' 사상은 바로 기독교의 하나님을 부르는 데 자연스러운 감각을 심어 주었습니다. 그리고 성자 예수님에게도 '님' 자를 사용하여 부름이 자연스럽게 이어지고 있습니다. 그러나 성령님을 호칭하는 데는 모두가 '님' 자를 그 밑에 사용하지 않고 '성령'으로 예사로 호칭하는 언어 관습이 있는 현실을 봅니다.

이러한 현실을 냉철하게 분석해 보면 성삼위는 동격이신데 어느 위에는 '님' 자를 붙여 호칭을 하고, 어느 위에는 그렇지 아니하다는 것 자체가 분명히 우리 언어 사용에 문제가 있음을 드러내는 것입니다. 그러므로 이제부터라도 하나님이나 예수님뿐만 아니라 성령님을 호칭할 때도 '님' 자를 사용함이 타당하다고 봅니다. 한국의 그리스도인들은 모두가 자연스럽게 하나님·예수님·성령님으로 그 호칭 언어를 통일할 수 있다면, 우리만이 가지고 있는 성삼위 하나님을 극진히 높이는 신앙의 자세가 한결 돋보이게 되리라고 봅니다.

신학자들의 마당에는 예수님과 성령님을 학문적 대상으로 삼고 연구하기에 거의 '님' 자를 사용하지 않고 있는 경우가 많습니다. 그러나 신앙의 마당에서는 예수님과 성령님은 신앙의 대상입니다. 신앙의 대상에게 '님' 자를 사용하지 않는다는 것은 어딘가 어색하고 경솔한 느낌을 줍니다. 그 말이 정상에서 흐려지는 듯한 느낌을 줍니다. 신앙의 대상을 부를 때는 완벽한 존대어를 사용함이 좋습니다.

지금의 시대는 성령 하나님에 의하여 진행되는 구원의 완성기에 속하고 있습니다. 그래서 오늘의 성도들은 삶의 깊은 내면까지 주관하시는 보혜사 성령님의 이끄심에 전적으로 의존하며 살아가고 있습니다. 이러한 성령님을 모시고 사는 것이 우리 모두의 삶의 보람이 됩니다. 여기서 그리스도인들은 신앙 생활의 진수를 알게 되고 새로운 경지를 경험하게 됩니다. 이러한 성령님을 부르는 데 우리 언어를 아낄 이유가 없습니다. 우리가 가지고 있는 최대한의 존칭어를 아낌없이 사용하여 경외를 드림이 진일보한 우리 신앙입니다.

언어는 한 인간의 생각과 사상의 표현입니다. 그리고 신앙도 언어를 통하여 일차적으로 표현됩니다. 비록 오랜 시간 동안 '님' 자를 사용하지 않은 채 '성령'으로 불러 온 우리 언어 관습이 뿌리를 내려 왔다 하더라도, 그것에 대한 모순이 발견되면 지체없이 바른 언어를 사용하는 결단이 필요합니다.

6부
그리스도인은
다음의 상식을
갖추어야 합니다

언어는 인격입니다

- 목   사 : 냉수 좀 더 주시겠어요?
  종업원 : 네.
  목   사 : 고맙습니다.
  종업원 : 목사님은 참 드물게 존대어를 쓰시는 분이네요.
  목   사 : 그게 무슨 뜻이지요?
  종업원 : 우리 식당에 오시는 손님들 가운데 목사님들이 제일 많이 반말을 쓰신답니다.

이 대화는 손님이 많은 어느 지방의 대중 식당에서 한 목회자와 젊은 여종업원 사이에 있었던 내용입니다. 이 대화 가운데 필자의 관심을 끄는 부분은 바로 "목사님들이 제일 많이 반말을 쓰고 있다."는 점입니다. 마치 필자를 향한 소리인 듯싶었습니다.

생각하면 한국의 언어는 참으로 복잡하게 얽혀 있는 구조적 특성을 가지고 있습니다. 영어권과 같은 단순한 언어에 비교할 때 우리 언어는 정신을 바짝 차리지 않으면 실수를 많이 저지르게 됩니다. 그 이유는 우리 언어 구조가 단순하지 않기 때문입니다. 사람을 부르는 말 한 마디에도 '어이', '여보', '여보게', '여보시게', '여보시오', '여보십시오' 등 다양합니다.

이러한 언어 구조를 잘 익히고 적재적소에 알맞은 언어를 구사하지 못하면 언제나 어려움을 당하게 됩니다.

목회는 일정한 계층의 사람들을 대상으로 하고 단순한 언어만을 사용하는 현장이 아닙니다. 어린아이로부터 은퇴한 어르신까지를 대상으로 하는 사역의 장입니다. 그러기에 목사는 언어에 대한 실력과 구사의 다양성에 남다른 관심을 모아야 합니다. 그런데 문제는 목사의 보살핌 속에서 어릴 때부터 자라 온 사람이 중년이 되었을 때 언어를 선뜻 바꾸지 못하고 그대로 어린이를 대하듯이 언어를 사용하는 경우가 적지 아니합니다. 그러다 보면 어릴 적부터 낮춤말을 예사로 사용하여 상대를 불쾌하게 만드는 경우가 많습니다. 특별히 수직 문화권 속에 있는 우리 문화에서는 목사가 영적인 지도자라는 전제를 갖고서 그 권위에 걸맞은 언어를 사용하다 보면 한두 살 아래의 교인들에게 높임말을 쓰는 데 인색하게 됩니다.

학교나 군대와 같은 조직 사회에서는 스승이 제자에게, 상관이 부하에게 사용하는 언어는 낮춤말을 사용하는 것이 허용될 수 있습니다. 그러나 교회에서는 이러한 관습이 부작용을 일으키게 됩니다. 교회의 구성원은 모두가 자유인으로서 제도권에 가두어진 사람들이 아닙니다. 그러기에 모두의 인격이 존경받는 가운데서 신앙 생활을 하기 원합니다. 어떠한 경우라도 존대어를 써 주고 사람다운 대우를 해 주어야 목사의 지도력이 유지되고 그 인격에 손상을 입지 아니합니다.

그런데 어떤 부흥사들이 설교에서 사용하는 언어는 참으로 난잡할 때가 있어 당혹감을 줍니다. 반말을 쓰는 것이 예사이고 상스러운 말이 거침없이 튀어나옵니다. 마치 절대권을 가진 교주마냥 언어를 남발합니다. 그 현장은 지배자와 피지배자가 있는 어느 특수 조직의 사회처럼 여겨지기도 합니다.

6부
그리스도인은
다음의 상식을
갖추어야 합니다

또 그러한 표현에 "아멘"으로 화답하는 회중들의 모습은 정상적인 눈을 뜨고서는 그대로 볼 수 없는 구경거리입니다. 무슨 표현이든지 "주님의 이름으로"라는 말만 사용하면 모두가 "아멘"으로 통과되는 현실입니다. 그러나 주의를 기울이지 아니한 언어의 남발은 언제인가 그 인격에 손상을 입히게 되고 혐오의 대상이 된다는 사실에 깊은 관심을 두어야 합니다.

언어란 한 인간의 인격, 가문의 흐름, 교육적인 배경, 그리고 삶의 양태까지 밝혀 주는 실로 소중한 도구입니다. 그 언어에 의하여 인간의 모습이 바뀌고 때로는 운명이 좌우됨을 흔히 보게 됩니다. 그래서 말을 많이 해야 하는 직업을 가지고 있는 사람들은 언제나 부담이 따릅니다. 일찍이 야고보서에서는 선생이 많이 되지 말 것을 부탁하면서 그 이유는 말에 실수가 많기 때문이라고 밝히고 있습니다. 목회자는 사람을 가장 많이 그리고 가까이 만나야 하고, 또 말을 많이 해야 하는 존재입니다. 거기에 더하여 한국의 목회자는 여러 단계의 계층을 의식하고 언어를 사용해야 합니다. 우리 말은 극히 높임말, 예사 높임말, 예사 낮춤말, 극히 낮춤말 등으로 분류된 언어 구조를 가지고 있습니다. 이러한 언어 계층을 적절히 인식하지 못할 때 성공적인 대화를 가져올 수 없습니다. 뿐만 아니라 상대에게 불쾌감을 안겨 주고, 종국에는 자신의 인격에까지 손상을 입게 됩니다. 그래서 언어란 입으로 나오기 전에 두뇌의 기능에서 생각이라는 과정을 거쳐 나와야 합니다. 홈즈(Holmes)가 『아침 식탁의 교수』에서 "모든 언어는 그 사용자의 넋이 간직된 성전이다."라고 했던 말은 오늘의 목회자에게 깊은 인상을 남기고 있습니다.

그리스도인은
'서기'라는 말보다 '주후'라는 말을

- 서기(西紀)라는 연호의 호칭은 어떻게 해서 우리 사회에서 사용하게 되었지요?
- 교회에서 가끔 '서기 ○○○○년'이라는 말을 듣습니다. 관심을 기울여 둘 일이 아닌가요?
- 외국에서는 이 연호를 어떻게 부르고 있으며 한국의 그리스도인들은 무엇이라고 불러야 하나요?

서기 1999년이라는 연도의 표기가 무심코 볼 때는 너무나 당연하고 조금도 어색한 데가 없어 보입니다. 그러나 한국의 그리스도인들에게는 '서기-西紀'라는 표기는 좀더 깊이 생각하고 사용해야 할 문제입니다. 우리 민족에게 '서기'라는 이름을 누가 심어 주었으며, 그 뜻은 무엇인지, 그리고 선진국에서도 서기라는 말을 사용하는지를 알아볼 필요가 있습니다.

우선 우리 사회에서 서기라는 연호(年號)가 활발하게 사용된 이유는 고조

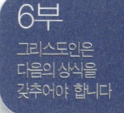

6부
그리스도인은
다음의 상식을
갖추어야 합니다

선 단군왕검이 즉위한 해를 원년으로 잡은 '단기'라는 상대적 기원이 광복 후 오랫동안 사용되어 왔기 때문입니다. 이 기원과의 혼돈을 피하기 위하여 유난히도 '서기'라는 연호를 활발하게 사용하고 있습니다.

우리 나라는 일본이 침략하기 전까지는 군주국이었기에 즉위한 왕이 정한 연호에 따라 해를 부르게 되었습니다. 예를 들면 고종은 '광무'라는 연호를 사용하였고 우리의 마지막 왕 순종은 '융희'라는 연호를 사용하였습니다. 그리고 일본이 융희 4년(1910)에 우리 땅을 통치하면서부터는 '명치', '소화'라는 연호를 사용한 바 있습니다. 그들은 서양에서 사용하는 연호의 뜻은 생각할 필요도 없이 서력기원(西曆紀元)의 준말로 '서기'라는 이름을 사용하여 우리에게 정착시켰습니다.

우리가 생각 없이 사용한 '서기'라는 연호는 '주전' 또는 '주후'로 부름이 가장 적절한 번역입니다. 세계에서는 주전을 B.C.(Before Christ)로, 주후를 A.D.(Anno Domini-주님 오신 해로부터)로 부르고 있기 때문입니다. 우리 주님 예수 그리스도의 오심을 세계의 기원으로 잡게 된 이야기는 다음과 같습니다.

각 나라마다 사용하는 연호는 모두가 국내에서만 통용될 뿐 세계의 역사에서는 그 효과를 거두지 못하였습니다. 세계를 통치하던 로마는 로마시가 설립되었던 해를 기원으로 잡은 A.U.C.(Ab urbe condita)라는 연호를 사용한 바 있었으나 세계의 공감대를 형성하기에는 거리가 멀었습니다. 이러한 사실을 직시한 동로마 황제 저스틴 1세(518-527)는 디오니시우스에게 전세계가 통용할 수 있는 연도의 기원을 연구하도록 하였습니다. 디오니시우스는 수도원의 성직자로서 깊은 명상을 하다가 예수님이 이 땅에 구원의 메시야로 오신 해를 기원으로 함이 가장 적절하다는 결론에 이르게 되었습니다.

그래서 그는 로마력(A.U.C.) 754년이 주님이 오신 해로서 기원의 원년이라는 계산을 하였습니다. 이러한 그의 연구 결과는 바로 로마 황제에 의하여 채택되었고 전세계가 통일된 연호로 사용하도록 하여 오늘에 이르고 있습니다. 후에 교회사가들에 의하여 그가 예수님이 오신 해를 4년 늦게 계산하는 착오를 범했다는 발견을 하였으나 다시 재수정을 하지 못한 채 지금도 사용하고 있습니다.

이로써 모든 나라가 기원전은 주전(B.C.-주님 오시기 전)으로, 기원후는 주후(A.D.-주님 오신 해로부터)로 정확히 표기하고 있습니다. 이러한 연호의 표기는 기독교 이외의 종교에서 매우 반갑지 않은 사실임에 틀림이 없습니다. 그래서 그들은 오늘도 이 땅에서 서기(書記)라는 이름을 열심히 사용할 수밖에 없습니다. 그것을 우리의 기독교가 탓할 수는 없습니다. 남의 종교의 대상을 일컬어 주님이라고 부를 수 없는 것은 너무나 당연한 일입니다.

그러나 그리스도인들은 당연히 B.C.는 '주전'으로 A.D.는 '주후'로 떳떳하고 자랑스럽게 불러야 할 것입니다. 진정 세계인의 죄를 홀로 담당하시고 우리를 구원해 주신 예수 그리스도의 오심을 세계 연호의 기원으로 정하고 부르는 일에 우리가 주저할 이유가 없습니다.

온 인류가 주님이 오신 기점을 공통된 연호로 삼고 역사를 이어가는 것은 너무나 당연한 일입니다. 불신자들이나 타종교인들에게 이 점은 분명히 거슬리는 일입니다. 그러나 우리에게는 자랑이요 대단한 긍지입니다. 이제 우리의 입에서 '서기'라는 말을 삭제할 때가 왔습니다.

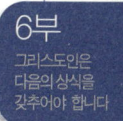

6부
그리스도인은
다음의 상식을
갖추어야 합니다

식탁에서는 **나이 순**입니다

- ◉ 우리 교회는 목사님을 모든 면에서 최우선적으로 모십니다.
- ◉ 음식상과 같은 경우에 나이 많은 어르신과 어떻게 구분해야 할지 고민입니다.
- ◉ 이 땅에 뿌리내린 장유유서의 문화를 우리 교회 안에서 어떻게 접목시켜야 할까요?

18세기 영국의 시인 사무엘 존슨은 그의 산문집에서 "인간이 식사하는 것보다 더 진지하게 생각하는 것은 좀처럼 없다."라는 말을 남긴 적이 있습니다. 이 말은 단순한 음식의 질과 다양성을 의미한 것이 아니라고 봅니다. 그 식탁에 얽힌 사연도 모두가 함께 내포된 말이라고 보는 것이 타당합니다. 사실 예의를 강조한 이 땅의 그 많은 항목 중에서 우리 식탁의 예의만큼 철저하고 복잡한 것도 드물 것입니다. 각종 음식을 만드는 법과 그 음식을 상 위에 차리는 위치를 비롯하여 누가 어디에 앉아 어떻게 먹는 것에 이르기까지 음식의 문화는 단순한 것이 아닙니다. 특별히 장유유서(長幼有序)의 가르침이 전통 속에 깊이 자리잡은 우리들에게는 연소자가 연장자보다 수저를 먼저 들 수도 없고 놓을 수도 없는 규례가 언제나 상식화되어 있었습니다. 그리고 정성들여 만든 음식은 어른이 손을 댄 다음에 조심스럽게 부스러기를 먹어야 그 또한 예의바른 행위에서 속합니다. 사실 우리의 식탁에서는 조금만 주의를 게을리 하면 실수를 범하기 쉽고 예의를 모르는 인간으로 낙인이 찍히기 쉽습니다.

우리 한국 교회가 보여 주는 특유한 것은 교인들이 목사님에게 지대한 존경과 우대를 아끼지 않는 사랑의 자세입니다. 그래서 예배당 안팎에서 언제 어디서나 모든 일의 우선권은 목사님에게 있다는 관습을 발견하게 됩니다. 그러나 이러한 관습은 때로는 순수한 인간인 목사에게 실로 고된 고통을 안겨 주기도 합니다. 목사란 분명히 하나님의 명령에 따라 그 백성들을 섬기면서 그들에게 하나님의 말씀을 들려 주고 그들과 함께 하나님의 존전에서 예배하는 일을 주도하는 것을 기본 임무를 삼고 있습니다. 이러한 고유한 직책 사역의 고결하고 소중함을 인정하지 않을 수 없습니다. 그래서 목사의 사역 앞에는 모두의 순종과 협동이 있어야 합니다.

그러나 이러한 목사의 고유한 직분이 음식을 먹는 데까지 이어지는 것은 결코 아닙니다. 목사의 권위는 교회의 공적인 사역에서만 존엄하게 인정되어야지 먹고 자는 것까지 그러한 대접을 받게 된다면 그것은 참으로 고되고 어려운 인간의 삶이 되고 맙니다. 할아버지 세대 또는 부모님의 세대에 속한 교인들 앞에서도 목사이기에 밥상을 먼저 받아야 하고 상석을 항시 차지해야 한다면, 이것은 이 땅의 식탁 문화를 망각한 이색 지대의 일임에 틀림이 없습니다.

특정한 절기나 행사 때에 교인들과 함께 식탁을 대하는 경우가 적지 아니할 텐데 어르신들보다 젊은 목사가 먼저 상을 받고 상석을 차지하고 수

저를 드는 일이 빈번할 것만 같은 염려가 앞섭니다. 교인들로부터 음식상의 상석에 앉도록 권유를 받더라도 "아닙니다. 음식은 나이 순입니다." 하면서 장유유서의 뿌리 깊은 전통을 몸소 목회자들이 수행한다면 분명히 거기에는 목회자를 보는 새로운 시각의 싹이 트리라는 기대를 걸어 봅니다. 그것이 결코 목회자의 기본적인 권위를 상실하지는 아니하리라고 생각됩니다. 목회자의 고유한 기능과 역할이 수행된 현장에서는 머리 숙여 순종과 협동을 아끼지 않는 교양을 우리 교인들이 가지고 있다는 확신을 하기에, 목사의 권위 상실과 같은 염려는 할 필요가 없다고 봅니다.

목사이기 전에 인간이 먼저 되어야 한다는 충고는 바로 한국 교회 목회자들에게 요구되는 항목입니다. 특별히 입시 경쟁 속에서 자녀들의 예의 교육을 뒤로 하고 있는 우리의 현실에서 목회자가 우리의 전통적인 예의를 음식상 앞에서부터 모범을 보인다는 것은 실로 소중한 현장 목회의 한 부분이 아닐 수 없습니다. 어른을 섬기는 예의 범절은 하나님의 가르침일 뿐만 아니라 세계 도처에 상존하는 보편적인 상식입니다. 특별히 한국 교회에서 목회자부터 한국의 바른 예의를 실천하는 모습을 보인다면 그 곳에는 필연코 예의바른 그리스도인들이 속출하게 될 것입니다. 그럴 때 우리는 이웃으로부터 예의바른 그리스도인들이라는 말을 들으면서 복음을 확산시킬 수 있게 될 것입니다.

고향을 묻지 맙시다

- 우리 사회에 고향을 묻는 관습은 무엇 때문에 발생된 것입니까?
- 교적에 호적란까지 만들어 교인들의 고향 분석을 반드시 해야 합니까?
- 고향을 묻는 것은 인간 관계의 균열을 가져오는 첫걸음인가요?

우리 교회 사회에서는 참으로 이해할 수 없는 관습이 뿌리를 내리고 있습니다. 사람들이 처음 만나면 서로가 먼저 성과 이름을 알려 줍니다. 그리고는 바로 이어서 "고향이 어디신지?"를 묻습니다. 참으로 아슬아슬한 순간입니다. 만에 하나 자기와 동향이라면 풍부한 대화거리가 발생될 수 있지만 자신에게 한이 맺힌 지역의 출신이라면 그 얼마나 황당할 것인지 가히 짐작하고도 남음이 있습니다. 사실 생각하면 그러한 질문은 하나를 둘로 만들고, 둘을 넷으로 만드는 분열을 가져오는 것 이상의 소득을 기대할 수 없는 백해무익의 질문입니다.

그런데도 등록 교인을 처음으로 만난 자리에서 고향을 묻고 등록 용지에 본적지를 쓰게 하는 지혜 없는 목회자들이 지금도 있는 경우를 종종 봅니

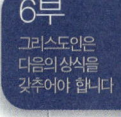

6부
그리스도인은
다음의 상식을
갖추어야 합니다

다. 그런 영향 탓인지 교인들은 앉은 자리마다 출신 지역을 논하면서 웃고 떠드는 경우가 있습니다. 어느 지역 출신은 우월감을 느끼면서 지배 의식을 갖습니다. 그런가 하면 어느 지역 출신은 피해와 열등 의식을 가지면서 괴로워하고 슬퍼합니다. 이러한 현상이 계속되는 한 주님이 그토록 간절히 구했던 "하나가 되게 하소서."의 기도는 우리와 무관하게 됩니다.

"고향을 묻지 맙시다." 이 말은 독립기념관 구내에 세워져 있는 고당 조만식 장로의 어록비에 있는 말로 많은 사람들의 눈길을 끌고 있습니다. 고당은 한일협약이라는 치욕에 몸을 떨면서 1906년 재일본 한국기독교청년회를 조직하여 하나가 되는 단순한 철학을 갈파하였습니다. 그 첫 함성이 "피차의 고향을 묻지 말고 일해 나갑시다."라는 것이었습니다. 아직 나이 30에 이르기도 전에 고당 장로는 일본 땅에서 나라의 슬픔을 보면서 민족의 하나됨이 얼마나 시급하게 중요한지를 깨달았습니다. 그는 어떤 모임의 가입서에도 본적을 쓰지 못하게 하는 선구적 모습을 일찍부터 보인 바 있습니다.

이러한 사상은 그의 제자들의 가슴에도 활발히 번져 나갔습니다. 고당의 제자였던 주기철 목사는 1922년 평양신학교에 입학했을 때 참으로 기이한 현상을 발견하게 되었습니다. 그 곳에 네 동의 신학교 기숙사가 있었는데 북장로교, 남장로교, 호주 장로교, 캐나다 장로교가 지은 것들이었습니다. 그들은 기숙사에 각각 자신들의 선교지 출신만을 입사하게 하여 완전한 지역주의를 실천하고 있었습니다. 이 때 주기철 목사는 연판장을 돌리고 진정서를 써서 교장을 면담하여 지역을 초월한 새로운 입사 제도를 만들고 서로가 하나가 되는 일을 성사시켜 나갔습니다.

오늘 이 민족이 당한 불행한 현상을 보면서 우리는 슬픈 역사를 상기해야 합니다. 조선 시대의 사색당파가 나라의 운명을 기울게 했다는 사실을 아는 사람은 오늘 '고향을 묻는 관습'을 몹시도 거부합니다. 근대에는 동서의 분열로 우리 민족이 상처투성이가 되었습니다. 수십 년간 이 나라의 정치 경제 사회를 지배한 지역 출신들은 자신의 향토 액센트를 자유롭게 구사하는가 하면 반면에 피지배 지역 출신들은 호적을 옮기고 출신 지역을 숨기고 언어의 억양을 바꾸면서 살아갑니다.

고향을 물었던 관습은 교통이 불편했던 시절 왕래를 뜻대로 할 수 없던 환경에서는 자연적인 것이었습니다. 멀리 떨어져 있는 고향의 부모 형제 친척의 소식을 조금이라도 들어 보고 싶은 심정에서는 필연코 있어야 했던 관습입니다. 행여나 내 고장에서 오는 발길은 아닌지 궁금하여 고향을 물었던 그 시절은 다 지났습니다. 오직 이산 가족을 찾기 위한 경우만이 남아 있습니다.

성경은 유대인이나 헬라인이나 종이나 자유인이나 남자나 여자나 아무런 차별이 없고 그리스도 예수 안에서 하나임을 가르치고 있습니다. 이제는 하나됨을 위한 노력만을 기울여 봅시다. 통일이 보이는 지금입니다. 이제는 더 이상 고향이나 묻고 답하는 한가한 때가 아닙니다. 우리는 좁은 땅에 살고 있습니다. 그것도 남과 북으로 찢긴 상처를 안고 있습니다. 거기에 다시 동서가 나누어지고 너와 내가 고향 때문에 갈라선다면 우리의 비극은 끝이 없을 것입니다.

6부
그리스도인은
다음의 상식을
갖추어야 합니다

교인이 **적을 옮길 때는 법**을 지킵시다

- ⊙ 동일한 교단에서 타교회로 갔을 때 갖추어야 할 절차는 어떤 것이 있나요?
- ⊙ 교회에 등록한 교인은 무조건 환영하는 현실입니다. 거기에 따른 부작용은 없는지요?
- ⊙ 한국 교회의 교단마다 가지고 있는 교적 관리에 관한 법은 없는지요?

모든 교회가 가장 반기는 사람은 등록을 하겠다는 교인입니다. 그 교인이 전도를 받아 나온 새 교인이거나 또는 타교회에 다니던 교인이거나 상관없이 교회마다 매주일 등록 교인만 나타나면 환영의 노래와 기도와 함께 박수를 보냅니다. 출석 교인이 늘 줄어만 가는 현실인데 그 자리를 채워 주는 새 교인이 찾아온다는 것은 실로 반가운 일임에 틀림이 없습니다. 그런데 경우에 따라서는 혼동을 가져옵니다. 엊그제까지 우리 교회에서 그토록 충실하였고 지금도 제직 명단에 엄연히 실려 있는 집사인데 언제인가 동일한 교단의 타교회에서 제직으로 열심히 활동하는 모습을 봅니다. 이러한 사실 앞에 어리둥절하면서 질문을 던집니다. 교인들은 마음대로 교회를 옮겨 가도 좋은 것인가? 여기에는 아무런 제도적인 장치가 없는 것인가?

분명히 한국 교회는 교단마다 거의 동일하게 헌법 정치편에 교인들의 이동 사항에 대한 분명한 규정이 있습니다. 한국에 가장 많은 장로교는 헌법 정치편 제2장에 다음과 같은 조문을 가지고 있습니다.

"교인은 이주하거나 기타 사정으로 지교회를 떠날 때는 6개월 이내에 소속 당회의 이명 청원을 하여야 합니다." 교인이 이명 허락을 당회로부터 받아 타교회에 접수하게 되면 그 교회는 이명증서를 접수 처리함과 동시에 발급한 치리회에 접수됨을 통보하도록 되어 있습니다. 그 교인의 신앙의 행위와 기타의 기록이 교인으로 받아들이기에 곤란하여 접수를 거부할 때는 지체없이 이명증서를 발급한 치리회에 반송하도록 하는 것이 우리 교회의 법입니다. 뿐만 아니라 등록을 원하는 교인 중에 본 교단이 이단으로 규정한 교회에서 온 이명은 접수할 수 없고, 그 외에는 치리회가 신중히 심사하여 본 교회 헌법과 규칙의 복종을 서약하게 한 후 접수할 수 있습니다. 이상과 같은 내용이 바로 헌법의 내용이며 헌법 해석서의 설명입니다.

이 땅에 정착한 장로교회는 초기부터 이러한 법을 매우 성실하게 지켜 온 것이 사실입니다. 그래서 교인의 교적에는 가족 사항을 비롯하여 학습, 세례, 제직 임명 등의 신앙 생활의 기록이 상세하게 나타나 있고, 그 기록은 적을 옮긴 교회에서도 그대로 유효하게 사용되었습니다. 이명해야 할 사연에 관한 검진이 끝난 후에야 교인 앞에 등록된 교인으로서 광고를 하고 환영을 하였습니다.

그러나 지금의 실정은 등록 용지에 이름을 기록하여 제출만 하면 아무런 검토도 없이 무조건 환영하고 교인들 앞에 광고합니다. 인구의 이동이 심한 산업 사회에서 오늘의 교회는 법의 질서보다는 형편대로 이끌어 가는 편의주의적인 경향이 심합니다. 실질적으로 교인을 관할하는 법이 지켜지지 아니한 연고로 교회는 질서를 상실하게 됩니다. 질서가 없기에 교회에 상처를 입히는 행위가 남발하게 됩니다.

필자가 아는 어느 열심 있는 집사는 목회자의 추방에 앞장을 섰습니다. 목사가 교회를 떠날 생각을 하지 않고 있는데 분을 품고 어느 주일에 성단에 설교대를 뒤엎었습니다. 뿐만 아니라 설교단에 오른 목사의 가운을 찢고 상처를 입히는 폭력을 휘둘렀습니다. 더 이상 그 교회에 있을 수 없다고 판단한 그는 동일한 교단의 다른 교회로 가서 등록을 하고 뜨거운 환영을 받았습니다. 이러한 사례가 요즈음에 급증하고 있습니다. 교인들이 자신의 뜻대로 되지 않는다고 신성한 예배당에서 폭력을 휘두르고 그 교회를 떠나 다른 교회로 가서 등록을 하고 환영받는 장면을 흔히 볼 수 있습니다. 이 얼마나 가슴아픈 일입니까?

법과 제도가 없는 세계는 살아가기가 편하고 자유스러운 경우가 적지 아니합니다. 거기에 샛길이 많아 빠르게 달릴 수도 있습니다. 인간은 틈만 있으면 법을 외면하고 편의 위주로 살기를 원합니다. 그리고 스스로 기준을 세운 양심을 말합니다. 우리 모두에게 양심이 엄존하는데도 법이 있는 이유가 있습니다. 눈으로 헤아릴 수 있는 소수의 세계에는 상대의 양심을 쉽게 읽을 수 있으나 집단이 형성되고 사회가 조직되면 서로의 양심을 헤아릴 길이 없습니다. 그러한 까닭에 법이 제정되고 조직과 제도를 가지고 질서를 찾게 됩니다. 이제 우리 교회도 제정된 법과 질서를 지켜 나가야 합니다. 그래야 교회가 바로 섭니다.

'소천'이라는
말을 **바르게 사용**해야 합니다

- 그리스도인이 이 땅을 떠날 때 어떻게 표현을 해야 적절한지요?
- 요즈음 '소천(召天)하셨다'는 말을 많이 사용하고 있습니다. 우리 말 사전에는 없습니다. 무슨 뜻인지요?
- 거의 비슷한 글자로 사용된 소명(召命)은 수동태로 쓰는데 소천(召天)은 능동태로 쓰는지요?

신앙 공동체인 교회에서 하나님의 동일한 자녀로 함께 살다가 세상을 떠난 식구를 보면 누구나 슬픔을 감추지 못합니다. 그 때마다 그리스도인들은 하나님께서 그의 사랑하는 자를 죄 많고 한 많은 장막 생활을 끝내도록 하시고 육은 흙으로 영은 하늘나라로 불러 가셨다고 믿습니다. 그리고 주님의 약속하신 부활에 소망을 두고 슬픔을 억제합니다. 우리 모두는 죽음으로써 영원한 이별을 하는 것이 아니라 하늘나라에서 다시 만나게 된다는 확신을 갖습니다. 이러한 점은 하나님의 자녀로 인침을 얻지 못하고 구원받지 못한 채 살다가 간 세상 사람들의 죽음과는 전혀 틀린 해

6부
그리스도인은
다음의 상식을
갖추어야 합니다

석이요 내세관입니다.

죽음에 대한 이러한 해석의 차이는 한 생명이 이 땅에서 숨을 거둔 순간 부르는 명칭부터 달라집니다. 하나님을 모르는 세계의 사람들은 일반적으로 그 죽음을 알리는 말로서 '별세-別世, 기세-棄世, 서거-逝去, 운명-殞命' 등의 단어를 사용합니다. 이 단어는 대체적으로 이 땅을 '이별하였다, 버렸다, 떠났다'는 의미를 담고 있습니다. 이들은 이러한 단어를 사용하는데 조금도 어색함이 없습니다. 오히려 예의를 갖춘 어휘로 평가를 받고 있습니다.

그런데 우리 그리스도인들은 주변의 인물이 이 땅에서 숨을 거두었을 때 세상 사람들이 사용하는 별세, 기세, 서거 등의 단어를 사용하기를 꺼립니다. 좀더 기독교적인 의미가 담긴 어휘를 사용하기 원합니다. 그 동안 교회에서는 일반적으로 "하나님의 부르심을 입어 주님 앞으로 가셨다."고 부고를 했습니다. 그런데 최근에 신문지상이나 교회에서 치르는 장례 예식에서 이상과 같은 말 대신에 '소천(召天)하셨다'는 말을 많이 사용하고 있습니다. 이 말은 우리말 사전에도 없는 말입니다. 이 말은 분명히 교인들의 곁을 떠난 그리스도인에게 좀더 좋은 표현을 하고 싶고, 유가족에게 평화를 줄 수 있는 표현을 만들기 위하여 누군가에 의하여 만들어진 말입니다. 그런데 이 말이 과연 타당한지에 대한 의문이 이곳 저곳에서 활발히 제기되고 있습니다.

교회의 언어 순화에 깊은 관심을 가지고 있는 분들을 일찍부터 여기에 대해 이의를 제기하고 있습니다. 그 이유는 죽은 자가 '소천하셨다'의 주격이기 때문입니다. 생각하면 소천이라는 말은 능동태로는 도저히 사용할 수 없는 말입니다. 하늘로 부름(召天)을 받을 수는 있으나 본인이 소천할 수는 없습니다. 소천이란 말의 뜻은 다음 두 가지 해석이 가능합니다. 하나는 하나님의 부름을 받았다는 뜻입니다. 또 하나의 뜻은 하늘나라로 부름을 받았다는 뜻이리라 봅니다. 이 두 가지 경우 모두 부르는 주체는 하나님이십니다.

여기에 가장 가까운 예가 소명(召命)이라는 단어입니다. 이 단어는 신학교에 지원한 사람을 면접할 때 가장 많이 사용한 말입니다. 다음의 예화를 보시면 더욱 이해가 빠를 것입니다.

교수 : ○○○ 씨는 하나님의 사람으로 소명을 받았습니까?
지원자 : 예! 확실히 소명을 받았습니다.

이 때부터 하나님의 종으로 사역을 하라는 소명을 어떻게 받았는지 지원자의 이야기를 들어 봅니다. 그런데 아무도 다음과 같이 질문한 사람이나 대답한 사람은 없습니다.

교 수 : ○○○ 씨는 하나님의 사람으로 소명을 하셨습니까?
지원자 : 예! 확실히 소명을 했습니다.

이처럼 소천이란 단어도 똑같은 정황에 해당합니다. 소천은 철저히 수동적인 표현이어야 맞는 말입니다. 유가족이나 교회에서 굳이 이 단어를 쓰고 싶으면 이제부터는 수동형으로 '소천받았다'라고 사용함이 적절합니다. 어떤 이는 "하나님의 부르심으로 소천하셨다."로 대안을 내놓기도 합니다. 그러나 이것 또한 중복된 의미로 풀어 썼을 뿐만 아니라 여전히 죽은 자를 주격으로 하여 '소천했다'는 표현입니다. 이러한 단어의 사용에 힘이 들면 "하나님의 부르심을 입었습니다." "주님의 품 안으로 가셨습니다."로 풀어 씀이 좋습니다.

    기독교의 언어도 시대에 따라 생성되기 마련입니다. 그러나 그 언어가 바르게 정착되도록 우리 교회는 책임을 져야 합니다.

'고인의 명복, 미망인'이라는 말은?

- 지난 주간 우리 교회 권사님의 장례 예식에서 집례 목사님이 "이제 침묵으로 고인의 명복을 비는 기도를 드립시다."라고 했습니다. 문제가 없는지요?
- '명복'이라는 단어를 성경에서는 찾아볼 수 없는데 한국 교회에서는 흔히 사용합니다. 그 뜻과 유래를 알고 싶습니다.
- 우리 교회에서는 남편이 사망한 부인을 '미망인'이라고 부르고 있는데 이 말도 성경에서 보이지 않는 단어입니다. 그 뜻과 유래를 찾아 주세요.

남편의 죽음을 슬퍼하는 가정에서 있었던 일입니다. 이웃 교회의 어느 장로님이 문상객으로 조문을 가서 그 교회 목사의 안내를 받고 다음과 같이 위문을 하였습니다.

목　사 : 이분이 미망인 되신 분입니다.
문상객 : 얼마나 슬프십니까? 고인의 명복을 빕니다.

이러한 소개와 인사는 우리 한국 교회 생활에서 흔히 볼 수 있는 장면입니다. 깊은 생각을 기울이지 아니한 경우 매우 자연스럽고 정중한 소개요 인사로 보입니다.

그러나 조금만 생각하면 그리스도인으로서 범하는 중요한 실수가 나타나고 있습니다. 그것은 명복(冥福)이라는 말과 미망인(未亡人)이라는 말입니다. 우리 나라 언어는 이 땅에 수천년 동안 자리잡아 온 무속과 불교와 유교와 같은 종교로부터 유래한 언어가 대부분입니다. 그러하기에 주의를 기울이지 아니하면 그리스도인으로서 타당하지 않은 말을 자연스럽게 사용하는 경우가 흔히 발생됩니다.

먼저 '명복'이란 말은 전혀 기독교적인 단어가 아닙니다. 앞에서 고인을 위하여 사용한 '명복'이라는 말은 우리 언어 문화에 깊이 뿌리를 내린 단어이지만 기독교와는 거리가 먼 표현입니다. 이 말은 불교의 교리와 연관된 단어입니다. 불교에서 사람이 죽은 후 가게 되는 곳을 '저승'이라 일컫고 그 곳을 명부(冥府)라 합니다. 거기는 죽은 자들이 심판을 받는 곳이기에 복된 심판을 받기를 바란다는 뜻을 가진 말이 '명복'이란 단어입니다. 생각하면 우리 기독교와는 거리가 먼 이야기입니다. 그런데도 아무런 생각 없이 우리 그리스도인들은 기독교 가정에 가서 불교의 진리를 확인해 주는 실수를 범하고 있습니다. 그런데 막상 장례를 치르고 있는 그리스도인 가정에 가서는 그 진리를 수용하고 거기에 동참하는 실수를 범하고 있습니다.

이 때마다 우리 그리스도인들이 "고인의 명복을 빕니다."라는 말을 대신하여 사용할 수 있는 적당한 인사말을 찾아야 할 필요성을 느낍니다. 여기에 대하여 목회의 원로들은 다음과 같은 인사말을 사용하도록 권하고 있습니다. "얼마나 슬프십니까? 하나님의 위로를 받으시기 바랍니다." 또는 "참으로 뜻밖의 일입니다. 부활의 소망을 가지시기 바랍니다." 그 때 상주는

"죄송합니다" "감사합니다"로 답하는 것이 적절하다는 조언이 나오고 있습니다. 둘째, 미망인(未亡人)이라는 호칭의 문제입니다. 이 말은 흔히 사용하는 말로 별 문제가 없다고 생각하고 있으나 이 말의 배경을 깊이 이해하는 사람들은 교회에서 이 표현이 사용되는 것을 몹시 꺼리고 있습니다. 이유는 이 말의 뜻이 "남편이 죽고 홀로 사는 여인"인 동시에 "아직 죽지 못한 사람"이라는 뜻을 가지고 있기 때문입니다.

미망인이라는 말은 순장(殉葬) 제도에서 유래된 말입니다. 순장이란 어떤 죽음을 뒤따라 스스로 목숨을 끊거나 강제로 죽어서 죽은 시체와 함께 묻는 장례 풍속을 말합니다. 이러한 풍속은 고대 중국의 은나라와 이집트에서 있었던 풍습이었습니다. 우리 나라에서도 신라의 22대 지증왕(智證王) 3년(주후 502년)에 이르기까지 존속했다는 기록이 있습니다.

이러한 역사와 문화의 배경을 이해한다면 교회에서 미망인이라는 호칭은 매우 부적절한 것임에 틀림이 없습니다. 순장 제도는 하나님이 생명을 개체로 창조하시고 보호하신다는 기독교 진리를 거역하는 제도입니다. 그리고 현대인의 감각에 전혀 어울리지 않는 표현입니다. 만일 이 말을 풀어서 "남편이 죽었기에 마땅히 죽어야 할 몸인데 아직 죽지 못하고 살아 있는 사람"이라고 한다면 위로보다는 분노를 자아내게 될 것입니다. 성숙한 그리스도인으로서 이제는 한 마디의 언어에서도 기독교와 대치된 표현을 버리는 노력이 있어야 할 것입니다.

7부

바른말 좋은말이
여기 있습니다

목회자를 위한 바른말 좋은말　332
한국 그리스도인을 위한 바른말 좋은말　356

목회자를 위한 바른말 좋은말

'예배본다'는 '예배한다, 예배드린다'로

우리 언어에서 '보다'라는 타동사는 아주 다양하게 사용되는 말입니다. 우리말 사전에서는 이 말의 뜻이 다음과 같이 매우 다양합니다. '구경하다. 기회를 보다. 체면을 보다. 시험을 보다. 집을 보다. 손자를 보다. 장을 보다.' 이토록 우리 민족은 '보다'라는 말을 여러 상황에서 편리하게 사용해 왔습니다. 그러다가 어느덧 예배에도 '보다'라는 말이 스며들게 되었습니다. 그래서 '예배보러 간다, 예배본다'라는 말을 예사롭게 사용하고 있습니다. 그러나 우리말 사전을 몇 번이고 유심히 분석해도 예배에 '보다'라는 말을 사용할 근거가 없습니다. 사전에 가장 가까운 의미를 추출한다면 '일정한 목적으로 만남'을 뜻하는 경우로서 "자네를 보러 가는 길일세."와 같은 예입니다. 이러한 예를 가지고 종교 의식에 참례한 행위에 해당하는 뜻으로 응용하기에는 무리입니다. 종교 의식 중에서 하나님을 예배하는 일은 인간의 마음과 뜻을 최대한 집결하여 드리는 정성스런 의식입니다. 여기에 "친구를 보러 가는" 상황과 똑같이 맞출 수는 없습니다.

흔히 '시험을 본다' 라는 말을 가지고 설명하려 합니다. 학교의 시험이란 정성을 다하여 진행되는 행사이기에 예배와 같은 상황으로 비교합니다. 그러나 사전에서는 이 때의 '보다' 는 '겪어 내거나 치르다' 의 뜻으로 '시험을 치르다, 잔치를 치르다, 장례를 치르다' 와 같이 수고스러운 일을 치르는 뜻임을 분명하게 설명합니다. 어떻게 하나님께 드리는 예배가 장례를 겪어내거나 치르는 일처럼 생각할 수 있겠습니까?

이제 예배는 성경대로 '예배하다' 로 표현함이 좋습니다. 우리가 하나님께 드리는 예배의 존엄성을 좀더 나타내고자 한다면 '예배드리다' 는 표현이 더욱 좋습니다.

'대예배' 와 '기도회' 는 **'예배' 와 '기도회'** 로

한국 교회는 어느 나라의 교회보다 모이기를 힘쓰는 교회입니다. 예배와 기도회도 한 주일에 여러 차례 있습니다. 주일 낮을 비롯하여 주일 저녁, 수요일 저녁, 금요일 밤 등 한국 그리스도인들의 열심은 세계적입니다. 그런데 문제는 그 모임의 이름을 부르는 것이 퍽 혼란스럽습니다. 어떤 사람은 대예배, 삼일 예배, 금요 예배 등으로 부르기도 합니다.

여기서 정리해야 할 문제는 예배란 대(大)예배와 소(小)예배가 없습니다. 굳이 나눈다면 예전적인 예배(Liturgical Worship)와 비예전적인 예배로 분류할 뿐입니다. 그러나 이것은 통상적으로 부르는 이름이 아닙니다. 한국 교회는 일찍부터 주일 낮 예배는 '예배' 라 불렸고, 주일 저녁의 모임은 '찬양회' 라고 하여 찬송을 많이 배우고 부르는 일에 중점을 두면서 은혜를 받았습니다. 수요일 저녁은 '삼일 기도회' 라고 하여 누구나 성령님의 인도를

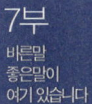

따라 기도하는 시간을 가졌습니다. 금요일은 '오일 기도회'라고 부르면서 각 가정에서 구역 예배와 같은 기도회를 지켜 왔던 것이 우리의 전통이었습니다.

그러나 최근에 와서 모든 모임에 '예배'라는 이름을 붙이는 모순을 범하고 있습니다. 한국 교회의 주류를 이루는 교단들은 그들의 예식서에서 '주일 예배', '주일 저녁 찬양 예배', '수요 기도회' 등으로 공식 이름을 사용하고 있습니다. 그리고 금요일 저녁의 모임은 '철야 기도회', '심야 기도회'로 부르고 있습니다.

'준비 찬송'은 '**찬송**'으로

우리 민족은 문화적으로 음악을 무척 좋아하는 민족입니다. 그래서 외국 언론에서는 한국인들은 언제 어디서나 노래를 한 곡쯤 부를 수 있어야 함이 필수적이라고 보도한 바 있습니다. 그리고 음정이 정확하지 못한 사람들이 학원에서 음치 교정 훈련을 받고 있는 모습을 방영하기도 했습니다.

그러한 까닭에 그리스도인들은 찬송 부르는 것을 매우 좋아합니다. 모이면 찬송을 부르고 기도하는 것이 교인으로서 당연히 따라야 할 규칙으로 되어 있습니다. 매우 아름다운 일임에 틀림이 없습니다.

이러한 찬송의 생활이 습관화되다 보니 하나님 앞에 찬양을 드리는 엄숙한 자세의 상실이 문제가 됩니다. 예를 들면 예배 때나 각종 모임 때 듣게 되는 말이 있습니다. 그것은 '준비 찬송'이라는 말입니다. "다 같이 준비 찬송을 부르면서 앞자리부터 채우도록 하겠습니다." 이러한 말은 심각한 오류를 범하고 있습니다. 찬송이 자리를 정돈하는 데 필요한 것이라는 인상을 줄 때마다 놀라지 않을 수 없습니다.

　찬송은 하나님을 경배하고 찬양하는 곡조가 있는 시입니다. 찬송을 부르면서 하나님이 주신 은총을 생각하고 감사의 응답을 드리는 것이 바른 자세입니다. 결코 감정을 고조시키기 위한 방편으로 손뼉을 치고 북을 치면서 노래함이 진정한 찬송이 될 수 없습니다. 찬송은 하나님 앞에 곡을 붙인 나의 경배의 표현이며 기도이며 때로는 신앙 고백과 결단입니다.

'교회'와 '예배당'

　최근에 이르러 우리 언어에서 사라지는 말이 종종 있습니다. 그 이유는 언어란 사용하지 않으면 자연적으로 폐기 처분된다는 원칙 때문인 듯합니다. 그리고 없던 언어도 어디서인가 도입되어 보편화되면 사전에 수록되면서 정상적인 언어처럼 접대를 받습니다. 이러한 언어 현상에 따라 우리의 고유한 언어가 사라지기도 하고, 틀린 말도 활성화되는 모순을 가져옵니다.

　그 중에 가장 마음이 아픈 것은 '예배당'이라는 말이 자취를 감추어 가는 일입니다. 최근 어떤 사전에서는 예배당을 '교회의 구칭(舊稱)'이라고 가볍게 취급하는 것을 보면서 한숨을 짓지 않을 수 없습니다. 그것도 요즈음 컴퓨터 세대가 가장 쉽게 만들어 놓은 '윈도우 사전'에서 이렇게 풀이해 놓았습니다. 이 사전은 기독교에 대한 이해가 전혀 없는 무리들이 만들었나 봅니다. 1961년 이희승의 '국어 대사전'에서는 예배당을 '기독교 신자들이 모여 예배를 드리는 회당(會堂), 성전, 교회당'으로 풀이해 놓았습니다. 매우 정확한 풀이입니다. 이것이 본래의 우리말입니다.

　교회(敎會)란 예수 그리스도를 영접한 하나님의 백성들의 모임을 가리키고, 예배당(禮拜堂)이란 그 백성들이 하나님을 예배하는 집(Santuary)을 일컫는 말임을 우리 목회자들은 누구나 다 잘 알고 있습니다. 그런데도 편의상 예배당을 교회라고 부르게 되자 오늘처럼 사전에서도 사라질 지경에 이르렀습니다.

예배당에다가 'ㅇㅇ교회'라고 이름을 붙이는 일은 한국의 초기 교회에서는 드문 일이었습니다. 모두가 'ㅇㅇ예배당'이라는 간판을 걸었습니다. 그래서 사람들은 그 건물을 예배당이라 불렀습니다. 예를 들어서 '새문안 예배당' 또는 '새문안 교회당'이라고 부름이 상식이었습니다.

오소운이 『월간목회』에 연재한 "설교자를 위한 우리말 바른말"에서 나온 흥미 있는 이야기입니다. 어느 학생이 화재로 다 없어진 예배당 터에서 "우리 교회가 없어졌다."고 울고 있기에 "우리 교회는 건재하다. 오직 예배당이 없어졌을 뿐이다."라고 정정해 주었다고 합니다.

그렇습니다. 우리 교역자들이 '예배당'이라는 이름이 사라져 가는 현실을 보아야 합니다. 우리가 '교회'와 '예배당'을 분리하여 사용해야 소중한 이름이 다시 옛날처럼 살아나리라 봅니다.

현관(玄關)

우리들은 사회에서 통용되고 있는 말을 별다른 생각 없이 사용하고 있습니다. 그런데 우리가 무심코 사용한 언어가 때로는 무서운 뜻을 내포하고 있다는 것을 알게 될 때는 부끄러운 얼굴을 감출 수 없습니다. 저자 자신도 이러한 때가 여러 번 있었습니다. 그 중에 하나가 '현관'이라는 단어입니다. 저는 "설교의 서론은 방문객이 들어서는 집의 현관과 같다."고 설교학 교과서에까지 서술할 정도였습니다. 지금까지 우리는 '교회의 현관'이라는 말을 많이 사용했고 또 들어 왔습니다. 뿐만 아니라 우리가 사는 집에서 얼마나 흔하게 사용해 온 어휘인지 모두가 잘 알고 있습니다.

그런데 그 말 역시 일본인들이 한국에서 자신들의 건축 양식대로 집을 짓고 살면서 사용한 말을 그대로 물려받은 데서 생겼음을 알게 되었습니다. 현관이라는 말의 뜻을 이희승의 '우리말 사전'에서 "①일본식 집에서 정면(正面)에 낸 문간, ②불교에서 현묘(玄妙)한 길로 나갈 어귀란 뜻으로 선학(禪學)으로 들어가는 관문(關門), ③불교 선사(禪寺)의 작은 문"이라고 정확하게 설명하고 있습니다. 이 풀이대로 현관이라는 말은 '불교의 아름답고 묘한 진리의 세계로 들어가는 문'을 의미합니다.

어떤 사전에서는 현관의 개념을 "건물의 출입문이나 건물에 붙이어 따로 달아 낸 어귀"라고 정리해 놓았습니다. 이 사전은 이미 현관이라는 말이 일상화되어 있음을 인지하고 설명한 듯합니다. 그러나 생각하면 우리들은 하나님을 예배하는 예배당의 입구를 불교의 진리를 찾아 들어가는 문으로 부르고 있다는 사실이 너무 서글프게 느껴집니다. 이 얼마나 한심스러운 우리 교회의 언어 감각이었는지 모르겠습니다.

우리말을 아끼는 학자들은 예배당에서는 현관보다는 순수한 우리말의 '문간' 또는 '출입문'이라는 어휘를 사용하도록 권장합니다. 진지하게 생각하고 하루빨리 정리해야 할 문제입니다.

… 것입니다

설교자가 언제나 남모르는 고민을 안고 있는 부분은 언어의 문제입니다. 평소의 생활 가운데서는 자연스럽던 언어가 설교대에 서게 되면 많은 변화를 일으키기 때문입니다. 보통 때는 나오지 않던 말이 설교

에서 또는 글에서는 자주 튀어나오게 됩니다. 그 중에서 가장 많이 등장한 언어가 '것이다' 라는 말입니다. 설교자 대부분이 '것이다' 에 감염되어 있습니다. 여기에 감염되어 있지 않은 설교자의 설교를 들을 수 있다면 그것은 참으로 희귀한 일입니다.

우리의 생활 언어에서 '것' 이라는 언어는 '네 것, 내 것, 저것, 이것' 정도로 별로 쓰지 않는 말입니다. 그런데 설교할 때나 글을 쓸 때는 이 말이 어떻게 그리 많이 등장하게 되는지 그 수를 헤아릴 수 없을 정도입니다.

예수님께서 그러한 말씀을 하셨던 <u>것</u>이 무엇을 뜻하고 있는 <u>것</u>인지 알아야 할 <u>것</u>이라고 그분은 강조하고 있는 <u>것</u>입니다.

이 짤막한 문장에 '것' 이라는 표현이 4회나 들어갈 정도로 우리 설교에서는 아주 독버섯처럼 번식하고 있습니다. 사전에서는 '것' 은 관형어 아래에 쓰이어 '확신' 이나 '추측' 을 나타낸다고 밝히고 있습니다.

'것입니다' 를 애용하는 설교자마다 '것' 이 불완전명사라는 것을 인식하지 않습니다. 오직 무엇인가 확신을 심어 주려는 마음의 표현이라고 생각합니다. 그러나 이 말은 확신보다는 '추측' 의 뜻이 더 많이 내포되어 있음을 유의해야 합니다.

지난 주일에도 유능하고 가능성이 많은 젊은 여성 설교자가 말끝마다 "…말씀인 것입니다"를 연발하고 있었습니다. 이럴 때는 '확신' 을 심어 주려는 노력이 분명합니다. 그러나 그 말을 "말씀입니다"로 고쳐서 한다면 훨씬 더 의미 전달이 확실하고 분명합니다. "…말씀인 것입니다"가 귀에 거슬린 원인은 이러한 언어 표현이 우리 생활에서는 사용되지 않기 때문입니다.

'것'이라는 표현이 이렇게 심하게 된 이유를 추적한 결과 일본글을 번역할 때 그대로 옮겨 온 까닭임을 알 수 있었습니다. 이오덕의 조사에 의하면 '것은, 것에, 것을, 것으로, 것이다, 것이, 것인가, 것이라고, 것보다, 것이니, 것으로부터' 등이 모두 일본어에서 옮겨 왔음이 밝혀졌습니다. 이러한 일본어의 독버섯 때문에 우리 설교 언어가 순화되지 못한 모순을 갖게 됩니다. 이러한 독버섯을 제거하면 다음과 같이 부드럽고 가까운 언어가 됩니다.

예수님께서 그러한 말씀을 하심이 무엇을 뜻하고 있는지 알아야 함을 강조하고 있습니다.

설교학 교수로서 냉정하게 귀를 열고 설교를 듣노라면 '것입니다'의 병은 참으로 심각합니다. 위험 수위를 넘은 지 오래입니다. 이 상태가 그대로 유지된다면 한국 교회의 설교 언어는 완전히 외계(外界)에서 온 사람들의 언어로 탈색될 것만 같아 큰 염려가 됩니다. 다음은 어느 유명한 교단장의 설교에서 계속적으로 사용된 '것입니다'의 실상입니다.

··· 이라 할 수가 있을 것입니다.
··· 하여야 할 것입니다.
··· 되어야 하는 것입니다.
··· 되는 것입니다.
··· 기원하는 것입니다.

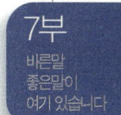

… 바라는 것입니다.
… 생각하는 것입니다.
… 믿는 것입니다.

설교의 문장 끝마다 이상과 같은 '것입니다'의 형태를 가지고 있었습니다. '것입니다'가 없이는 한 줄도 끝을 맺을 수 없는 듯했습니다. 그분이 심각한 증세에 도달하였음을 곧 느끼게 되었습니다. 속히 진단을 받고 언어 수술을 해야 합니다. 한국어를 사용하는 설교자로서 한글을 올바르게 사용할 줄 모른다면 실로 부끄러운 일입니다. 설교의 틀은 우리 생활에서 통용되는 언어 구조를 기초로 삼아야 합니다.

… 겠습니다

설교를 정중히 듣고 있을 때마다 안타깝게 여겨지는 부분이 있습니다. 그것은 우리 설교자들이 미래 또는 추측을 나타내는 보조 어간을 어미(語尾)에 불필요하게 마구 사용하는 일입니다. 조금만 생각하면 그 실수를 피할 수 있는데 그렇지 못한 설교자가 너무 많습니다. 이러한 습관은 설교자가 주의를 기울이지 않고 평소에 듣던 언어 형태를 그대로 답습하는 데서 발생하게 됩니다. 그 중 하나가 너무나 흔하게 사용하고 있는 '…겠습니다'에 대한 문제입니다. 설교자의 언어 표현은 회중들에게 곧바로 영향을 끼치게 되어 있습니다. 교회에서 많은 분들이 다음과 같이 '…겠습니다'에 물들어 있음을 발견하게 됩니다. 다음의 '…겠습니다'의 표현을 바로잡아 보면 우리 언어를 회복한 듯한 느낌이 옵니다.

알겠습니다	▶	알았습니다
시작하겠습니다	▶	작합니다
소개하겠습니다	▶	소개합니다
봉독하겠습니다	▶	봉독합니다
부탁드리겠습니다	▶	부탁합니다
함께 기도하겠습니다	▶	함께 기도합시다

'-겠-'이라는 보조 어간은 네 경우에 활용됩니다. 먼저는 미래의 뜻으로 "내일 오후에 비가 오겠다."의 예이며, 둘째는 의지의 뜻으로 "나도 가겠다." "나는 기필코 이룩하고야 말겠다."와 같은 예입니다. 셋째는 추측의 뜻으로 "내일은 맑겠다." "그 친구는 참으로 행복하겠다."와 같은 경우이며, 넷째는 가능성의 뜻으로 "너는 좋은 사람이 되겠다."와 같은 예입니다.

대체적으로 설교자들이 사용하는 '겠습니다'의 경우는 두 가지에 가깝습니다. 그것은 미래의 뜻과 의지의 뜻입니다. 그러나 어느 것 하나 뚜렷하게 말하기가 힘이 듭니다. 예를 들어 '함께 기도하겠습니다'를 미래에 속한다고 하기에는 너무 약하기 때문입니다. 또 '시작하겠습니다'를 의지에 속한 듯하지만 그것 또한 분명하지 아니합니다. 아무리 분석해 보아도 앞의 경우는 모두 바로잡아 선명하고 직접적인 표현으로 사용함이 좋다고 여겨집니다. '…겠습니다'를 고쳐서 읽을 때의 느낌을 음미해 보면 이 표현의 문제점을 쉽게 알 수 있으리라고 생각합니다.

… 라고 하겠습니다

이번에는 이미 앞에서 언급한 '겠습니다'의 표현에다가

'…라고'를 첨가한 문장의 문제점을 봅니다. 다음의 예문은 그 동안 설교자들로부터 무수히 들어 온 문장입니다. 이 말이 내포하고 있는 모순은 자신이 믿고 실천한 표현이 아니라 남의 말을 인정해 주는 형태가 문제입니다. 즉 간접 확인의 뜻이 너무 심합니다. 설교에 간접 확인이라는 것은 없습니다. 회중들에게 운반하고자 하는 메시지는 직접 확인하고 믿는 사실이어야 합니다. 다음 예문을 생각하면서 다시 음미해 봅시다.

오늘은 부활절로서 기독교 최대의 경축일<u>이라고 하겠습니다.</u>
예수님이 우리를 사랑하신다는 말씀은 가장 반가운 소식<u>이라고 하겠습니다.</u>
그리스도인이 주일 성수를 하는 것은 당연한 의무<u>라고 하겠습니다.</u>

이토록 우리의 설교대에서는 '…이라고 하겠습니다'의 종결어미가 너무 많습니다. 위의 문장은 불완전합니다. 설교자의 의도와는 달리 간접 확인의 감각을 풍기는 말입니다. 거기에 사용된 '…라고 하겠습니다'를 모두 '입니다'로 바꾸게 되면 다음과 같이 부드럽고 간결한 끝맺음이 됩니다.

오늘은 부활절로서 기독교 최대의 경축일입니다.
예수님이 우리를 사랑하신다는 말씀은 가장 반가운 소식입니다.
그리스도인이 주일 성수를 하는 것은 당연한 의무입니다.

… 인 것 같습니다, … 싶습니다

설교자는 언제나 확신이 차고 넘쳐야 합니다. 여기서의 자기 확신이란 자신의 신념이나 성격을 두고 하는 말이 아닙니다. 자신이 회중들에게 운반하는 하나님 말씀에 대한 확신입니다. 그 확신은 말씀에 대한 정확한 이해가 선결 조건입니다. 설교자는 언제나 철저한 본문 석의를 통하여 그 말씀에 대한 정확하고 섬세한 이해를 먼저 해야 합니다. 그럴 때 "이 말씀은 이러한 뜻입니다."라고 자신 있게 표현하게 됩니다.

그런데 설교하는 중에 끝말이 종종 '…인 것 같습니다, …인 듯 싶습니다.' 등의 표현이 등장합니다. 이러한 표현은 다음과 같이 쉽게 이어집니다.

"예수님이 비판하지 말라고 하신 말씀의 뜻은 남의 허물을 들추지 말라고 하신 말씀인 <u>듯싶습니다.</u> 우리도 그렇게 믿는 것이 좋을 <u>것 같습니다.</u>

'인 것 같다'는 완전한 추측을 나타내는 말입니다. 그리고 '…싶다' 역시 관형어 아래에 '듯', '성'과 함께 쓰여 추측을 나타냅니다. 어찌 하나님의 말씀을 추측으로 표현하는 실수를 범할 수 있습니까? 자신이 "이 말씀은 이 뜻이다."라는 확신이 없으면 그 메시지는 전하지 말아야 합니다. 설교자가 막연한 표현을 할 때 회중의 반응이 어떻게 될 것인지 그 결과를 충분히 예측하게 됩니다.

어느 때인가는 다음과 같은 극심한 탈선의 현장을 보았습니다.

오늘의 이 말씀은 칼뱅은 …라고 해석한 바 있습니다. 그리고 틸리히는 …라고 해석하였습니다. 글쎄요, 이 말씀의 뜻을 어떻게 해석해야 할지 모르겠습니다. 저의 생각은 그 뜻이 …인 듯싶습니다. 여러분께서는 각자 적당히 해석하시는 것이 좋을것 같습니다.

7부
바른말
좋은말이
여기 있습니다

이러한 표현이 신학생들에 의하여 '설교의 실제' 시간에 행해진다면 그 학생은 학점을 포기한 사람입니다. 도저히 용납할 수 없는 표현입니다. 설교자는 본문의 뜻을 정확하게 알기 위하여 원어 분석을 비롯하여 십수 권의 주석을 펴고 그 말씀을 완전히 이해할 때까지 그 자리를 떠날 수 없습니다. 자신이 이해하지 못한 말씀을 전하기 위하여 설교대에 오르는 설교자는 거짓 선지자들 반열에 합류하는 행위입니다.

　부디 '…듯싶습니다, …것 같습니다' 의 표현만은 삼가야 합니다. 설교에서는 전혀 사용할 수 없는 말입니다.

…라고, …라는

　어떤 설교자는 선명하고 듣기 정확하고 아름답고 풍부한 어휘를 활용합니다. 그러한 분의 설교에서 전달되는 메시지는 가슴 깊이 스며듭니다. 그리고 자연스러운 우리말의 구사에 존경을 보내기도 합니다. 그러나 어떤 설교자는 그분이 사용한 말에서 회중들의 마음에 의심과 꺼림직함을 남겨 줄 때가 있습니다. 솔직히 말하면 설교자가 사용한 언어에서 이질감을 느끼게 되면 그 때부터는 부담감을 안게 됩니다. 그리고 전달하는 메시지에 공감대가 사라지고 맙니다.

　특별히 다음과 같은 인용격 조사를 함부로 사용할 때 그러한 폐단이 나오게 됩니다. 예를 들어 봅니다.

　성경은 죄인들이 하나님께 나아와야 한다라고 기록하고 있습니다.
　예수님은 우리가 원수를 사랑해야 한다라고 말씀하십니다.

바울은 우리가 항상 기뻐해야 한다라는 말을 강조하고 있습니다.
우리가 늘 하나님께 기도해야 한다라는 것은 중요한 일입니다.

이러한 문장에 '라고, 라는' 등의 인용격 조사가 사용되어야 할 이유가 전혀 없습니다. '한다라고' 는 '한다고' 로 바로잡고, '한다라는' 은 '한다는' 으로 바로잡으면 아무런 문제가 없습니다.

성경은 죄인들이 하나님께 나아와야 한다고 기록하고 있습니다.
우리가 늘 하나님께 기도해야 한다는 것은 중요한 일입니다.

이상의 경우는 거의 습관에서 우러나오는 부작용입니다. 어떤 설교자는 설교자의 단순한 분석이나 지식의 전달보다는 좀더 광범위하고 객관적인 자료를 인용하려 합니다. 이것은 매우 아름다운 일입니다. 그럴 때는 이상과 같은 인용격 조사를 사용할 수 있습니다. 그러나 그것이 습관화되어서 필요 없는 곳에서까지 이러한 말이 사용되고 있는지를 점검해야 합니다.

… 줄로 믿습니다

한국의 설교자들이 가장 많이 사용하는 문장의 종결어는 '…줄로 믿습니다' 입니다. 처음에 이 말이 사용될 때는 교인들은 설교자가 믿는 대로 그 좋은 사연이 자신에게 주어질 줄 알고 기대를 갖고 환영하였습니다. 그래서 교인들은 이 말이 떨어지기가 무섭게 '아멘' 으로 화답했습니다. '아멘' 이 적으면 더 크게 하라는 설교자의 강요에 의하여 회중들은 있는 힘을 다하여 '아멘' 의 함성을 질렀습니다. 지금도 이 표현은 설교자가

7부
바른말
좋은말이
여기 있습니다

아주 즐겨 쓰고 회중들 또한 거부하지 않고 있습니다.

그러한 이 말이 너무나 많이 사용됨으로써 종결어의 가치는 많이 손상되고 있습니다. 드디어 회중들은 설교자의 인위적인 표현임을 알게 되었습니다. 직업인의 고정된 표현임을 알고 이제는 거부 반응을 일으키고 있습니다. 그 동안 회중들은 다음과 같은 말들을 무수히 들어 왔습니다.

하나님께서 여러분을 눈동자같이 지켜 주실 줄로 믿습니다.
여러분의 창고가 차고 넘치도록 채워 주실 줄로 믿습니다.
여러분이 모두 무병장수하고 소원 성취가 될 줄로 믿습니다.

듣기는 매우 좋은 말인 듯싶습니다. 여기에 나타난 '믿습니다' 의 주어는 회중이 아닙니다. 설교자 자신이 주어입니다. 우리 언어에 일인칭 단수를 사용하지 않는 언어 습관이 가져온 기이한 현상입니다. 영어와 같이 주어 중심의 언어에서는 전혀 들어 볼 수 없는 설교의 표현입니다. 앞으로 설교자가 이 말을 쓰려면 반드시 '나는' 또는 '이 설교자는' 이라는 주어를 사용할 것을 권합니다.

분석해 보면 참으로 무책임한 말입니다. 결과가 자신이 믿는 대로 되지 않아도 아무도 원망할 수 없는 지극히 편한 종결어입니다. 자신은 그렇게 될 줄로 믿었는데 모두 본인들의 믿음이 약해서 또는 죄가 많아서 이루어지지 아니했다는 변명을 할 길이 잘 열려 있는 말입니다. 그러나 설교자가 알아야 할 것은 '…줄로 믿습니다' 를 나열하는 것이 설교가 아닙니다. 내가 믿는 사연을 말하는 것은 간증입니다.

설교는 하나님이 하신 말씀을 그대로 하나님의 자녀들에게 선포하고 해석하고 삶의 장에 순수하게 적용해 주어야 합니다. 하나님이 하신 말씀을 운반해 주어야 함이 설교자가 수행해야 할 소임의 전부입니다.

말할 수 있습니다

어느 목사는 누구보다 좋은 음성과 정확한 발음을 소유한 분이었습니다. 뿐만 아니라 메시지의 준비도 정성을 기울였음을 회중들이 충분히 느꼈습니다. 그런데 이상한 사실은 말끝마다 '…라고 말할 수 있습니다' 를 사용하고 있었습니다. 이러한 끝말을 수십 번에 걸쳐서 버릇처럼 사용하여 그분을 아끼는 사람들의 마음을 안타깝게 하였습니다. 이러한 언어의 실수는 많은 설교자들에게서 찾아보게 됩니다.

원수를 사랑하라는 말씀은 최상의 진리라고 <u>말할 수 있습니다.</u>
하나님을 아버지라고 부를 수 있는 사람은 복된 사람이라고 <u>말할 수 있습니다.</u>
말씀 안에 사는 그리스도인이 행복한 사람이라고 <u>말할 수 있습니다.</u>

이 '말할 수 있습니다' 는 완전한 긍정이 아닙니다. 이것은 가능성을 나타내는 말로 '수' 는 불완전 명사입니다. 언제나 '말할 수 없습니다' 를 동반합니다. '수가 있다' 는 말은 언제나 '수가 없다' 는 뜻이 가까이 기다리고 있는 말입니다. 이러한 경우 필요 없는 말 때문에 회중들에게 불완전한 메시지를 주게 되는 무서운 결과를 가져오고 있습니다. 아무리 생각해도 '수 있습니다' 를 설교에서는 사용할 이유나 필요가 없습니다. 그 말을 잘라 버리고 그 자리에 '입니다' 로 채운다면 다음과 같이 정확한 감정을 안겨 줍니다.

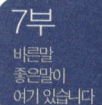

원수를 사랑하라는 말씀은 최상의 진리입니다.
하나님을 아버지라고 부르는 사람은 복된 사람입니다.
말씀 안에 사는 그리스도인이 행복한 사람입니다.

'…하나님을 볼 수 있습니다', '…은혜를 받을 수 있습니다', '…말씀을 읽을 수 있습니다' 따위의 불완전한 표현은 이제 우리의 설교에서 삭제해야 합니다. 이러한 언어의 노예가 되어 선포한 메시지는 바르게 운반될 수 없습니다.

되어진다, 보여진다, 생각되어진다

영어에서는 수동형을 사용하는 경우가 아주 많습니다. 그러나 우리 언어에서는 수동형보다 능동형이 훨씬 자유롭게 사용됩니다. 언제나 말하는 사람의 의견을 적극적으로 제시할 때는 능동형이 훨씬 많이 사용됨이 우리의 언어 형태입니다. 특별히 설교 사역에서는 설교자가 전하려는 메시지를 적극적인 자세에서 주는 것이 더욱 효과적입니다. 때로는 이것이 너무 심하여 명령적이고 위압적인 부작용도 많이 가져옵니다. 그러나 진리의 전달과 표현은 '되어진다, 보여진다, 생각되어진다' 처럼 약간이라도 모호성을 주는 것은 적당하지 못합니다.

영어가 우리 언어에 스며들면서 수동형의 사용이 아주 활발해졌습니다. 물론 겸손의 감각이나 직선적이고 일방적인 인상을 피할 수 있는 하나의 방편이기도 합니다. 그러나 필요 없는 수동형의 사용은 메시지의 의미를 축소시킵니다. 그래서 특수한 경우를 제외하고는 설교에서 수동형의 사용은 주의를 기울여야 합니다. 언어란 문화를 형성하는 데 가장 으뜸가는 도구입니다. 이 도구가 정상적으로 움직여야 그 나라의 모든 문화가 바르게 섭니다. 분별 없는 외국 언어의 수입과 활용은 언제인가 우리의 고유한 언어를 잠식하게 되는 무서운 결과를 초래합니다.

다음과 같은 예문에서 비교해 보는 수동형과 능동형 중에서 어느 것이 우리의 언어 감각을 시원스럽게 하고 있는지를 살펴봅시다.

우리 모두가 우리 교회 예배당 건축에 참여하게 되어진다면
▶ 건축에 참여하면
우리 교회 성장이 서서히 보여집니다. ▶ 서서히 보입니다.
우리가 충성을 다하는 것이 당연하다고 생각되어집니다. ▶ 생각합니다.

… 시키다

한국인이 한국의 문화권에서 한국말을 사용할 때는 긴장하지 아니합니다. 언제 어디서나 막힘 없이 자유자재로 말을 합니다. 그래서 조국의 품이 좋다는 말을 듣게 됩니다. 그러나 언어가 저마다의 자유에 맡겨 간섭이 없을 때는 언어가 탈선의 조짐을 보이게 마련입니다.

여기 언급하고자 하는 '…시키다' 도 언뜻 보기에는 우리 설교자와는 무관한 말인 듯합니다. 그러나 다음의 예를 보면 우리 설교자가 모르는 사이에 많이 사용하고 있는 표현입니다.

하나님을 예배하지 않은 심령은 스스로 하나님과의 관계를 단절시키는 행위입니다.
우리 예수님은 이 땅의 죄인들을 구원시키기 위하여 모진 희생을 당하셨

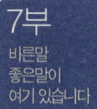

습니다.

바울은 구원의 도리를 로마서에서 구체화<u>시키고</u> 있습니다.

하나님이 주신 아름다운 창조의 질서를 현대의 문명이 황폐화<u>시키고</u> 있습니다.

'…시키다'는 말은 타동사(남움직씨)입니다. 사전에서는 두 가지 경우에 사용한다고 설명합니다. 하나는 무엇을 하게 할 때이고 하나는 음식 따위를 주문할 때입니다. 예를 들면 '공부시키다, 말을 시키다, 구경시키다' 등입니다. 또 하나는 '자장면을 시켰다'와 같은 예입니다. 이럴 때의 '시키다'는 당연히 사용되어야 하고 우리의 순수한 언어입니다. 그런데 이 말이 앞의 예문처럼 사용될 때는 굳이 그렇게 할 필요가 없습니다. 강조하고 싶은 심리가 덧붙여진 표현이긴 하지만 그렇게 말끝마다 사용하면 진지하지 못합니다. 이오덕이 최현배의 『우리말본』에서 인용한 말을 옮겨 놓습니다.

> 세상에 흔히 '시키다'를 그릇 쓰는 수가 있나니, 그는 '하다'로 넉넉한 것을 공연히 '시키다'로 하는 것이다. … 본대 남움직씨를 그저 단순한 남움직씨로 쓰는 데에는 조금도 하임(使動)의 뜻을 보이는 '시키다'가 필요 없는 것이어늘, 흔히들 이것을 깨치지 못하고 조심 없이 '시키다'를 붙여 씀은 우스운 일이라 아니할 수 없다. 『우리말본』 406쪽

최현배의 말을 따라 앞의 예문을 고치고 보니 훨씬 부드럽고 좋게 여겨집니다. 역시 우리 설교자가 주의깊게 생각할 부분임에 틀림이 없습니다.

하나님을 예배하지 않은 심령은 스스로 하나님과의 관계를 단절하는 행위입니다.

우리 예수님은 이 땅의 죄인들을 구원하기 위하여 모진 희생을 당하셨습니다.

바울은 구원의 도리를 로마서에서 구체화하고 있습니다.

하나님이 주신 아름다운 창조의 질서를 현대의 문명이 황폐화하고 있습니다.

님께서 기도 인도하시겠습니다

기도는 예배 순서에서 매우 중요한 부분입니다. 주일 예배 순서 가운데서는 여러 차례의 기도가 나옵니다. 기도마다 각각 다른 성격을 가지고 있습니다. 흔히 기도는 하나님께 드리는 동일한 성격의 것으로 알고 있으나 기도마다 가지고 있는 의미와 내용이 다릅니다.

먼저는 예배를 시작하면서 인도자가 드리는 '기원' 입니다. 여기서는 성령님이 오셔서 예배드리기에 합당하지 못한 저희들을 정결케 하시어 온전한 예배를 하나님께 드릴 수 있도록 청원하는 기도입니다. 둘째는 '참회의 기도' 입니다. 이 기도는 가톨릭에서 예배 전에 갖는 고백성사와 같은 성격입니다. 개혁자들은 고백성사를 없애고 예배의 서두에서 각자가 직접 하나님께 드리는 참회의 기도를 갖게 하였습니다. 셋째는 목회 기도로서 목사가 교인들의 나라와 교회와 양들이 필요한 모든 것을 하나님께 구하는 기도입니다. 넷째는 설교 전후의 기도입니다. 여기서는 말씀의 선포나 결실을 성령님이 친히 주관해 달라는 기도입니다. 다섯째는 봉헌 기도입니다. 하나님께 우리의 시간과 물질과 몸을 받아 달라는 기도입니다. 그리고 성

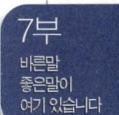

찬 성례전에서 드리는 기도가 있습니다.

 우리 한국 교회에서는 세 번째의 목회 기도를 일찍부터 장로가 맡아 하고 있습니다. 이 때마다 예배 인도자가 "이제 ○○○ 장로님께서 우리를 위하여 기도 인도하시겠습니다."라고 말합니다. 여기에 문제가 있습니다. 여기서 '인도한다' 는 말이 타당하지 않습니다. 인도라는 말은 길을 안내한다든가 가르쳐 이끌어 가는 것을 의미합니다. 다시 말하면 이 때의 기도는 맡은이가 그 순간 드려야 할 기도를 드리는 행위이지 회중들의 기도를 이끌어 가는 행위가 아닙니다. 오직 그 날의 기도자는 예배에서 회중과 함께 회중들이 공감하는 내용을 가지고 하나님께 기도할 뿐입니다. 그러므로 "이제 ○○○ 장로께서 기도합니다."로 함이 적절하리라 봅니다.

박사님께서 설교하시겠습니다

 우리는 글을 사랑하는 민족입니다. 그래서 배움의 열은 어느 민족도 따를 수 없는 수준을 유지하고 있습니다. 비록 경제적으로 가난해도 지식을 소유한 선비의 고결한 삶에 많은 매력을 느끼는 것이 우리의 문화입니다. 이러한 선비 문화에서는 박사 학위를 무척이나 소중한 것으로 여기고 있습니다.

 그런데 이러한 문화의 유산이 부작용을 일으키는 때가 종종 있습니다. 그 중에 하나가 설교 초청을 받은 교수들과 관계된 부분입니다. 모든 교회가 다 그러한 것은 아니지만 가끔 어느 교회에서는 예배 인도자가 설교자를 소개할 때 "이제 ○○○ 박사님 나오셔서 말씀 증거하시겠습니다."라고 합니다.

 설교는 기본적으로 목사의 고유한 사역입니다. 신학교 교수가 설교를 하게 된 것도 목사로서 사역을 하고 있기에 가능한 일입니다. 그가 박사이기에 또는 교수라는 단순한 신분 때문에 설교를 부탁받은 것이 아닙니다. 다시 말하면 박사가 설교나 축도를 하는 것이 아니라 목사로서 설교나 축도를 합니다. 그러한 까닭에 당연히 "○○○ 목사가 설교한다."는 소개를 해야 합니다. 더욱 귀에 거슬리는 일은 그 박사의 학력 이력까지 설교 전에 다 소개하여 교인들이 메시지보다 그 사람을 더 우러러보게 한다면 이것은 대단한 실수를 범하는 일입니다.

설교자는 언제나 말씀의 순수한 운반자(運搬者) 또는 전달자(傳達者)입니다. 그 전달자의 신분은 교수나 박사로 구분될 수 없습니다. 오직 목사로서 그 사명을 수행할 뿐입니다. 그러므로 말씀을 전하는 순간에는 목사 외의 어떤 신분도 나타낼 이유가 없습니다. 설교를 하게 되는 박사도 자신을 목사보다는 박사로 소개해 주기를 바라는 미숙한 생각을 버려야 합니다.

어떤 교회에서 예배가 시작하기 전에 초청받은 설교 목사에게 어떻게 소개를 하기 원하는지 물었습니다. 그 때 그 설교자는 지체 없이 호주머니에서 자신의 학력과 경력을 기록한 이력서를 내주었다는 이야기가 있습니다. 부끄러운 이야기입니다. 떨리는 심정으로 설교를 해야 할 말씀의 전달자가 왜 자신을 그렇게 장황하고 화려하게 소개해 주기를 바라는지 알 수 없는 심정입니다. 이러한 심성의 소유자가 하나님의 말씀을 바르게 전달할 수 있을 것인지 의심하지 않을 수 없습니다.

'영결식·고별식'은 '장례 예식'으로

우리 교회에서 사랑하고 존경하는 사람들이 하나 둘 하나님의 부름을 받아 세상을 떠나는 것은 인간의 감정으로서 매우 섭섭한 일입니다. 그 영혼이 근심과 걱정이 많은 이 세상을 떠나 하나님 나라에 간다는 사실 그 자체는 슬퍼할 일이 아니지만 정으로 얽혀 살던 우리의 관계에서는 슬픈 일임에 틀림이 없습니다.

문제는 우리 그리스도인들이 이 땅에서 운명하였을 때 진행하게 될 예식을 무어라고 불러야 할지 혼동할 때가 있습니다. 그 명칭도 다양합니다. 영결식, 고별식, 장례식 등 통일이 되어 있지 않은 상태입니다.

영결식은 영원히 이별하게 된다는 뜻이기에 우리 기독교에서는 환영받을 수 없는 말입니다. 우리는 모두가 하나님 앞에서 서로 만난다는 교리를 가지고 있습니다. 그래서 슬픔을 억제하게 됩니다. 예식에서의 찬송도 그러한 내용을 담고 있습니다. 고별식이라는 말 역시 '작별을 고한다'는 뜻으로 영결식과 별다른 차이가 없습니다. 발인식은 상여가 집에서 떠남을 뜻합니다. 상여(喪輿)란 시신을 싣고 묘지까지 나르는 제구(諸具)입니다. 그러므로 발인이라는 말도 별다른 의미를 주지 못하고 있습니다.

이상과 같이 여러 명칭보다는 '장례 예식'이라는 말이 우리에게는 가장 적합합니다. 장례란 시체를 묻거나 화장하는 일의 예절이기 때문입니다. 한국의 대표적인 장로교 교단의 예식서에서는 지난 해부터 공식적으로 이 이름을 사용하고 있습니다. 우리 교회가 이 이름으로 통일함이 적당하리라는 생각을 갖습니다.

'칠성판'은 '고정판'으로

어느 나라에서나 죽음 이후에 갖게 되는 절차에서 문화적인 차이가 많이 발생합니다. 서양의 경우는 사람이 죽을 때는 반드시 병원으로 가도록 제도화되어 있습니다. 그러나 우리 나라의 죽음에 대한 관례는 일반적으로 자신이 살던 처소에서 죽음을 맞이하도록 함이 문화적인 현상입니다. 그래서 많은 목회자들이 시신을 위한 염을 손수 하게 되는 경우가 많습니다.

이 때 시신을 위한 관 속 바닥에 까는 널 조각이 있습니다. 이 널판은 시신이 반듯하게 굳어지게 하기 위한 목적으로 사용됩니다. 그래서 사람이 세상을 떠나면 바로 이 널판을 시신 밑에 깔고 손발의 위치를 반듯이 잡아 줍니다. 그리고 수의를 입히고 입관을 시킵니다. 그런데 이 널판의 이름이 문제입니다. 일반적인 관례는 이 널판에 북두칠성을 본따서 일곱 개의 구멍을 뚫었다고 하여 그것을 칠성판이라고 부릅니다. 그 사연은 북두칠성이 인간의 죽음을 주장한다는 토속 신앙 때문입니다. 우리 교회는 오랫동안 이 이름을 그대로 사용하고 있습니다.

이 때마다 우리 교회의 언어가 미처 정리되지 못한 부분이 많다는 것을 새삼 느끼게 됩니다. 앞으로 한국에서도 목회자들이 시신을 직접 만지면서 염을 하고 이러한 널판의 이름을 부르게 되는 일이 적어질 것은 분명합니다. 그렇다고 아무렇게나 명칭을 사용하게 할 수는 없습니다.

지금이라도 우리 교회가 사용할 어휘가 아님이 발견되면 신속히 정리하는 것이 바른 길입니다. 북두칠성(北斗七星)이 비록 아름다운 별이지만, 그 별이 인간의 운명을 주장한다는 무속인들의 신앙이 우리 입에서 오르내리는 일은 없어야 합니다.

이러한 현실을 잘 아는 그리스도인들은 여기에 대한 의문을 일찍부터 제기하고 있습니다. 우리 한국의 장례 문화를 기독교 교리에 접목시켜 진행시키려는 사람들이 요즈음 많이 나타나고 있습니다. 이들은 칠성판의 이름을 '고정판'으로 할 것을 제안합니다. 고정판은 순수하게 시신을 잘 고정시킨다는 뜻입니다. 적절한 이름이라고 생각되어 이분들의 제안에 공감합니다.

7부
바른말
좋은말이
여기 있습니다

한국 그리스도인을 위한
바른말 좋은말

　　　　　　본서를 마무리하면서 빠뜨릴 수 없는 주제를 간추려서 정리해 보았습니다. 여기에 정리한 항목들 역시 목회자나 평신도 모두가 자신도 모르는 사이에 실수를 범하고 있는 문제입니다. 그냥 스쳐 버릴 수 없는 항목입니다. 조금만 주의를 기울이면 바로잡을 수 있는 단순한 부분입니다. 좀더 많은 설명을 첨가하고 싶은 마음은 간절했지만 앞에서 언급한 너무 많은 항목으로 인하여 피곤해 있을 독자님들을 생각하면서 간결하게 추려 보았습니다.

　　　　예수님이 우리 위해 죽으셨다
　　▶ **예수님이 우리 위해 돌아가셨다**
────────── 우리말 사도신경에서 예수님의 희생을 '못 박혀 죽으시고'로 번역하여 사용하고 있습니다. 그로 인하여 한국의 그리스도인들은 보통 예수님의 희생을 '죽으셨다'고 말합니다. 그러나 복음서에서 주님의 죽음을 '영이 떠나시다, 운명하셨다, 숨을 거두었다'고 깍듯이 높임말을 썼습니다. 이제 우리도 거룩하신 주님의 희생을 가리켜 '돌아가셨다'는 높임말을

사용하면 더욱 좋을 것입니다.

보혈의 피 ▶ **보혈 또는 피**

천주교에서는 성찬식 때 주님의 피를 성혈(聖血)이라 부릅니다. 그러나 일반적으로 예수님이 십자가 위에서 흘리신 피를 보혈(寶血)이라 합니다. 그런데 '보혈의 피'는 그 의미가 중복되어 어법에 맞지 않습니다.

주여! 주님이여! 하나님이시여!
▶ **주님! 하나님!**

우리에게는 '아버지여!' 또는 '어머니여' 하고 부르는 어법이 없습니다. 가까운 사람에게 '친구여', '친구야' 하고 부를 수 있을 뿐입니다. 혹자는 예수님께서 "너희가 나의 명하는대로 행하면 곧 나의 친구라"고 말씀하셨기에 이러한 호칭이 가능하다는 말을 합니다. 그러나 여기서 '친구'는 관계성을 말한 것이지 결코 우리가 그렇게 호칭하라는 말씀은 아닙니다. 요즈음의 '주여 삼창'도 재고해야 합니다.

감사하신 하나님 ▶ **고마우신 하나님**

'감사'란 고마운 마음으로 인사를 하는 말입니다. 예를 들어 '감사를 느낍니다', '감사를 드립니다' 처럼 쓰입니다. 부모가 자녀에게 "얘야, 너는 언제나 감사하는 사람이 되어야 한다."고 말하는 표현을 생각하면 '감사하신 하나님'이란 말은 맞지 않는 말입니다.

받들어 봉독하겠습니다 ▶ **봉독하겠습니다**

'봉독(奉讀)하다'는 말이 이미 '받들어 읽는다'는 뜻을 포함하고 있습니다. 이러한 표현은 같은 뜻의 말이 수준 이하로 겹쳐 있음을 보게 됩니다. 좀더 고상하게 정중한 표현을 쓰려다가 오히려 손실을 가져오게 됩니다. 그러므로 봉독(奉讀)이라는 말을 사용할 때는 '받들어'를 사용할 필요가 없습니다.

축원해 드립니다 ▶ **저는 축원합니다**

축원해 드린다는 말은 어법상 성립이 안 됩니다. 마치 예배를 보아 주고 기도를 해 주는 것과 같은 표현입니다. 그리고 축원하는 주체가 있어야 합니다. 이 표현이 설교 끝에 사용될 때는 설교의 의미가 설교자가 빌고 원하는 것으로 전락됩니다. 순수하게 하나님의 말씀으로 설교의 끝을 맺음이 정상입니다.

주일날 ▶ **주일**

한자말을 사용할 때 동일한 단어를 다시 사용하거나 우리말을 덧붙여 사용하는 것을 겹말이라 합니다. 겹말의 대표적인 말은 처갓집→처가, 역전 앞→역전 또는 역 앞, 평일날→평일, 기간 동안 또는 사이, 매일 날마다, 심도 깊은 깊이 등입니다. 겹말의 남용에 유의해야 합니다.

주기도 ▶ **주님이 가르쳐 주신 기도**

'주기도'를 풀어 쓰면 '주님이 가르쳐 주신 기도'입니다. 회의마다 모임마다 기계처럼 주님이 가르쳐 주신 기도가 하나의 도구화되어 가는 현실입니다. '주기도'라고 주문처럼 변질되는 느낌입니다. "주님이 우리에게 가르쳐 주신 기도를 함께 하십시다."로 고쳐 쓰면 더욱 정중한 표현이 될 것입니다.

로마서를 가지고 강해합니다
▶ 로마서의 말씀을 강해합니다

요즈음 많은 분들이 '강해 설교'라는 낱말을 사용합니다. 그러면서 성경의 어느 한 권의 이름을 붙이면서 그것을 '가지고' 강해를 한다는 말을 흔히 씁니다. 그러나 그것은 자신의 말을 위한 성경인지, 성경을 위한 자신의 말인지 분간하기 힘이 듭니다. 정확하게 표현해야 합니다.

우리의 교회의 목사님의 설교
▶ 우리 교회 목사님 설교

저자는 어느 독자로부터 '의'라는 조사를 너무 많이 쓰고 있다는 지적을 받은 바 있습니다. 깜짝 놀라 점검해 보고 공부한 결과 우리 언어에는 '의'라는 조사를 잘 쓰지 않음을 알게 되었습니다. 그런데 일본어에서는 '의'가 들어가지 않으면 언어가 구성이 안 될 정도입니다. "우리의 교회의 목사님의 설교"는 일본식 표현입니다. '의'를 사용하지 않고 "우리 교회 목사님 설교"라고 함이 얼마나 부드럽고 친근한지 비교해 볼 필요가 있습니다.

증경회장 ▶ 전회장

교단마다 전국의 교회 총대들이 일 년에 한 번씩 모인 총회에서 교단 대표로 뽑힌 사람을 총회장이라 부릅니다. 총회장을 지낸 사람을 증경총회장이라고 부릅니다. 문제는 '증경'(曾經)이라는 용어입니다. 이것은 중국어로서 우리의 사전에서는 찾아볼 수 없는 단어입니다. 이 뜻은 '일찍 지냈다'는 의미입니다. 최근에 이르러 시찰장, 청년회장을 맡았던 사람들까지도 '증경'이라는 단어를 붙이고 있습니다. '증경'이라는 단어는 총회장 정도에만 사용하고 기타는 전(前)이라는 글자를 사용함이 좋다는 의견입니다.

성구 뽑기 ▶ 아닙니다

송구영신 때 예배를 드린 다음에 다양한 성구를 종이마다 적어 함에 넣고 그것을 뽑아 새해를 점쳐 보는 일들이 발생하고 있습니다. 역술 문화가 판을 치는 이 시대이지만 형태를 달리한 동일한 행위를 우리 교회는 허용해서는 안 됩니다.

신경쓰다 ▶ 마음쓰다, 애쓰다, 걱정하다

요즈음 '신경쓰다'는 말이 우리 언어 세계에 깊이 뿌리내리고 있습니다. 이제는 그 말의 반대말을 '신경끄다'로 합니다. 흥미가 있는 표현일지 모르나 그 의미가 적당하게 사용되지 아니한 경우가 너무 많습니다. 사전에서는 대수롭지 않은 일에까지 세심하게 생각하거나 살필 때 사용한 말이라고 설명합니다. 그런데 요즈음은 웬만하면 '신경쓰이다', '신경을 써야 한다'는 말을 많이 합니다. 설교자들은 이 말을 주의해서 사용함이 좋습니다.

전야제 ▶ **전야 행사 또는 전야 잔치**

전야제(前夜祭)라는 말은 어떤 행사에 앞서 그 전날 밤에 베푸는 잔치를 말합니다. 그러나 기독교에서 말하는 잔치가 아니라 예비적 제사 행위를 갖는 경우가 대부분입니다. 성탄 전야와 같은 경우에 흔히 사용하는 말입니다. 전야제라는 말은 우리 교회에서는 전혀 없던 용어입니다.

삼우제 ▶ **첫 성묘**

삼우제란 우리의 장례 문화에 중요한 낱말입니다. 그 뜻은 장사 지낸 3일 만에 묘지를 찾아가 드리는 제사입니다. 이 문화권에 사는 우리 그리스도인들이 묘지를 찾아가 무덤을 살피고 고인을 추모하는 마음을 갖는 것은 당연합니다. 그러나 그 이름은 '첫 성묘'로 바꾸어 부름이 좋습니다.

49제 ▶ **아닙니다**

이 나라가 군부 독재 아래 있을 때 민주화 운동을 하던 인물들이 많습니다. 기독교 목사 한 분이 그 후에 세상을 떠났습니다. 그 때 49제를 지내면서 열띤 추모 행사를 가졌습니다. 49제란 죽은 지 7일마다 제의를 행하여 7번이 되는 49일에 죽은 자가 극락왕생이 결정된다는 불교의 전통 언어입니다. 기독교에서는 사용 불가한 용어입니다.

장로 장립시 가운을 입히다 ▶ **아닙니다**

요즈음 어떤 교회에서는 장로로 세움을 받은 교회의 중직자에게 가운을 입히면서 성직의 수행을 명합니다. 해석에 따라 가능성이

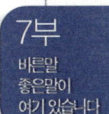

전혀 없는 것은 아닙니다. 그러나 개혁교회 전통에서는 장로를 세우면서 가운을 입히는 일이 전혀 없습니다. 오직 안수하여 성별된 신분을 부여하면서 목회자를 도와 교인들을 보살피고 목회를 돕도록 하는 중책을 부여합니다.

성단에 교단기와 국기를 세우다 ▶ 좋습니다

한국의 초대교회는 기울어 가는 나라의 운명을 보면서 성단에 십자가와 태극기를 세워 놓았습니다. 하나님 나라의 확장과 조국의 구원은 그리스도인의 가장 으뜸가는 기도 제목이었습니다. 그 전통을 이어받아 교회의 기와 국기를 성단에 꽂는 것은 우상적인 행위가 아닙니다. 외국의 많은 교회들도 성단에 교단기와 국기를 세워 놓은 예가 많이 있습니다.

결혼 서약은 주례자와 신랑 신부만
▶ **주례자와 신랑 신부, 신랑과 신부**

결혼 예식에서 서약이라는 절차는 매우 중요한 부분입니다. 주례는 그 중요성을 말씀과 서약에 두고 있습니다. 이토록 중요한 서약 순서는 주례자와 신랑 신부 사이에서 행해지고 있습니다. 서약이 필요한 다른 부분은 관심을 두지 아니한 현실입니다. 외국의 많은 교회에서는 주례자와의 서약 다음에 신랑과 신부가 서로 마주 보고 정중히 서약을 하도록 합니다. 매우 타당한 서약 순서입니다.

결혼과 장례 예식 때 빨간색 드림천(스톨)은?
▶ **녹두색, 흰색**

우리 목회자들은 주일 예배를 비롯하여 결혼 예식이나 장례 예식에서 가운을 입고 그 위에 성직을 수행하는 표시로 드림천(스톨)을 합니다. 예배에서는 그 드림천의 색깔은 교회력에 따라 변합니다. 그러나 결혼식과 장례식은 예외입니다. 이 때마다 주님의 보혈을 생각하면서 **빨간색**을 착용하는 예가 종종 있습니다. 결혼 예식에서는 영원과 성장을 의미하는 녹두색이 적절하고, 장례 예식은 순결과 기본을 의미하는 흰색이 적절합니다.